改訂版

労使協定・労働協約
完全実務ハンドブック

弁護士
渡邊 岳 [著]

はじめに

　平成22年に本書の旧版を上梓してから９年余が経過し、時代は令和へと移り変わろうとしています。

　この間、育児介護休業法や高年齢者雇用安定法の改正の中で労使協定に関わる制度の改正がなされていましたが、昨年（平成30年）に働き方改革法が成立し、本年（平成31年）４月からその一部が施行されています。

　同法の中には、時間外労働の規制手法の変更に関わる労働基準法の改正、フレックスタイム制度の拡充に関わる同法の改正ならびに正社員と非正社員の間の均等・均衡待遇の実現を目指す労働契約法、パート労働法および労働者派遣法の改正が含まれ、それらが労使協定に関わる制度の変更ないし新たな制度の創設を伴っています。

　そこで、これらの諸改正を盛り込んだうえで、本書全体を見直し、改訂版を上梓することとしました。

　「労使協定」も「労働協約」も、労働関係における契約自由の原則を修正する方策に関係するものであり、しかも、いずれも、労使間の書面化された合意という形式をとる点、及び、合意の労働者側当事者が労働組合ないし過半数代表者という集団あるいはその背景を持つ個人である点において共通であることから、古くから、両者は並列して議論されることの多いテーマでした。

　従前の整理では、労使協定は、労働基準法などにおいて罰則付きで禁止される規制の緩和を認め、その範囲では罰則規定の適用を免れさせるという刑事免責の効果を持つものと考えられていましたが、その後労働条件を直接定める労使協定が登場し、それが増加する傾向にあるということができ、労使協定の機能を一律に論ずることは困難になってきています。

　そこで、本書は、実務の立場から、改めて現時点における「労使協定」及び「労働協約」の意義及び効力を明らかにすることを目的とし、併せて、文例を掲げながら、作成上のポイントを解説しています。第１部がそ

— 1 —

れぞれの総論的解説、第2部及び第3部がそれぞれの文例と個別の解説となっています。

　上記の方針と全体の構成は、旧版と変わるものではありません。

　ただ、高年齢者雇用安定法に基づく継続雇用の対象者の選抜基準を定める労使協定については、新たに締結することは認められておらず、平成25年3月31日までの間に締結されていた場合に、同年4月1日から施行されている同法の改正法（平成24年法律第78号）の附則第3項の経過措置によって効力を認められているにとどまるものであるため、改訂版では同協定に関する解説は削除しました。

　働き方改革法を踏まえて改訂された本書が、些かでも新たな意義を持っていることを、著者として願うものです。

令和元年5月

著　　者

Contents

はじめに

第1部　労使協定と労働協約（総論）

Ⅰ　労使協定とは　　8
- 1　労使協定の意義 ……………………………………………… 8
- 2　労使協定の締結 ……………………………………………… 13
- 3　労使協定の効力 ……………………………………………… 22
- 4　労使協定の周知 ……………………………………………… 26
- 5　労使協定の有効期間 ………………………………………… 27
- 6　労使協定の破棄 ……………………………………………… 29
- 7　企業組織再編と労使協定 …………………………………… 30
- 8　労使委員会ならびに労働時間等設定改善委員会及び労働時間等設定改善企業委員会等の決議による労使協定の代替機能 ………………………………………… 30

Ⅱ　労働協約とは　　36
- 1　労働協約の意義 ……………………………………………… 36
- 2　労働協約の成立要件 ………………………………………… 38
- 3　労働協約の効力 ……………………………………………… 39
- 4　労働協約の期間 ……………………………………………… 47
- 5　労働協約の余後効 …………………………………………… 48
- 6　企業組織再編と労働協約 …………………………………… 50
- 7　労働協約の終了 ……………………………………………… 52

Ⅲ　労使協定と労働協約の相違　　54

第2部　各種の労使協定

Ⅰ　労働基準法関係の労使協定　　58

1　貯蓄金管理協定　………………………………………　58

2　賃金控除協定　…………………………………………　62

3　1カ月単位の変形労働時間制協定　…………………　67

4　フレックスタイム制協定　……………………………　76

5　1年単位の変形労働時間制協定　……………………　89

6　1週間単位の非定型的変形労働時間制協定　………　102

7　一斉休憩の適用除外協定　……………………………　106

8　時間外労働及び休日労働に関する協定　……………　109

9　代替休暇協定　…………………………………………　133

10　事業場外のみなし労働時間協定　……………………　144

11　専門業務型の裁量労働制協定　………………………　152

12　時間単位の年休協定　…………………………………　161

13　計画年休協定　…………………………………………　168

14　年休日の賃金を標準報酬日額で支払う

　　こととするための協定　………………………………　172

Ⅱ　育児介護休業法関係の労使協定　　175

1　育児休業の適用除外者を定める協定　………………　175

2　介護休業の適用除外者を定める協定　………………　179

3　子の看護休暇の適用除外者を定める協定　…………　182

4　半日単位の看護休暇における半日の時間数を

　　定める協定　……………………………………………　185

	5	介護休暇の適用除外者を定める協定	187
	6	半日単位の介護休暇における半日の時間数を定める協定	190
	7	育児のための所定外労働の免除措置の適用除外者を定める協定	192
	8	介護のための所定外労働の免除措置の適用除外者を定める協定	195
	9	育児のための所定労働時間の短縮措置の適用除外者を定める協定	198
	10	介護のための所定労働時間の短縮等の措置の適用除外者を定める協定	201
Ⅲ		労働者派遣法における派遣労働者の待遇を決定する労使協定　208	

第3部　労働協約

Ⅰ		労働協約の締結状況　222	
	1	労働組合の組織状況	222
	2	労働協約の締結状況	224
	3	包括協約の締結状況	224
	4	個別協約の締結状況	229
Ⅱ		包括協約の規定事項と条項例　230	
	1	前　文	230
	2	総則的条項	231

Contents

3	組合活動に関する条項	237
4	労使交渉に関する条項	245
5	争議行為に関する条項	253
6	人事に関する条項	260
7	労働条件に関する条項	279
8	その他	288
9	有効期間	293

Ⅲ　個別協約締結に当たっての留意点　296

1	個別協約を作成する前の留意点	296
2	個別協約作成時の留意点	302

第1部　労使協定と労働協約（総論）

　　労使協定と労働協約は、いずれも労使間の書面化された合意であり、かつ、その労働者側の締結当事者は、労働組合という集団そのものか、過半数代表者という集団から選出された者であって、類似した側面があることも事実です。

　　しかし、その意義や機能ないし効力はまったく異なっており、両者が混同されるようなことがあってはなりません。

　　第1部では、労使協定と労働協約のそれぞれの意義、締結方法及び効力についての総論的解説を試みた上で、両者の異同を簡単にまとめています。

I 労使協定とは

1 労使協定の意義

（1） 労使協定の意義

　例えば、労基法第36条第1項は、「使用者は、当該事業場に、労働者の過半数で組織する労働組合がある場合においてはその労働組合、労働者の過半数で組織する労働組合がない場合においては労働者の過半数を代表する者との書面による協定をし、厚生労働省令で定めるところによりこれを行政官庁に届け出た場合においては、第32条から第32条の5まで若しくは第40条の労働時間（以下この条において「労働時間」という。）又は前条の休日（以下この条において「休日」という。）に関する規定にかかわらず、その協定で定めるところによって労働時間を延長し、又は休日に労働させることができる。」と定めています。いわゆる「36協定」と呼ばれているものです。

　本来、労働時間は、1週40時間以内、かつ、1日8時間以内に収められなければならないのですが（労基法第32条）、上記の36協定を締結し、労働基準監督署長に届出をした場合には、当該協定で定められた範囲内で、上記の労基法第32条の制限を超えて労働させても同法違反とはならないという効力が付与されます。

このように、本来法律によって、ときには罰則付きで規制されている事項に関し、一定の要件を備えた文書を取り交わさせ、ときにはそれを行政官庁に届け出させることによって、その規制を緩和するという定めが置かれている場合があります。そうした文書が「労使協定」と呼ばれているものです。

もっとも、最近では、例えば労基法第38条の２第２項にあるように、事業場外のみなし労働時間を直接規定したり、同法第39条第６項にあるように、協定において定められた日がそのまま年休日となるというように、労基法の規制を緩和するというよりも労働条件の内容を直接形成する協定も登場してきており、その機能は多様化しつつありますし、労使協定について定める法律も、育児介護休業法や労働者派遣法など、多岐にわたるようになってきています。

したがって、今日では、労使協定の定義として、「労基法の規制を緩和するための一定の当事者間における文書による合意」との内容を掲げるだけでは、十分ではないとも言えるでしょう。

（２）　労使協定の特徴

上述のように、労使協定を一義的に定義することが困難になってきているとすれば、その有する特徴から、労使協定がどのようなものであるのかを探っていくことになります。

労使協定が有する主な特徴としては、以下の各点が挙げられます。

① 　法令により締結が求められる場合にのみ効力が認められる

労使協定によって労基法その他の法令の規制を緩和するという機能は、それらの法令に基づき締結されてはじめて付与されるものです。逆に言えば、法令に何ら定めのない事項につき、労使協定を締結したとしても、法の規制を緩和するという効力は生じません。例えば、「懲戒解雇の場合には、解雇予告制度は適用しない」といった合意を、事業場の過半数代表者と文書により取り交わしたとしても、労基法第20条の解雇予告制度の適用除外という効果がもたらされることは

ありません。

② 過半数代表者が締結当事者となる場合がある

　労使協定の締結当事者の一方はむろん使用者ですが、他方の当事者は、当該事業場の過半数労組、それがない場合は過半数代表者です。言うまでもなく、労働協約は、使用者と労働組合が締結するものですから、過半数代表者が使用者と何らかの合意を文書により取り交わしたとしても、労働協約になることはありませんが、労使協定については、労働組合の代表であるかどうか、さらには労働組合員であるかどうかを問わず、法定の要件を備えた過半数代表者が締結すれば、所定の効果が付与されることになります。

③ 効力が当該事業場全体に及ぶ

　労働協約についても、一定の場合にはその効力が当該協約を締結した労働組合員以外にも及ぶことがありますが、原則的には、労働協約は、それを締結した労働組合員だけを拘束するものです。これに対し、労使協定は、過半数労組が締結した場合であれ、過半数代表者が締結した場合であれ、当該事業場で就労する労働者全員に効力が及びます。したがって、少数労組の組合員に対しても、過半数労組が締結した労使協定の効力は及んでいくことになります。

④ 書面による協定

　労使協定は、それを求める各法令において、「書面」によることが規定されています。今日では電子データのやりとりであっても、当事者間の合意内容を明確にすることは可能であるとも言えますが、法律上は書面によらなければなりません。

⑤ 行政官庁への届出が義務付けられる場合がある

　労使協定の中には、いわゆる36協定のように、労働基準監督署長等の行政官庁への届出が義務付けられる場合があります。労働協約の場合には、こうした届出が義務付けられることはありませんから、この点も労使協定の特徴と言えるでしょう。

⑥　有効期間

　　労働協約については、有効期間に関する規制がありますが、労使協定には一般的な有効期間の規制はありません。ただ、36協定など一部の協定については、協定中に有効期間の定めをすることが求められており、そうした協定については、そこで定められた有効期間の規制を受けることがあります。

（3）　労使協定を締結すべき場合

　では、どのような場合に労使協定を締結することが求められ、それぞれの場合に、どういった効果が付与されているのかをみてみましょう。

法令名	条　項	通　称	効　力
労働基準法	第18条第2項	貯蓄金管理協定	使用者による労働者の貯蓄金の管理の容認
	第24条第1項ただし書	賃金控除協定	賃金全額払の例外
	第32条の2第1項	1カ月単位の変形労働時間協定	最長1カ月単位の変形労働時間制の導入（＊1）
	第32条の3第1項	フレックスタイム制の協定	フレックスタイム制の導入
	第32条の3第3項	完全週休二日制が適用されている労働者についてのフレックスタイム制の労働時間の限度を設定する協定	完全週休二日制が適用されている労働者についてのフレックスタイム制の労働時間の限度の設定
	第32条の4第1項	1年単位の変形労働時間制協定	1年単位の変形労働時間制の導入
	第32条の5第1項	1週間単位の変形労働時間制協定	1週間単位の変形労働時間制の導入
	第34条第2項ただし書	一斉休憩の適用除外協定	一斉休憩の適用除外の容認
	第36条第1項	36協定	時間外・休日労働の許容
	第37条第3項	代替休暇協定	月間60時間を超える時間外労働に対する割増賃金の支払に代わる休暇の付与

— 11 —

	第38条の2 第2項	事業場外労働のみなし労働時間協定	事業場外労働のみなし時間を規定
	第38条の3 第1項	専門業務型の裁量労働時間協定	専門業務型の裁量労働制の導入
	第39条第4項	時間単位の年休協定	時間を単位とした年次有給休暇の付与
	第39条第6項	計画年休協定	計画年休制度の導入
	第39条第9項	年休日の賃金に関する協定	年休日の賃金を標準報酬日額で支払うことの許容
労働基準法施行規則	第25条の2 第2項	特例措置対象事業場（＊2）における1カ月単位の変形労働時間制協定	特例措置対象事業場における最長1カ月単位の変形労働時間制の導入（＊1）
	第25条の2 第3項	特例措置対象事業場におけるフレックスタイム制に関する協定	特例措置対象事業場におけるフレックスタイム制の導入
育児介護休業法	第6条第1項ただし書	育児休業の適用除外協定	育児休業の請求を拒み得る対象者の設定
	第12条第2項	介護休業の適用除外協定	介護休業の請求を拒み得る対象者の設定
	第16条の3 第2項	子の看護休暇の適用除外協定	子の看護休暇の請求を拒み得る対象者の設定
	第16条の6 第2項	介護休暇の適用除外協定	介護休暇の請求を拒み得る対象者の設定
	第16条の8 第1項本文	育児のための所定外労働の制限措置の適用除外協定	育児のための所定外労働の制限措置の適用対象者から除外される者の設定
	第16条の9	介護のための所定外労働の制限措置の適用除外協定	介護のための所定外労働の制限措置の適用対象者から除外される者の設定
	第23条第1項ただし書	育児のための所定労働時間の短縮措置の適用除外協定	育児のための所定労働時間の短縮措置の適用除外者の設定
	第23条 第3項ただし書	介護のための所定労働時間の短縮等の措置の適用除外協定	介護のための所定労働時間の短縮等の措置の適用除外者の設定
育児介護休業法施行規則	第34条第2項	半日単位の看護休暇の時間数の設定協定	半日単位の看護休暇の半日に相当する時間の設定
	第40条第2項	半日単位の介護休暇の時間数の設定協定	半日単位の介護休暇の半日に相当する時間の設定

| 労働時間特措法 | 第7条の2第1項 | 労働時間等設定改善企業委員会の設置協定 | 労働時間等設定改善企業委員会の設置 |
| 労働者派遣法 | 第30条の4第1項（＊3） | 派遣労働者の待遇決定協定 | 派遣労働者の待遇について、派遣先均衡・均等方式の除外 |

＊1　この制度は、労使協定以外にも就業規則またはこれに準ずるものによっても導入することができます。

＊2　「特例措置対象事業場」とは、商業（卸売業、小売業、理美容業、倉庫業、その他の商業）、映画・演劇業（映画の映写、演劇、その他興業の事業）、保健衛生業（病院、診療所、社会福祉施設、浴場業、その他の保健衛生業）、接客娯楽業（旅館、飲食店、ゴルフ場、公園・遊園地、その他の接客娯楽業）の業種に該当する常時 10 人未満の労働者を使用する事業場のことであり、法定労働時間が、1 日 8 時間、1 週 44 時間とされているものです（労基則第 25 条の 2 第 1 項）。

＊3　この条項は、令和 2 年 4 月 1 日（中小企業は令和 3 年 4 月 1 日）から施行されます。

② 労使協定の締結

　前述のように、例えば、労基法第36条第1項本文は、「使用者は、当該事業場に、労働者の過半数で組織する労働組合がある場合においてはその労働組合、労働者の過半数で組織する労働組合がない場合においては労働者の過半数を代表する者との書面による協定をし、厚生労働省令で定めるところによりこれを行政官庁に届け出た場合においては、……その協定で定めるところによって労働時間を延長し、又は休日に労働させることができる。」と定めていますが、このうち、「当該事業場に、労働者の過半数で組織する労働組合がある場合においてはその労働組合、労働者の過半数で組織する労働組合がない場合においては労働者の過半数を代表する者との書面による協定」をすることが、他の協定も含めて労使協定の要件です。

　したがって、労使協定の締結要件を明らかにするためには、この意義を検討していくこととなります。

（1）　事業場

　労使協定の労働者側締結当事者は、事業場の過半数労組、それがない場合は事業場の過半数代表者です（労働者派遣法第30条の4に規定される協

定に関しては、「事業場」単位の要件が明記されていませんが、この協定についても、事業場単位で締結されることが前提となっているものと解されます。）。

　かつては、労基法に「事業」に関する規定が置かれていたのですが（第8条）、平成10年の同法改正の際に同条は削除されました。

　しかし、その意義については、改正前の同法第8条において規定されていた「事業」についての解釈が現在でも妥当し、「工場、事務所、店舗等のように一定の場所において、相関連する組織の基で業として継続的に行われる作業の一体が行われている場」が「事業場」であり（ドワンゴ事件・京都地判平成18.5.29）、一つの事業であるか否かは主として場所的観念によって決定すべきもので、同一場所にあるものは原則として分割することなく一個の事業とし、場所的に分散しているものは原則として別個の事業とするが、場所的に分散していても著しく小規模で独立性のないもの（出張所など）は、直近上位の機構と一括して一つの事業と解すべきであるとされています（昭22.9.13発基17号、昭23.3.31基発511号、昭33.2.13基発90号参照）となります。

　問題は、いわゆる在宅ワーカー（ここでは「労働者性」を有する者を対象としています。）の場合の「事業場」をどのようにとらえるべきかということですが、一般論としては、自宅でフルタイムで作業する労働者についても、その規模の点からみて、その者の自宅を独立の「事業場」と取り扱うことは適当ではなく、「直近上位の事業場」に属する労働者として扱うべきことになるでしょう。このため、当該「直近上位の事業場」の労働者数を算定するに当たっては、そこに所属する在宅ワーカーも算入しなければなりません。

（2）　過半数の概念

　労使協定の労働者側締結当事者について問題となる「過半数」とは、当該事業場の全労働者の過半数という意味です。

　労働者派遣契約に基づいて派遣されている派遣労働者は、派遣元事業主

との間に雇用関係が存し、派遣先との間には雇用関係は発生していませんから（労働者派遣法第2条第1号参照）、派遣労働者は、派遣先の「全労働者」には原則として含まれません（ただ、労基法第34条第2項ただし書の一斉休憩の適用除外協定との関係では、派遣労働者も、派遣先の「全労働者」に含めて考えます。）。業務委託契約ないし請負契約に基づいて、委託者ないし注文者の作業場で就労している業務受託者ないし請負事業者の作業者についても、業務委託者ないし注文者との間に雇用契約関係が存するわけではありませんので、（原則的な）派遣労働者と同様、業務委託者ないし注文者の当該事業場の「全労働者」には含まれません。

　一方、出向契約については、出向元に身分を残しながら出向先との間にも雇用関係を生じさせるものと理解されていますので、出向労働者は出向先にとっても、当該事業場の労働者であり、過半数を算定するにあたっては、出向労働者も分母に算入しなければなりません。

　さらに、病欠者や出張者、休職者など、当面就労が予定されていない者についても、同様に分母に算入しなければなりません。

　ところで、労基法第36条第1項の36協定に関しては、管理監督者など時間外・休日労働が問題とならない者は分母に入れる必要はないとの考え方も主張されています。しかし、行政解釈は、「労基法第36条の協定は、当該事業場において法律上または事実上時間外労働または休日労働の対象となる労働者の過半数の意思を問うためのものでなく、同法第18条、第24条、第39条および第90条におけると同様当該事業場に使用されているすべての労働者の過半数の意思を問うためのもの」（昭46.1.18基収6206号）としており、労基法上、時間外・休日労働を考える余地のない者あるいは当該36協定において時間外・休日労働の対象とされていない労働者もすべて含むとしています。それゆえ、管理監督者についても、当該事業場の「全労働者」に含めて計算する必要があります。

（3）　過半数労組

　労使協定の労働者側の第1次的締結主体は、当該事業場の「過半数で組

織する労働組合」です。

「過半数で組織する労働組合」とは、当該事業場の労働者の過半数が加入している組合のことです。この過半数組合が存する場合は、当該組合員にかかわる事柄を内容とする協定ではない場合であっても、その組合が自らの意思で協定を締結することができるのであり、直接協定の影響を受ける当該組合員以外の者の意見を確認することは求められていません。

したがって、事業場に複数の労働組合が存する場合であっても、労使協定を締結する当事者となるのは、そのうちの過半数労働者で構成されている労働組合のことです。過半数組合が締結した労使協定は、非組合員や少数組合員に対しても効力を有することは言うまでもありません。関係会社から大量の出向者を受け入れており、その会社のプロパー社員で構成される労働組合が少数組合となり、出向者が加入している当該関係会社の労働組合が過半数組合となった場合には、その会社が労使協定を締結する際には、当該出向者が加入している労働組合が当事者となるということです。

これに対し、複数の労働組合が存し、いずれの組合も過半数組合ではないという場合には、いずれの組合も単独では労使協定の締結当事者とはなり得ません。もっとも、２つの組合のいずれの組合も過半数を占めていないが、２つ合わせれば過半数を占めるのであれば、両組合連名の協定も有効です（昭28.1.30基収398号）。

なお、過半数要件は協定締結時に充たせば足り、その後、過半数を割ったとしても、協定の効力に影響はないと考えられています。

（４） 過半数代表者

労使協定の労働者側の第２次的な締結当事者は、「労働者の過半数を代表する者」です。上述の過半数労組が存在する場合には、それが締結当事者となりますから、過半数代表者が締結当事者となるのは、当該事業場に労働組合がまったく存在しない場合、及び労働組合は存在するが、過半数を占めていない場合ということです。

このように、過半数代表者を労使協定の締結当事者として掲げたのは、

過半数労組だけを締結当事者とするのでは、労働組合が存在しない事業場において締結当事者を見出すことができず、労基法等の弾力的運用ができなくなるからです。

　過半数代表者として選出された者は、自らの意思で協定締結の可否を判断でき、事前に選出母体となった当該事業場の労働者の意思を確認することは求められていません。

　ところで、労基法施行規則第6条の2第1項は、この過半数代表者について、①労基法第41条第2号に規定する監督または管理の地位にある者でないこと、及び、②法に規定する協定等をする者を選出することを明らかにして実施される投票、挙手等の方法による手続きにより選出された者であって、使用者の意向に基づき選出されたものでないこと、を要求しています（ただし、貯蓄金管理協定、賃金控除協定、時間単位の年休協定、計画年休協定及び年休日の賃金を決定する協定については、①に該当する者がいない事業場においては、②に該当する者であれば足りるとされています（同条第2項））。同様の要請は、育児介護休業法に基づく労使協定の締結権者たる過半数代表者や労働者派遣法に基づく労使協定の場合にも存します（育児休業、介護休業等育児又は家族介護を行う労働者の福祉に関する法律の施行について（平成28年8月2日　職発第0802第1号、雇児発第0802第3号、労働者派遣則第25条の6第1項）。

　したがって、使用者が指名した者が過半数代表者となるとか、親睦会などの福利厚生団体の代表が自動的に過半数代表に就任するというやり方は認められません（もっとも、親睦会の代表を選出する際に、その者が36協定の締結や計画年休協定など、関係法令において協定の締結当事者となる場合を具体的に明らかにした上で、当該親睦会の代表に就任した際にはそれらの締結主体となることが明確にされた中で選出された場合は、同人にも有効な労使協定を締結する資格があると解されます。）。

　選出にあたって締結を予定する協定名をどの程度明示する必要があるのかという点については、法令や裁判例において明確な基準が示されているわけではありません。筆者としては、具体的に協定名を列挙する形のほ

か、「○○法に基づく協定締結のため」といった明示方法でも足りると考えています（労基法第38条の2第2項の協定に関して、過半数代表者選出の過程で、同協定の締結者となる旨が明示されていなかったとしても、当該事業場では同協定を締結するための代表者の選出であることは周知であったなどとして、選出過程は労基則第6条の2の要件を満たしているとした裁判例として、ナック事件　東京高裁　平30.6.21判決　労経速2369号28頁があります。）。

　次に、選出方法の問題として、挙手や投票の方法が例示されていますが、これはなにも労働者が一堂に会した場で行われなければならないということではなく、「投票、挙手等」の「等」には、労働者の話合い、持ち回り決議等労働者の過半数が当該者の選任を支持していることが明確になる民主的な手続きが該当するとされていますから（平成11年3月31日基発第169号）、過半数代表に立候補する機会が皆に与えられていることを条件に、回覧方式で支持する候補者の下に各労働者が氏名を書き込んでいく方法や労働者が自ら支持する候補者の氏名を選挙管理委員に電子メールで送るといった方法も有効と考えられます。むろん、その選出目的を明らかにした上で、各課に1名というように、過半数代表者を選出するための委員を選出し、そこで選ばれた委員が過半数代表者を互選するというやり方も、労働者の意思が的確に反映されるものである限り有効であると解されます。

　また、過半数代表者を任期制とし、労使協定を締結する必要が生じた都度過半数代表者を選任するのではなく、その任期中であれば、当該過半数代表者に締結権限を付与するといったようなやり方については、現行法の解釈としては難しいとの意見もありますが、筆者は、その決議によって労使協定の代替となし得る労使委員会の労働者側指名委員に関して任期制がとられていること（労基法第38条の4第2項第1号）を見れば、任期制とすることも許容されてよいのではないかとみています。ただ、具体的な任期については、あまり長期に及ぶものとなると、事業場の状況が選任時から変化する可能性が高くなり、当該代表者を選任した事業場の過半数労働

— 18 —

者の意思から乖離してしまう可能性があるため、1ないし2年程度にとどめるのが相当ではないかと考えています。この方法をとった場合には、任期中であれば、当該事業場の労働者の構成が変化した場合であっても、その者が過半数代表者として各労使協定を締結し得ると考えられます。

これに関連して、過半数代表者が任期中に人事異動によって他の事業場に異動した場合や退職した場合などに備えて、副代表者を予め選任しておくことが可能かということが問題となります。筆者は、その旨を明らかにした上で、過半数代表者を選任する際に同時に選任されているのであれば、当該事業場の労働者の意思は反映されているということができ、もともとの過半数代表者の任期中は当該副代表者が各労使協定の締結当事者たり得るものと考えています。

問題は、派遣会社の場合です。派遣労働者は、派遣元事業主との間に雇用関係が存し、派遣先との間に雇用関係はありません。したがって、派遣会社においては、それぞれの事業所につき、そこに所属する派遣労働者も含めて労働者の過半数を算定しなければなりませんし、過半数労組が存在しない場合には、派遣労働者の意思も反映させた上で過半数代表者を選任しなければなりません。ところが、派遣労働者は派遣先で就労しているわけですから、派遣元事業主の事業所において過半数代表者の選任手続を進めようとしても、現実的には大きな困難に直面します。筆者としては、電子メールなどを活用して、当該派遣元事業主の事業所所属の派遣労働者に対し、過半数代表者への立候補の機会を付与しつつ、特定の候補者に対する賛否を問うといった方法をとらざるを得ないと考えています。

ところで、労基則第6条の2第3項は、「使用者は、労働者が過半数代表者であること若しくは過半数代表者になろうとしたこと又は過半数代表者として正当な行為をしたことを理由として不利益な取扱いをしないようにしなければならない。」と定めています。同様の規定は、他の法令に基づく過半数代表者についてもみられます（労働者派遣則第25条の6第2項）。

加えて、使用者に対しては、過半数代表者が労使協定を締結する等の事

務を円滑に遂行できるよう、必要な配慮をしなければならない旨も定められています（労基則第6条の2第4項、労働者派遣則第25条の6第3項）。

なお、過半数代表者が協定締結後に人事異動や退職によって、当該事業場外に転出した場合であっても、既に有効に締結されていた労使協定の効力には影響はありません。

ところで、働き方改革法との関係で過半数代表者に関連して注目されるのは、労基則第6条の2第4項に、使用者に対し、過半数代表者が労使協定を締結する等の事務を円滑に遂行できるよう、必要な配慮をしなければならない旨が定められ、その配慮の内容につき、行政通達において、「例えば、過半数代表者が労働者の意見集約等を行うに当たって必要となる事務機器（イントラネットや社内メールを含む）や事務スペースの提供を行うことが含まれるものである」とされていることです（平30.12.28基発1228第15号）。

そもそも過半数代表者が労使協定を締結するにあたって、選出母体である労働者の意見を聴取し、それを反映させた対応をすることが義務付けられているものではありませんが、そういった対応をとることが望ましいとの見方に基づき、上記の通達では、そうした意見聴取と集約を行うことを前提とした配慮を求めているものと解されます。

ただ、労基則の上記条項は使用者に対する「配慮」を求めるにとどまること、さらには、過半数労組が労使協定を締結する場合には、非組合員はもちろん組合員に対する意見聴取も前提とされていないこととの均衡を考えると、過半数代表者が上記通達にあるような段取りを踏まずに労使協定を締結したとしても、そのことだけで当該協定の効力が失われることにはならないといえるでしょう。

（5） 行政官庁への届出

労使協定の中には、労働基準監督署長への届出が、その効力発生要件とされているものがあり、そうした協定については、届け出を欠いた場合には、当該協定の効力は認められません。

また、労使協定は、事業場単位で締結することが原則とされており、労働基準監督署長に対する届出についても、各事業所を管轄する労基署長に対して行われなければならないというのが原則です。ただし、36協定については、本社と各事業場（支店、営業所など）の協定内容が同一である場合、次の方法により本社を管轄している労働基準監督署（以下「本社管轄監督署」という。）に一括して届け出ることができるようになっています（平成15年2月15日基発0215002号）。なお、協定内容が同一である場合とは、協定事項のうち「事業の種類」、「事業の名称」、「事業の所在地（電話番号）」、「労働者数」以外の事項が同一であることをいいます。

(a)　事業場（本社、支店、営業所など）の数に対応した必要部数の36協定届を本社管轄監督署に届け出ること。

(b)　各事業場の名称、所在地、所轄労働基準監督署長名を附記した書類を添付すること。

　届出が義務付けられている協定であるにもかかわらず、届出がなされていないものの効力をどのように考えるかについては、見解が分かれるところです。筆者は、貯蓄金管理協定（労基法第18条第2項）及び36協定（同法第36条第1項）については、その条文の文言上、届出を欠くときはその効力は否定されると言わざるを得ないが、変形労働時間制に関する協定（同法第32条の2第1項、第32条の4第1項、第32条の5第1項）、清算期間が1カ月を超えるフレックスタイム制の協定（同法第32条の3第1項）、事業場外労働のみなし時間に関する協定（同法第38条の2第2項）及び専門業務型の裁量労働制に関する協定（同法第38条の3第1項）については、「……届け出た場合においては……することができる」といった表現になっていないので、届出を欠いているとしても、その効力は否定されないと解しています（ただし、罰則の適用はあり得ます。）。

　労働基準監督署長への届出が義務付けられる労使協定は、以下のとおりです。

・貯蓄金の管理に関する協定（労基法第18条第2項）

・最長1カ月単位の変形労働時間制の協定（労基法第32条の2第2項）

・特例措置対象事業場における１カ月単位の変形労働時間制に関する協定
（労基則第25条の２第２項、第25条の３第２項）
・清算期間が１カ月を超えるフレックスタイム制協定（労基法第32条の３
第４項、第32条の２第２項）
・１年単位の変形労働時間制の協定（労基法第32条の４第４項）・１週間
単位の変形労働時間制に関する協定（労基法第32条の５第３項）
・時間外・休日労働に関する協定（労基法第36条第１項）
・事業場外のみなし労働時間制に関する協定であって、法定労働時間を上
回る労働時間をみなすもの（労基法第38条の２第３項、同法施行規則第
24条の２第３項ただし書）
・専門業務型の裁量労働制に関する協定（労基法第38条の３第２項、第38
条の２第３項）

　なお、所轄労基署長への届出に際しては、36協定のように所定の様式を
使用することが求められる場合があります。こうした場合において、この
様式に必要事項を記載し、法律により協定当事者とされている者が署名・
押印することによって当該協定の原本とすることも可能ですが、かかる方
法をとった場合には、協定の原本が労基署長の元へ行ってしまうことにな
りますので、労使協定自体は法令による様式とは別に作成し、それを協定
原本として手元に保管し、労基署長に対する届出については、当該協定内
容を反映させる形で所定の様式に必要事項を記入して提出するというやり
方をする例が多いようです。

③ 労使協定の効力

　各法条に定められた労使協定のうち主なものの効力については、第２部
で詳述しますので、ここでは労使協定全体について総論的にその効力を検
討します。労使協定の効力は、もともとは以下の（１）に述べる免罰効が
中心であると解されていましたが、その後の立法や法改正によって、（２）

ないし（3）で述べるような、免罰効とともに私法的効力を有するものや免罰効とは関係なく私法的効力だけを有するものも登場するに至り、すべての労使協定についてその効力を一律に論ずることはできなくなってきています。

（1）　刑事免責の効力（免罰効）

　周知のとおり、一般の事業場においては、法定労働時間は、1日8時間、1週40時間と定められ（労基法第32条）、これに違反した者については、6カ月以下の懲役又は30万円以下の罰金という罰則が科され得ることとされています（同法第119条第1号）。

　しかし、同法第36条第1項に定められる労使協定（いわゆる36協定）が締結された場合には、その有効期間中は、当該協定で規定された上限まで労働させたとしても、労基法第32条違反とは取り扱われず、当然罰則規定の適用もなくなります。

　このように、労使協定には、本来関係法令によって罰則付で禁止される行為を、その労使協定の定めの範囲内で許容し、行為者に対する刑事責任を免れさせるという効力があります。この効力は、労使協定の「刑事免責の効力」ないし「免罰効」などと呼ばれています。当初労使協定制度が導入されたときは、すべての労使協定がこの免罰効を有するものとされていたのであり、現在でも、労基法に規定される大半の労使協定は、この効力を有するものです。

　ところで、この免罰効を有する労使協定は、同時に私法上の効力も有していると考えることができるでしょうか。36協定を例にとって言えば、36協定を締結し、労働基準監督署長に対する所定の届出を完了している場合には、その協定で定められた範囲内においては、法定労働時間を超えて労働させたとしても、労基法第32条違反として処罰されることはなくなるわけですが、同時に、この協定さえあれば、使用者は、労働者に対して、法定労働時間を超えて労働することを命ずることができるのでしょうか。

　この点、最高裁は、36協定に関し、「思うに、労働基準法（昭和62年法

律第99号による改正前のもの）32条の労働時間を延長して労働させること
につき、使用者が、当該事業場の労働者の過半数で組織する労働組合等と
書面による協定（いわゆる36協定）を締結し、これを所轄労働基準監督署
長に届け出た場合において、使用者が当該事業場に適用される就業規則に
当該36協定の範囲内で一定の業務上の事由があれば労働契約に定める労働
時間を延長して労働者を労働させることができる旨定めているときは、当
該就業規則の規定の内容が合理的なものである限り、それが具体的労働契
約の内容をなすから、右就業規則の規定の適用を受ける労働者は、その定
めるところに従い、労働契約に定める労働時間を超えて労働をする義務を
負うものと解するを相当とする」と判示しています（日立製作所（武蔵工
場）事件・最1小判平3.11.28）。すなわち、36協定だけで時間外労働を命
ずることができるわけではなく、就業規則において、一定の事由がある場
合には、36協定の範囲内で時間外労働をさせることがある旨を定めて、は
じめてその命令を発することができるとの立場を明らかにしたのです（こ
こに言う就業規則上の根拠は、労働協約や個別の労働契約上の根拠でも足
りると考えられます）。

　このような解釈は、労使協定が私法的効力を有していないという理解を
前提とするものであり、労基法制定後しばらくの間は、労使協定のほとん
どはこのタイプに属するものでした。

（2）　私法的効力をも有する労使協定の登場

　ところが、昭和62年の労基法改正で導入された計画年休に関する労使協
定は、免罰効だけではなく私法上の権利義務を設定する効力を有するもの
と位置付ける見解も有力に主張されています。

　すなわち、同法第39条第6項は、「使用者は、当該事業場に、労働者の
過半数で組織する労働組合がある場合においてはその労働組合、労働者の
過半数で組織する労働組合がない場合においては労働者の過半数を代表す
る者との書面による協定により、第1項から第3項までの規定による有給
休暇を与える時季に関する定めをしたときは、これらの規定による有給休

— 24 —

暇の日数のうち5日を超える部分については、前項の規定にかかわらず、その定めにより有給休暇を与えることができる。」と定めています。本来、年休は労働者の指定した時季に与えられなければならないものであり、労働者は自らの年休について自由にその時季を指定することができるわけですが、同条項の要件を具備した計画年休に関する協定が締結されると、労働者が有する年休のうち5日を超える日数については、個々の労働者の意図とは関係なく、当該協定で定められた日が年休日となり、その範囲内では、労働者の時季指定権は消滅することになります。

　裁判例においても、過半数組合と締結された計画年休協定につき、かつ、就業規則中に、労使協定の存在を前提として、法令の定めるところにより有給休暇を与える時季に関し定めをした場合にはそれによる旨が明記されていた事案ですが、「労基法上、労使協定による計画年休制度が新設されたことにより、年休日の特定を完全に労働者個人の権利としていた従来の建前は改められ、前記の個人的事由による取得のために留保された5日を超える日数については、個人的な特定方法に加えて、労働者と使用者の協議によって集団的統一的に特定を行う方法が認められるに至ったもので、一旦右労使協定により年休の取得時季が集団的統一的に特定されると、その日数について個々の労働者の時季指定権及び使用者の時季変更権は、共に、当然に排除され、その効果は、当該協定により適用対象とされた事業場の全労働者に及ぶと解すべきである。」と判示されています（三菱重工業長崎造船所事件・福岡高判平6.3.24）。

　これは、労使協定の免罰効だけでは説明することはできません。計画年休に関する労使協定には、私法上の権利義務関係を生じさせる効力が備わっていると解されるということです。

（3）　私法上の効力のみを有する労使協定の登場

　この延長線上に位置付けられるものとして、平成3年に制定された育児介護休業法（当時は育児休業法）における育児休業の対象の除外者を定める労使協定を挙げることができます。

同法第6条第1項本文は、育児休業の申出を受けた事業主は、その申出を拒むことができない旨を定める一方、同項ただし書は、「当該事業主と当該労働者が雇用される事業所の労働者の過半数で組織する労働組合があるときはその労働組合、その事業所の労働者の過半数で組織する労働組合がないときはその労働者の過半数を代表する者との書面による協定」により、「当該事業主に引き続き雇用された期間が1年に満たない労働者」など関係法令に規定される一定の者を育児休業の対象者から除外する旨定めたときは、それらの者からの育児休業の申出については、それを拒むことができるとし、同条第2項は、当該協定を根拠に育児休業の申出を拒まれた労働者は、育児休業を取得することができないとされています（現在では、介護休業及び子の看護休暇についても準用されています（同法第12条第2項、第16条の3第2項））。

　育児休業や介護休業については、その申出を受けた事業主がそれらの休業を拒んだとしても、罰則が科される旨の規定は存しませんから、前記の労使協定は、免罰効を持つわけではありません。その一方で、この労使協定は、育児休業や介護休業の申出を拒むことができるという私法上の効果を備えています。

　こうしたタイプの協定は、その後同法に多数登場し、さらに、労働者派遣法第30条の4の派遣労働者の待遇決定協定として導入されています。これらは、労使協定が多様さを増してきていることを示す証拠と言えるでしょう。

④ 労使協定の周知

　労基法第106条第1項は、同法に基づいて締結された労使協定について、労働者に対する周知手続をとることを求め、違反した使用者に対しては、30万円以下の罰金という罰則を定めています（第120条第1号）。

　ここにいう周知の方法は、①常時各作業場の見やすい場所へ掲示し、または備え付けること、②書面を労働者に交付すること、③磁気テープ、磁

気ディスクその他これらに準ずる物に記録し、かつ、各作業場に労働者が当該記録の内容を常時確認できる機器を設置することのいずれかの方法です（労基則第52条の2）。なお、労働者派遣法第30条の4に定められる派遣労働者の待遇決定協定については、上記の周知方法に加え、ファクシミリもしくは電子メールによる送信の方法またはデータベースにアクセスする方法も認められています（労働者派遣則第25条の11）。

　ところで、労働契約法第7条本文は、「労働者及び使用者が労働契約を締結する場合において、使用者が合理的な労働条件が定められている就業規則を労働者に周知させていた場合には、労働契約の内容は、その就業規則で定める労働条件によるものとする。」と定め、就業規則は「周知」されてはじめて労働契約の内容となる旨を明らかにしました。しかし、同法においては、労使協定と労働契約の関係について触れるところはありません。前述のように、労基法第39条第6項の計画年休に関する労使協定は、私法上の効果を持つのですから、労働契約の内容を構成するものと考えることも可能なのであって、そうであるとすれば、就業規則と同様、周知手続がとられていることを前提とするものと解すべきことになります。

　もっとも、私法上の効果を生じるための周知手続は、上記の労基法第106条所定の周知手続に限られるものではなく、何らかの方法で周知されていれば足りると考えられます。

　なお、上記の育児もしくは介護休業または子の看護休暇の請求を拒むことができる者の範囲を定める労使協定などについては、周知手続をとることを定める法令はありませんが、予測可能性を確保し、紛争を未然に防止するという観点から、計画年休に関する労使協定と同様、何らかの方法で周知されていることが必要であると解されます。

⑤ 労使協定の有効期間

　労使協定には、次のとおり、有効期間を定めなければならないものと、定めがなくてもよいものがあります（むろん、有効期間を定めなくともよ

い協定につき、労使の合意によりそれを定めることは差し支えありません）。

ただし、労働協約として定められる労使協定については、有効期間の定めは不要です。

有効期間の定めをする場合の有効期間の長さについては、法令上特に制限があるわけではありませんが、状況の変化に柔軟に対応していくという観点からは、1年程度とするのがよいでしょう（36協定については、1年とすることが望ましい旨通達されています（働き方改革を推進するための関係法律の整備に関する法律による改正後の労働基準法関係の解釈について・平30.12.28基発1228第15号））。

有効期間を定めることが法定されている場合でも、自動更新条項を設けることが禁止されているわけではありません。ただし、36協定については、同協定の更新を前提としていた旧労基則第17条第2項が削除されたことから、都度締結することが望ましいと考えられるところです。

有効期間の定めが必要な労使協定	有効期間の定めが不要な労使協定
・1カ月単位の変形労働時間協定 （労基則第12条の2の2第1項） ・清算期間が1カ月を超えるフレックスタイム制協定 （労基則第12条の3第1項第4号） ・1年単位の変形労働時間制協定 （労基法第32条の4第1項第5号、労基則第12条の4第1項）	・貯蓄金管理協定 ・賃金控除協定 ・清算期間を1カ月以内とするフレックスタイム制の協定 ・完全週休2日制の事業場におけるフレックスタイム制の労働時間の限度を設定する協定 ・1週間単位の変形労働時間制協定
・36協定 （労基則第17条第1項第1号） ・事業場外労働のみなし労働時間協定 （労基則第24条の2第2項） ・専門業務型の裁量労働時間協定 （労基法第38条の3第1項第6号、労基則第24条の2の2第3項第1号） ・育児休業の適用除外協定 （育児休業、介護休業等育児又は家族介護を行う労働者の福祉に関する法律の施行について・平28.8.2職発0802第1号・雇児発0802第3号）	・一斉休憩の適用除外協定 ・割増賃金率の引上げ分に対する代替休暇協定 ・時間単位の年休協定 ・計画年休協定 ・年休日の賃金に関する協定 ・半日単位の看護休暇の時間数の設定協定 ・半日単位の介護休暇の時間数の設定協定 ・労働時間等設定改善企業委員会の設置協定

・介護休業の適用除外協定（前同） ・子の看護休暇の適用除外協定（前同） ・介護休暇の適用除外協定（前同） ・育児のための所定外労働の制限協定（解釈による） ・介護のための所定外労働の制限協定（前同） ・育児のための所定労働時間の短縮措置の適用除外協定（前同） ・介護のための所定労働時間の短縮等の措置の適用除外協定（前同） ・派遣労働者の待遇決定協定 （労働者派遣則第25条の10第1号）	

6 労使協定の破棄

　期間の定めのない労働協約については、一定の要件の下に一方当事者からの破棄が認められていますから（労組法第15条第3・4項）、労使協定が労働協約の形をとる場合には、労働協約の解約手続に従って破棄することも認められるでしょう。

　他方、労働協約の形をとらない労使協定については、そもそも一方当事者による破棄が認められるのかどうか、認められるとしていかなる要件を充足する必要があるのかといった点につき争いがあります。筆者は、上記の労働協約の破棄に関する労組法の条項の準用により、同様の要件と手続きの下に破棄することが認められるべきではないかと考えています。

　以上に対し、期間の定めのある労使協定については、その有効期間中は破棄し得ないという理解が一般的です。

　もっとも、協定中に「本協定の有効期間中といえども、一方の破棄通告により失効する」とか「破棄通告の到着後1週間の経過をもって失効する」旨の失効約款を付けた場合には、その約款は有効であると解されます。

7 企業組織再編と労使協定

　会社の合併や会社分割の場合に、労使協定の帰趨がどうなるのかという点は、法令には明記されていません。

　免罰的効力（強行性排除力）を有するにとどまる労基法上の大半の労使協定については、労働契約の権利義務を直接定めるものではありませんので、合併や会社分割の際の労働条件の帰趨と同様に考えることはできません。それらの労使協定については、事業場単位で締結（一部の協定については、締結と所轄労基署長への届出）することが求められていますので、合併や会社分割によって、事業場が新しくなるような場合は、新たに締結（または締結と届出）する必要があります（分割会社及び承継会社等が講ずべき当該分割会社が締結している労働契約及び労働協約の承継に関する措置の適切な実施を図るための指針・平12労働省告示第127号参照）。

　これに対し、吸収合併や吸収分割の場合で事業場に変更がないときには、存続する事業場に従前から存した労使協定が、その有効期間中は効力を維持するものと解されますので、その期間中は、新たな締結（または締結と届出）は要しないものと思われます。

8 労使委員会ならびに労働時間等設定改善委員会及び労働時間等設定改善企業委員会等の決議による労使協定の代替機能

（1）　労使委員会ならびに労働時間等設定改善委員会及び労働時間等設定改善企業委員会の意義

①　労使委員会とは

　　労基法第38条の4第1項は、企画業務型裁量労働制を導入するための要件として、「賃金、労働時間その他の当該事業場における労働条

件に関する事項を調査審議し、事業主に対し当該事項について意見を述べることを目的とする委員会（使用者及び当該事業場の労働者を代表する者を構成員とするものに限る。）」を設置し、所定の事項につき当該委員会の委員の5分の4以上の多数で決議し、それを行政官庁に届け出ることを定めています。この条項を根拠に設けられる委員会が、「労使委員会」と呼ばれるものです。

労使委員会は、次の要件を満たすものでなければなりません（同条第2項、労基則第24条の2の4）。

第1に、当該委員会の委員の半数については、当該事業場に、労働者の過半数で組織する労働組合がある場合においてはその労働組合、労働者の過半数で組織する労働組合がない場合においては労働者の過半数を代表する者により任期を定めて指名されている者でなければなりません。しかも、指名の対象となる者は、いわゆる管理監督者であってはなりません。

第2に、委員会の議事について、議事録が作成され、かつ、保存されるとともに、労働者に対する周知が図られていなければなりません。

第3に、労使委員会の招集、定足数、議事その他労使委員会の運営について必要な事項に関する規定が定められていなければなりません。

② 労働時間等設定改善委員会とは

労働時間等設定改善委員会とは、事業主を代表する者及び当該事業主の雇用する労働者を代表する者を構成員とし、労働時間等の設定の改善を図るための措置その他労働時間等の設定の改善に関する事項を調査審議し、事業主に対し意見を述べることを目的とする、各事業場ごとに設置された委員会であって、以下の要件を満たすものを言います（労働時間特措法第6条、第7条）。

(a) 委員の半数が、過半数組合または過半数代表者の推薦に基づいて指名されていること。なお、この過半数代表者は、管理監督者以外の者で、かつ、委員会の委員を推薦する者を選出することを明らかにして実施される投票、選挙等の方法により選出された者で

なければなりません（同法施行規則第1条第1項）。

(b) 委員会の開催の都度議事録が作成され、3年間保存されていること（同法施行規則第2条）。

(c) 委員の任期、委員会の招集、定足数、議事等を内容とする運営規定が定められていること（同法施行規則第3条第1項）。

③ 労働時間等設定改善企業委員会とは

労働時間等設定改善企業委員会とは、事業主を代表する者及び当該事業主の雇用する労働者を代表する者を構成員とし、労働時間等の設定の改善を図るための措置その他労働時間等の設定の改善に関する事項を調査審議し、事業主に対し意見を述べることを目的とする、企業全体で一つの委員会であって、以下の要件を満たすものを言います（労働時間特措法第6条、第7条の2）。

(a) 各事業場ごとに、過半数組合または過半数代表者との書面による協定により、労働時間等設定改善企業委員会に調査、審議をさせ、事業主に対し意見を述べさせることを定めること。

(b) 委員の半数が、企業の全労働者の過半数組合または過半数代表者の推薦に基づいて指名されていること。なお、この過半数代表者は、管理監督者以外の者で、かつ、委員会の委員を推薦する者を選出することを明らかにして実施される投票、選挙等の方法により選出された者でなければなりません（同法施行規則第1条第1項）。

(c) 委員会の開催の都度議事録が作成され、3年間保存されていること（同法施行規則第4条・第2条）。

(d) 委員の任期、委員会の招集、定足数、議事等を内容とする運営規定が定められていること（同法施行規則第3条第4条・第1項）。

（2） 労使委員会ならびに労働時間等設定改善委員会及び労働時間等設定改善企業委員会の決議による労使協定の代替

上記の要件を満たす労使委員会ならびに労働時間等設定改善委員会及び

労働時間等設定改善企業委員会の委員の5分の4以上の多数の決議については、労基法の一部の労使協定に代替する機能が与えられています（労基法第38条の4第5項、労働時間特措法第7条、第7条の2）。

　例えば、上記の要件を満たす労使委員会ないし労働時間等設定改善委員会の委員の5分の4以上の決議で、労基法第32条の4第1項所定の事項に関する決議がなされたときは、同条項所定の労使協定がなくとも、1年単位の変形労働時間制を導入することができるということです。

　要するに、一旦労使委員会ないし労働時間等設定改善委員会が適法に設置されると、その委員会の委員の5分の4以上の決議によって、一定の事項については、労使協定の代替をさせることが可能になっています。過半数労組が存在しないような事業場において、対象事項が生じるごとに過半数代表者を選任する手続きを踏むことが煩瑣に絶えないといった企業にとっては、これらの委員会を設置して、その決議によって機能的に対応することも可能になっていると言えます。

　労基法における労使協定のうち、労使委員会ならびに労働時間等設定改善委員会及び労働時間等設定改善企業委員会の決議で代替し得る労使協定とそれが認められていない協定とを整理すれば、次頁のとおりです。

労使協定（労基法等の条文）	労使委員会の決議の労使協定に代わる効力の有無	労働時間等設定改善委員会の決議の労使協定に代わる効力の有無	労働時間等設定改善企業委員会の決議の労使協定に代わる効力の有無
貯蓄金管理協定 （労基法第18条第 2 項）	×	×	×
賃金控除協定 （労基法第24条第 1 項）	×	×	×
1 カ月単位の変形労働時間制に関する協定 （労基法第32条の 2 第 1 項）	○	○	×
特例対象事業場における 1 カ月単位の変形労働時間制に関する協定 （労基則第25条の 2 第 2 項）	○	○	×
フレックスタイム制に関する協定 （労基法第32条の 3 第 1 項）	○	○	×
特例対象事業場におけるフレックスタイム制に関する協定（労基則第25条の 2 第 3 項）	○	○	×
完全週休二日制の事業場におけるフレックスタイム制の労働時間の限度を設定する協定 （労基法第32条の 3 第 3 項）	×	×	×
1 年以内の変形労働時間制に関する協定 （労基法第32条の 4 第 1 項）	○	○	×
1 週間単位の変形労働時間制に関する協定 （労基法第32条の 5 第 1 項）	○	○	×

一斉休憩原則の適用除外協定 （労基法第34条第2項但書）	○	○	×
時間外・休日労働に関する協定 （労基法第36条第1項）	○	○	×
代替休暇協定 （労基法第37条第3項）	○	○	○
事業場外労働のみなし労働時間に関する協定 （労基法第38条の2第2項）	○	○	×
専門業務型裁量労働制に関する協定 （労基法第38条の3第1項）	○	○	×
時間単位の年休協定 （労基法第39条第4項）	○	○	○
計画年休に関する協定 （労基法第39条第6項）	○	○	○
有給休暇の手当を標準報酬日額とするための協定（労基法第39条第9項）	○	×	

　なお、上記の各労使協定のうち労働基準監督署長への届出が義務付けられているものの中で、時間外・休日労働に関する協定以外の協定（1カ月単位の変形労働時間制、1カ月を超える清算期間のフレックスタイム制、1年単位の変形労働時間制、1週間単位の変形労働時間制、事業場外労働のみなし労働時間制に関する協定及び専門業務型裁量労働時間制に関する協定）を労使委員会ないし労働時間等設定改善委員会の決議で代替させた場合には、その届出が免除されます（労基法第38条の4第5項、労働時間特措法第7条）。

Ⅱ　労働協約とは

1　労働協約の意義

　労使間の力の差により、労働契約の内容が不合理な結果を招く事態とならないようにするため、二つの方法が考えられました。

　一つは、法律が労働契約関係に直接介入して、契約の内容を法律が定める基準にまで引き上げるという方法です。「この法律で定める基準に達しない労働条件を定める労働契約は、その部分については無効とする。この場合において、無効となつた部分は、この法律で定める基準による。」と定める労基法第13条や、「最低賃金の適用を受ける労働者と使用者との間の労働契約で最低賃金額に達しない賃金を定めるものは、その部分については無効とする。この場合において、無効となった部分は、最低賃金と同様の定をしたものとみなす。」と定める最低賃金法第4条第2項の規定などは、その典型と言われています。

　もう一つの方法は、労働者に団結することを認め、結集した団体として使用者と交渉することを保護し、労使が対等の立場で労働条件を決定する素地を作るという方法です。つまり、労働者は、自らが希望する労働条件を得るために結集し、労働組合という団体を結成して、労務の集団的不提供（ストライキ）を行う権限を背景に、使用者と対等の立場で交渉し、労働条件の改善を図っていくことになります。そして、その交渉の結果、労使間で合意が成立すれば、それを文書に取り交わすことになります。これが「労働協約」であり、労働組合の結成及び団体交渉権を保証するとき、

— 36 —

必然的に生まれてくるものと言えます。

　すなわち、労働条件に関し、労働組合と使用者またはその団体が合意をし、それを書面化した上で、両当事者が署名し、または記名押印したものが、「労働協約」と呼ばれるものです（労組法第14条）。その名称が、「覚書」とか、「協定書」などとなっていても、この要件を満たしているものであれば、「労働協約」と位置付けられるものです。

　当然のことながら、いわゆる社内労組との間に結ばれたものに留まらず、社外の労組との間で取り交わされた文書であっても、「労働協約」となり得るものですし、労使間の関係全体について定めた包括協約であろうと、個々の問題について定めた個別協約であろうと、「労働協約」としての効力に差異はありません。

　したがって、例えば、ある労働者に対して退職勧奨を行ったところ、当該労働者が外部のユニオンに加入し、団体交渉が開かれ、その終了時に、団交の中では特段議論されていなかったとしても、「組合員の労働条件を変更する場合には、事前に、○○労働組合と協議をし、その同意を得た上で行う。」といった「確認書」と題する文書に署名を求められ、当該団交に出席していた会社の代表者が署名をすると、当該「確認書」も「労働協約」としての効力を持つことになり、以後は、当該協約についての破棄手続がとられない限り、当該労働組合の組合員である労働者の労働条件を変更するには、すべて事前に当該労働組合の同意を必要とすることになるわけです。

　労働協約で定め得る事項には、狭義の労働条件に留まらず、団体交渉のルール等も含まれます。

　問題は、「工場移転を行わない」とか、「外注に出さない」といった、経営権にかかわる取決めを労働協約の内容とし得るのかという点ですが、それらの事項が組合員の労働条件に関わる問題を含んでいるときには、労働協約たり得ると解されます（ただし、その協約は、後述の債務的効力のみを有する協約ということになります。）。

　これに対し、純粋に政治的な問題についての労使の合意を書面化したと

しても、それは労働協約とはみなされません。

2 労働協約の成立要件

（1） 当事者

① 労働者側

労働協約の労働者側締結主体は、労働組合とその連合団体です。単位組合ばかりでなく、上部団体や支部・分会なども、団交権を持つ限り、労働協約の締結主体たり得ると解されています。

もっとも、労働組合法第2条本文が、労働組合を、「労働者が主体となって自主的に労働条件の維持改善その他経済的地位の向上を図ることを主たる目的として組織する団体又はその連合団体」としているところから、使用者の主導で組織され、完全にその独立性を失っているような、いわゆる「御用組合」については、労働協約を締結する能力は認められません。

② 使用者側

労働協約の使用者側締結当事者は、使用者とその団体です。

ここに言う「使用者団体」とは、労働組合と団体交渉を行い労働協約を締結することを一つの目的（定款や規約に明記）として組織されている団体であって、単に親睦を目的として結成されているような団体は、労働協約の締結当事者たり得るものではありません。

（2） 書面化

前述の労組法第14条の労働協約の定義からわかるように、労働協約は、必ず書面化することが求められており、例えば、電子メールのやりとりなどは労働協約たり得ません。

最高裁は、この要件を厳格に解しており、「労働協約は複雑な交渉過程を経て団体交渉が最終的に妥結した事項につき締結されるものであること

から、口頭による合意又は必要な様式を備えない書面による合意のままでは後日合意の有無及びその内容につき紛争が生じやすいので、その履行をめぐる不必要な紛争を防止するために、団体交渉が最終的に妥結し労働協約として結実したものであることをその存在形式自体において明示する必要がある。そこで、同条は、書面に作成することを要することとするほか、その様式をも定め、これらを備えることによって労働協約が成立し、かつ、その効力が生ずることとしたのである。したがって、書面に作成され、かつ、両当事者がこれに署名し又は記名押印しない限り、仮に、労働組合と使用者との間に労働条件その他に関する合意が成立したとしても、これに労働協約としての規範的効力を付与することはできないと解すべきである。」と判示しています（都南自動車教習所事件・最３小判平13.3.13）。

（3）　両当事者の署名または記名押印

　労働協約と言えるためには、両当事者の署名または記名押印が必要です。

　労働組合の場合は執行委員長、使用者の場合は事業主または代表権を有する取締役の、署名または記名押印ということになります。

　これらは１通の書面になされるのが原則であり、労働組合の要求書に対して使用者が承諾書を交付したような場合は、争いはあるものの、筆者は、労働協約たり得ないと考えています。

③　労働協約の効力

（1）　総　説

　労働協約が締結されれば、労働者及び労働組合ならびに使用者は、これに拘束されます。

　労働者の側から見れば、労働協約で定める基準に達しない労働契約を結

ばされた場合であっても、労働協約に反する労働契約は無効となり、無効となった部分は労働協約で定める内容となるわけですから（労組法第16条）、自らの労働条件を引き上げることができます。同様のことは、就業規則との関係でも指摘することができ、就業規則は労働協約に反してはならず（労基法第92条第1項）、労働協約に反する就業規則の内容は効力を有しないとされていますから（労働契約法第13条）、使用者が労働協約の内容を下回る労働条件を定めることはできないのであり、この点でも、労働条件を労働協約で定めるレベルにまで引き上げることが可能です。また、労働協約は、その有効期間中は、そこに定められた労働条件が維持されることが保証されているわけですから、一定期間は労働条件が維持されることが保証されます。

　他方、使用者の側から見ても、労働協約の有効期間中は、その協約に定められた事項に関し争議が起こることはないわけであり、労使関係の平和が維持されるというメリットがあります。また、企業の経営状態の悪化など、やむを得ず労働者の労働条件の一部を引き下げるといった就業規則の変更を実行せざるを得ない場合であって、労働組合の側も一定の理解を示しているというような場合には、その変更内容を労働協約として締結することによって、就業規則の不利益変更に対する個々の労働者の同意を得なくとも、労働組合員に対しては、その変更の効力を及ぼすことができます。

　もっとも、個々の協約によっては、その締結に関し、労使の利害が一致しないこともあります。例えば、団体交渉において、組合側に押し切られる形で不本意ながら合意した事項については、使用者の側が労働協約化に消極的な態度を示すこともありますが、そうした行動に合理性がないと評価されるときは、不当労働行為と評価される可能性があります。

（2）　規範的効力

　労組法第16条は、「労働協約に定める労働条件その他の労働者の待遇に関する基準に違反する労働契約の部分は、無効とする。この場合において

— 40 —

無効となつた部分は、基準の定めるところによる。労働契約に定がない部分についても、同様とする。」と定めています。

労働協約において、労働条件その他の待遇について定められたときは、組合員の労働条件は労働協約により決定されるという意味であり、「規範的効力」と呼ばれています。

「労働条件その他労働者の待遇に関する基準」には、賃金、労働時間、休日、休暇、災害補償、定年、福利厚生等、およそ個々の労働契約の内容となり得るものが広く含まれますから、組合員に関わるあらゆる労働条件を労働協約で決定することができます。

ところで、労働協約の規範的効力との関係では、労働協約と労働契約が抵触した場合、労働協約の規範的効力は有利・不利を問わず働くのか、それとも有利にのみ働くのかということが問題となってきます。

学説・裁判例ともに分かれているところですが、筆者は、①労働協約成立後にその内容より有利な労働契約が締結された場合には、使用者は、既に存在する労働協約の内容を知りながら、あえて労働者に有利な労働契約を締結しているのですから、当該労働契約の効力は肯定されるべきですが、②既に存在する労働契約の内容を下回る労働協約が締結された場合には、労使が団体交渉のギブ・アンド・テイクの中で成立させたものであり、労働組合としても、一面においては組合員に不利であるが、他面においては組合員に有利な部分も勝ち取ることができるとの判断の下に当該協約を結んだと認められるのであって、その内容が労働契約より不利であるからといって、一概にその効力を否定することは、いたずらに団体交渉の結果を形骸化させることに繋がるので、有利・不利を問わず当該労働協約は規範的効力を有するものと考えています。最高裁も、「特定の又は一部の組合員を殊更不利益に取扱うことを目的として締結された」場合ではないことを条件として、労働協約による労働条件の不利益変更の効力を肯定しています（朝日火災海上保険（石堂・本訴）事件・最1小判平9.3.27）。

もっとも、53歳以上の組合員の賃金引下げを内容とする労働協約の効力が争われた事案においては、対象となる高年齢労働者の不利益が極めて大

きいこと、組合規約で定められた締結手続を踏んでいないこと等を理由として不利益変更の効力が否定されており（中根製作所事件・東京高判平12.7.26）、組合員の労働条件を不利益に変更する労働協約については、その対象者の不利益の程度が著しいものでなく、当該協約が組合内部の定めに従った民主的過程を経て締結されている必要があると考えられます。

なお、労働協約に定める基準が最低基準として定められたものであることが明らかである場合（例えば、労働協約で最低賃金を定めるような場合）には、その内容を上回る労働契約が有効であることは言うまでもありません。

（3）　債務的効力

労働協約も、労働組合と使用者の一種の契約ですから、それが締結された以上は、そこに記載された事項については、両当事者ともその内容を履行する義務を負います。例えば、使用者が、労働組合に対して、「○○平方メートルの部屋を貸与する」という労働協約が結ばれた場合には、使用者はその条件に合致する部屋を貸与する義務を負うことになります。このような労働協約の効力を「債務的効力」と呼んでいます。

債務的効力の対象となる事項としては、団体交渉のルール、非組合員の範囲、組合活動に関する便宜供与、争議行為中のルール等、主として使用者と労働組合との間の集団的労使関係に関するものが含まれると言われています。

協約当事者は、労働協約全般につきこれを遵守し、履行する義務を負うのであって、一方当事者は、他方当事者がこれに違反したり、それを実行しない場合には、その履行を請求し、または不履行によって生じた損害の賠償を請求することができるのが原則です。

（4）　事業場単位の一般的拘束力

労組法第17条は、「一の工場事業場に常時使用される同種の労働者の4分の3以上の数の労働者が一の労働協約の適用を受けるに至ったときは、

当該工場事業場に使用される他の同種の労働者に関しても、当該労働協約が適用されるものとする。」と定めています。

労働協約の労働者側締結主体は労働組合なのですから、本来、労働協約はそれを締結した労働組合の組合員に対してのみ効力を有するはずです。しかし、労組法は、その例外として、同条の要件を満たした労働協約については、当該労働組合に属していない者にも効力が及ぶとしたものです。労働協約の「拡張適用」とか、「（事業場単位の）一般的拘束力」などと呼ばれています。

「一の工場事業場」とは、文字どおり事業場単位という意味であって、企業全体を指すものではないものと解されます。したがって、企業全体としては、４分の３以上の労働者から構成される労働組合であっても、ある事業場において４分の３に達していない場合には、その事業場においては、当該組合が締結した労働協約について一般的拘束力は認められません。

「同種の労働者」かどうかは、当該協約の適用対象者を基準に判断されます。正社員とパートタイマーは、通常は「同種の労働者」ではありませんが、両者の職務内容や権限、待遇などの面から見て、大きな差異はないと判断される場合には、「同種の労働者」に該当すると言える場合もあるでしょう。

事業場単位の一般的拘束力が及ぶのは、４分の１未満の少数の「同種の労働者」が労働組合員ではない場合に限られると解されています。わが国では、一般的に少数組合にも団体交渉権が認められており、その帰結として、当該少数者が別組合に属している場合には、一般的拘束力を及ぼすことはできないと解されるからです。

しかし、いずれの組合にも属していない者については、有利・不利を問わず、拡張適用を受けると解するのが最近の最高裁の考え方です。すなわち、最高裁は、労組法第17条の適用に当たっては、「右労働協約上の基準が一部の点において未組織の同種労働者の労働条件よりも不利益とみられる場合であっても、そのことだけで右の不利益部分についてはその効力を未組織の同種労働者に対して及ぼし得ないものと解するのは相当でない。

— 43 —

けだし、同条は、その文言上、同条に基づき労働協約の規範的効力が同種労働者にも及ぶ範囲について何らの限定もしていない上、労働協約の締結に当たっては、その時々の社会的経済的条件を考慮して、総合的に労働条件を定めていくのが通常であるから、その一部をとらえて有利、不利ということは適当でないからである。」と判示し（朝日火災海上保険（高田）事件・最3小判平8.3.26)、未組織労働者にとって不利益となるような労働協約の拡張適用も許容されるという立場をとっています。もっとも、そうした不利益変更にまったく制限がないわけではなく、「未組織労働者は、労働組合の意思決定に関与する立場になく、また逆に、労働組合は、未組織労働者の労働条件を改善し、その他の利益を擁護するために活動する立場にないことからすると、労働協約によって特定の未組織労働者にもたらされる不利益の程度・内容、労働協約が締結されるに至った経緯、当該労働者が労働組合の組合員資格を認められているかどうか等に照らし、当該労働協約を特定の未組織労働者に適用することが著しく不合理であると認められる特段の事情があるときは、労働協約の規範的効力を当該労働者に及ぼすことはできないと解するのが相当である。」ともされており（同事件）、これらの事情から見て、当該協約の未組織労働者に対する適用を認めることが著しく不合理であると判断される場合には、拡張適用は許されないということになります。

なお、拡張適用されるのは、労働協約の「規範的部分」と呼ばれる労働条件その他の労働者の待遇に関する部分だけで、組合と使用者の関係を定めた「債務的部分」については効力が及びません。

（5）　地域単位の一般的拘束力

労組法第18条第1項は、上述の一般的拘束力を地域単位にも拡張し、特定の地域で大多数の同種の労働者が一つの労働協約の適用を受けるに至った場合には労働委員会の決議にもとづいて当該地域の他の同種の労働者及びその使用者にも当該労働協約が適用されることがあると定めていますが、わが国の場合には、企業別組合が主流であるため、この地域的一般的

— 44 —

拘束力が認められているケースは少ないようです。

（6） 平和義務

　平和義務とは、協約締結当事者が労働協約有効期間中、当該労働協約に定める事項について、その改廃を求めて争議行為を行ってはならないという義務のことです。

　労使交渉により一定事項について合意が成立した以上、その有効期間中はその合意に拘束されるのが当然であり、この平和義務は、労働協約中に明示の条項がなくても認められると言われています。労働協約を締結する使用者側にとってのメリットとも言えるでしょう。

　したがって、労働協約有効期間中は、使用者が、この協約の変更を求める団交を拒否したとしても、不当労働行為と評価されることにはならないと見るべきです。ただし、協約の期間満了直前などの時点では、次期協約の締結に関連しての団交となっていくので、団交を拒否することは不当労働行為となるでしょう。

　同様に、当該協約の有効期間中は、原則的には争議行為は許されないと見るべきですが、期間満了直前などの場合には、許容されることもあると解されます。

　以上は、いわゆる「相対的平和義務」と呼ばれるものですが、ときに労使間において、当該協約の有効期間中は労働協約で定められた事項のみならず、一切の事項について争議行為を行わないことを協定することがあり、「絶対的平和義務」と呼ばれています。こうした協約の条項も有効と解されます。

　問題は、平和義務に反して争議行為がなされた場合、どのような救済を求めることができるかということです。

　第1に考えられるのは、損害賠償請求ということになります。平和義務も、上記の債務的効力を有することは広く承認されており、したがって、その違反は債務不履行と考えられますから、平和義務違反の争議行為によって損害を受けた当事者は、損害賠償を請求し得ることになります。た

だし、組合が争議行為を行い、使用者が損害賠償請求をするという場合には、その損害の額が莫大なものとなりかねないことから、精神的損害に限るべきであるなど、その賠償対象たる損害の範囲を限定しようとする見解もあるようです。

第2に、争議行為を行った者に対する懲戒処分の可否が議論されています。古い判例ではありますが、最高裁は、「平和義務に違反する争議行為は、その平和義務が労働協約に内在するいわゆる相対的平和義務である場合においても、また、いわゆる絶対的平和義務条項に基づく平和義務である場合においても……、これに違反する争議行為は、たんなる契約上の債務の不履行であって、これをもって、…企業秩序の侵犯にあたるとすることはできず、また、個々の組合員がかかる争議行為に参加することも、労働契約上の債務不履行にすぎないものと解するのが相当である。したがって、使用者は、労働者が平和義務に違反する争議行為をし、またこれに参加したことのみを理由として、当該労働者を懲戒処分に付しえない」としています（弘南バス事件・最3小判昭43.12.24）。それゆえ、使用者としては、争議行為を行った者に対する懲戒処分は差し控えておくべきでしょう。

第3に、平和義務違反の争議行為につき差止請求ができるのかが問題となります。判例・学説とも分かれているようですが、筆者は、実務的には、損害賠償請求だけでは、組合の資力いかんによっては事後的な救済が意味をなさないこともあり得ることから、肯定されるべきではないかと考えています。

（7）　通貨払原則の例外を許容する労働協約

労働協約は、原則として、労使間の関係を定め、あるいは組合員の労働条件を定めるものです。

しかし、労基法の中に一つだけ免罰効を有する労働協約が規定されています。すなわち、労基法第24条第1項ただし書は、賃金につき、「法令若しくは労働協約に別段の定めがある場合……においては、通貨以外のもの

で支払」うことができる旨を定め、賃金の通貨払の原則の例外として、賃金の現物給付をするためには、労働協約を締結することが必要であるとしているのです。したがって、労働組合が存しない企業においては、賃金の現物給付をすることはできません。

同条項では、賃金の全額払の例外を許容するための賃金控除協定についても定めていますが、こちらは労使協定の形をとっています。この相違につき、立法者は、「現物給與につきましては、労働者の賃金が不当に搾取されたり、あるいは不必要な現物を強制的に押しつけられるというふうな危険がございますので、現物給與につきましては……、法令または労働協約のある場合にのみ限定することにいたしたのでございます。」と説明しています。

④ 労働協約の期間

労組法第15条第１項は、「労働協約には、３年をこえる有効期間の定をすることができない。」とし、同条第２項は、「３年をこえる有効期間の定をした労働協約は、３年の有効期間の定をした労働協約とみなす。」と定めています。あまりに期間の長い協約は、状況の変化に適切に対応できず、労使関係の安定を損なうおそれがあるからです。

そして、期間の定めをしない労働協約、及び、「この協約は、新協約が締結されるまで有効とする。」といったような当事者の一方が改定を希望しても他方の当事者が合意しない限り改廃できないような協約については、署名または記名押印した書面による90日以上前の予告により、一方当事者から破棄することができるとされ（同条第３・４項）、しかも、条文上は、その解約につき「正当理由」は要求されていません（もっとも、使用者からの解約であって、その解約につき正当理由がない場合には、労働組合を嫌悪し、またはその弱体化を図るための解約ではないかとの疑念を持たれかねないので、実務的には、解約通知を発する前に、組合と団交を持ち、解約理由を説明した上で、組合の同意を得るべく努力するという過

程を踏むことになります。)。

　期間の定めのない労働協約につき解約手続が行われなければ、当該協約は3年を超えてもその効力を有します。労使双方が協約の存続を希望しているものとみられ、またいざとなれば90日前の予告をもって解約できるのですから、当事者が、希望しない協約の効力をいたずらに押し付けられることはないからです。

　ここで問題となるのが、いわゆる自動延長条項や自動更新条項が付された労働協約が、期間の定めのない労働協約と見られるのか、それとも期間の定めのある労働協約と見られるのかという点です。

　まず、労働協約の期間満了後も一定の期間に限って自動的にその効力が延長される旨の定めがある協約については、延長後の協約は期間の定めのある労働協約ということになり、延長前の協約の期間と合わせて3年を超えることはできないという制限を受けることになります。

　次に、期間満了後も期間を定めずにその協約の効力が延長される旨の条項を有する労働協約については、期間満了後の協約は期間の定めのない協約ということになり、上記のとおり、90日前の書面による予告をもって解約することができます。

　これらに対し、労働協約の期間満了時に両当事者のいずれからも改廃の意思表示がなければ同一内容にて当該協約が更新される旨の条項を有する労働協約については、更新時に新たな協約が締結されたのと同様に解され、更新後も更新前と同様の期間の定めのある労働協約と見られることになります。

⑤　労働協約の余後効

　労働協約が期間満了または解約によって失効した場合、普通に考えれば、当該協約は効力を失っているのですから、もはや当該協約によって規律されていた労使間の関係について、その協約に従った権利義務関係を認めることはできないはずです。

— 48 —

第1部　労使協定と労働協約（総論）

Ⅱ　労働協約とは

　しかし、そうした通常の考え方をそのまま当てはめると、継続的な関係である労使関係において、それを規律する規範がまったくなくなってしまうという事態が生じかねません。そこで、当該協約で定められていた基準は、新たな協約が締結されるまでは、協約失効後も効力を有し続けると見るべきではないかとの考え方が生じてくることになります。これが「労働協約の余後効」の問題です。

　わが国の労組法は、余後効について何らの規定も設けておらず、判例・学説とも、労働協約の規範的効力の根拠に関する考え方とも相俟って、肯否両説が対立している状況にあります。それら判例・学説の中身を仔細に検討し、いずれの立場をとるべきかを論じることは、本書の目的ではありませんので、以下では代表的な裁判例の考え方を示し、実務における整理を試みたいと思います。

　まず、朝日タクシー事件・福岡地小倉支判昭48.4.8では、「労使間の労働協約が期間満了等により消滅した場合において新協約成立までの措置につき別段の合意が存しないときは、協約の効力はその規範的部分たると債務的部分たるとを問わず終局的に消滅し協約自体のいわゆる余後効のごときものはありえない、というべきであるが、協約の成立により一旦個別的労働協約の内容として強行法的に変更され承認された状態ないし関係は協約失効後における労働契約の解釈に当つてもできるだけ尊重さるべきが継続的労使関係の本旨に副う所以であつて、後記事情の変更のごとき特段の事由がある場合を除き、個別的労働協約は協約満了時における労働協約の内容と同一内容を持続するものであり、使用者において一方的に労働契約の内容を改訂変更することは許されない、と解するのが相当である。」とされ、鈴蘭交通事件・札幌地判平成11.8.30では、「本件協約自体が失効しても、その後も存続する原被告間の労働契約の内容を規律する補充規範が必要であることに変わりはなく、就業規則等の右補充規範たり得る合理的基準がない限り、従前妥当してきた本件協約の月例賃金及び一時金の支給基準が、原被告間の労働契約を補充して労働契約関係を規律するものと解するのが相当であり、他に補充規範たり得る合理的基準は見出し難い。」と

されています。また、就業規則に「退職金は『支給時の退職金協定による』」との定めがあるケースにおいて、当該退職金に関する協定が失効した後も、その就業規則が存在する以上、それによって従前と同様の基準による退職金の支払義務が認められるともされています（香港上海銀行事件・最1小判平成1.8.9）。

　したがって、労働協約失効後に従前の協約による基準をそのまま適用させたくないのであれば、少なくとも就業規則の変更によって新たな基準を鼎立しておくことが必要と考えておくべきでしょう。しかも、それが就業規則の不利益変更に該当するのであれば、当該変更の効力が、いわゆる就業規則の不利益変更の法理によって判断されることになるものと考えられます（裁判例の中には、労働協約失効後の労働契約の内容につき、「特段の事由」がない限り、使用者において一方的に労働契約の内容を改訂・変更することは許されないとし、ここにいう「特段の事由」を、従前の労働協約に定められた労働条件が法律違反である場合や著しく不合理である場合、あるいは、労使間の諸般の事情が極端に変化し、従前の契約内容を持続することが信義則に反するに至ったと認められる場合において、当該事情の変更が変更を主張する者の責めに帰すべからざる事由に基づき、かつ、従前の契約成立当時予見できない性質・程度のものである場合等に限定するとするものがありますが（堺市職員（退職金）事件・大阪高判平15.5.8）、狭きに過ぎると考えます。）。

❻ 企業組織再編と労働協約

（1）　合併と労働協約

　合併は、吸収合併と新設合併とに分かれますが（会社法第2条第27・28号）、「吸収合併存続株式会社は、効力発生日に、吸収合併消滅会社の権利義務を承継する」（同法第750条第1項）、「新設合併設立株式会社は、その成立の日に、新設合併消滅会社の権利義務を承継する」（同法第754条第1

項）と定められており、消滅する会社との労働契約関係は、すべて存続ないし設立会社に承継されることになります。

したがって、いずれの場合であれ、合併の場合には、合併前の会社と労働組合の間で締結されていた労働協約も合併後の会社に承継されます。

（2）　会社分割と労働協約

会社の分割には、「株式会社又は合同会社がその事業に関して有する権利義務の全部又は一部を分割後他の会社に承継させること」を指す「吸収分割」（会社法第2条第29号）と、「一又は二以上の株式会社又は合同会社がその事業に関して有する権利義務の全部又は一部を分割により設立する会社に承継させること」を指す「新設分割」（同条第30号）とがあります。会社法上は、分割契約書ないし分割計画書への記載の有無によって権利義務の帰趨が決まることになっています。

会社分割に伴う労働協約の承継などについては、労働契約承継法第6条が定めています。組合員が1人でも分割後の会社に承継される場合は、その組合員が属する労働組合と分割会社との間で締結されている労働協約と同一内容の労働協約が、分割後の会社との間で締結されたものとみなされますので（第3項）、その結果従来の労働協約がすべてそのまま維持されることになります。そうでない場合も、分割会社が従来の労働協約のうち承継させる部分を分割計画書などに記載して承継させることができますし（第1項）、債務的部分についても、分割会社と労組との間で合意が成立すれば、新設会社等に承継させることができます（第2項）。

（3）　事業譲渡と労働協約

会社の事業の全部または一部の譲渡（会社法第467条）の場合には、譲渡対象は、譲渡当事者間で決められるのが原則ですから、譲渡会社と労働組合との間で締結されていた労働協約についても、当事者間で特約がない限り、譲受会社には承継されないと解されます。

ただし、当該譲渡が包括譲渡であって、ほとんどの権利義務関係が譲渡

対象とされているのに、労働組合との労働協約だけが対象外とされているような場合には、不当労働行為と評価されることがあり得るでしょう。

（4）　会社の買収と労働協約

　会社の買収は、あくまで株主の交代であり、労働協約の締結当事者である使用者の変更をきたすものではありません。したがって、従前労使間で締結されていた労働協約も、買収という事実のみによって影響を受けるものではありません。

7　労働協約の終了

（1）　有効期間の満了

　前述したとおり、労働協約には、有効期間の定めのあるものとないものとがありますが、有効期間の定めのある労働協約は、その有効期間が満了したときに効力を失います（ただし、自動更新条項が存する場合は別です。）。労働協約に有効期間を定める場合は、3年を超えることはできません。

　有効期間の定めのない労働協約は、当事者の一方からの90日以上前の予告によって破棄することが認められているのですから、最長3年間の効力を有することが保証される有効期間の定めのある労働協約については、その期間内は効力が安定しているとも言えます。

（2）　解　約

　有効期間の定めのない労働協約については、90日以上前の書面による予告によって当事者の一方から解約することができることは前述したとおりですが、それ以外の場合であっても、労働協約を存続させることが適当ではないと見られるような相手方当事者の重大な義務違反行為が存した場合には、他方の当事者は、労働協約を解約することができると言われていま

す。

　なお、このほかに、協約締結時まったく予見できなかった事情の変更が生じた場合には、事情変更を理由とする解約が認められると解されていますが、実際にそれを理由とする解約が認められるケースは少ないでしょう。

（3）　労働協約当事者の変更

　労働協約の使用者の変更については、上記❻で説明したとおりです。これに対し、労働組合側の変更については、幾つかのケースが想定されます。

　まず、労働組合が解散した場合には、清算手続の完了とともに労働協約は終了します。

　次に、労働組合が他の労働組合と合同した場合には、特段異なる取決めがなされない限り、労働協約は存続組合に承継されます。

　この利は、労働組合がいわゆる上部団体から脱退したような場合も同様であって、原則として、労働協約は当該脱退組合に承継されていると見るべきです。

Ⅲ 労使協定と労働協約の相違

　上述のところから明らかなように、労使協定と労働協約は、その意義、根拠、効果などの諸点においてまったく異なるものです。労働協約と見られるものの中にも、「賃金に関する協定」とか「出向に関する協定」といったように、「協定」という語が用いられることもありますが、かかる用語が使用されているとしても、それらは通常は「労働協約」であり、「労使協定」ではありません。逆に、過半数労組との間に締結された36協定の中に関係法令が求める事項以外の事項が定められることがありますが、それらの事項は、「労働協約」としての効力を有する可能性があります。

　このように、特に労働組合との合意が書面化されている場合には、「労使協定」と「労働協約」とを混同しないようにしなければなりません。

　以下に労使協定と労働協約の主な相違点をまとめてみましょう。

第1部　労使協定と労働協約（総論）

Ⅲ　労使協定と労働協約の相違

項　目	労使協定	労働協約
労働者側締結主体	事業場の過半数労組、それがなければ過半数代表者	（人数に関係なく）労働組合
締結対象事項	法令に規定された事項＊	原則として制限なし
行政官庁への届出の要否	必要な場合あり	不要
有効期間	法令で求められた場合にのみ有効期間を設定	締結当事者の意思により設定するか否かを決し得る
一方当事者からの破棄	争いはあるが可能と解すべき	期間の定めのない労働協約については可能

＊　法令に定められる事項以外の事項についても、過半数労組との間の協定において定められた場合であって、労働協約の形を整えているものについては、労働協約としての効力が認められます。他方、過半数代表者との間で締結された労使協定において法令に規定された事項以外の事項が定められたときは、その効力を否定するのが一般的な見方です。

— 55 —

第2部　各種の労使協定

　　労使協定の意義や締結権者、効力などについては、第1部 I において詳述しましたので、ここでは、労働基準法関係（後記 I）、育児介護休業法関係（後記 II）及び労働者派遣法関係（後記 III）の労使協定ごとに、具体的な協定事項や協定締結に当たっての留意点を解説していくこととします。

Ⅰ 労働基準法関係の労使協定

1 貯蓄金管理協定

【どんなときに】

　労働者の貯蓄金をその委託を受けて管理しようとするとき

【関連条文】

　労基法第18条第2項、労基則第5条の2、第6条

【届出の要否】

　所轄労基署長に対し、様式1号をもって届け出ることが必要

【有効期間】

　有効期間の定めは必須ではない

【効　果】

　使用者が労働者の貯蓄金を管理することの合法化

〈解　説〉

（1）　労基法第18条の意義

　労基法第18条第1項は、「使用者は、労働契約に附随して貯蓄の契約を
させ、又は貯蓄金を管理する契約をしてはならない。」と定めています。
ここに言う「労働契約に付随して」とは、貯蓄契約をすることを雇用条件
とするような場合を指しており、雇入れの際の条件とすることや雇用を継

— 58 —

続する条件とすることなどが含まれます。

　また、同条項で禁止されている貯蓄契約の態様には、①労働者に、使用者以外の銀行などの第三者と「貯蓄の契約をさせ」る場合と、②労働者と使用者自身が労働者の「貯蓄金を管理する契約」をする場合とがあり、さらに、②の「貯蓄金を管理する契約」には、使用者自身が直接労働者の預金を受け入れて自ら管理する場合（いわゆる社内預金の場合）と、労働者個人名義の銀行その他の金融機関の預金通帳を保管する場合（いわゆる通帳保管の場合）のいずれもが含まれます。

　したがって、例えば、雇用条件として強制的に社内預金をさせるケースなどは、同条項の禁止対象となります（罰則は同法第119条第1号）。

　しかし、労働者の委託を受けて社内預金をすることなどは、上記の禁止規定に抵触するものではありません。ただ、労働者の委託を受けて貯蓄金を管理する場合には、労使協定としての貯蓄金管理協定を締結した上、それを所轄労基署長に届け出ることが必要です（同条第2項、労基則第6条）。

（2）　貯蓄金管理協定の記載事項

　この協定には、預金者の範囲、預金額の限度、利子率・計算方法、預入れ・返還方法等の手続き、保全方法に関する事項を定める必要があります（労基則第5条の2）。

　この制度は、労基法上の制度であって、またいわゆる出資取締法との関係もあるため、ここにいう預金の原資は賃金に限られると解されています。ただし、毎月の賃金から控除して貯蓄に回すような場合には、貯蓄金管理協定の締結・届出のほかに、賃金控除協定の締結も必要です（この両者の協定を1本の協定として行うことも可能です。）。

（3）　効　果

　この協定は、いわゆる合法化協定であって、民事上の効力は持ちません。したがって、この協定を締結しさえすれば、労働者に社内預金を義

務付けることができるというわけではなく、別途契約をする必要があります。

　なお、預金管理の状況については、毎年3月31日以前1年間における預金の管理の状況を、4月30日までに、所轄労働基準監督署長に報告することが求められています（労基則第57条第3項）。

〈協定例〉

貯蓄金管理協定

　○○株式会社（以下「甲」という。）と○○○○（以下「乙」という。）とは甲が労働基準法第18条第2項の規定に基づき、甲の従業員の預金を受入れ管理することにつき、次のとおり協定する。

第1条　本協定は、甲に雇用される従業員が、預金の管理を甲に委託するにつき、必要な事項を定めるものである。

第2条　本協定により、甲に預金の管理を委託することができる従業員は、甲に常時雇用される従業員とする。

第3条　各預金者の預金残高は　　　　　　万円を超えないこととし、甲は同額を超えて受け入れない。

第4条　利率は年　　　　　　　とする。ただし、法定の下限利率を下回ることになるときは、当該下限利率による。

　2　利子は、預入れの月から付ける。ただし月の　　　　日以後に預入れされた場合にはその預入れの月の利子を付けない。

　3　払戻しの請求があった場合には、払戻しの月の利子は付けない。

　4　利子に円未満の端数が生じたときは、これを切り捨てる。

— 60 —

第5条　預金は、月例賃金及び賞与の範囲内で行われなければならない。

第6条　預金者は、預金の払戻しをいつでも請求することができる。

　　2　甲は、従業員が甲を退職するときは、この協定に基づき管理するその者の預金をすみやかに返還する。

第7条　甲は、預金者に対し、預金通帳を交付し、預金の受入れ、払戻しの都度、その日付及び金額ならびに残高を記入する。預金者は預金を預入れまたは払戻しをしようとするときは、預金通帳を甲に提出する。

第8条　甲は、社内預金の保全のため、△△を連帯保証人とする。連帯保証人は各預金者の毎年3月31日現在における預金残高の金額に相当する額を極度額として保証する。

　　年　　　月　　　日

　　　　　　　　　　甲　○○株式会社

　　　　　　　　　　　　代表取締役　　　○○○○　　印

　　　　　　　　　　乙　（過半数代表者）○○○○　　印

② 賃金控除協定

【どんなときに】
　法令に定めのないものを賃金から天引きしようとするとき
【関連条文】
　労基法第24条第1項ただし書
【届出の要否】
　届出不要
【有効期間】
　有効期間の定めは必須ではない
【効　果】
　使用者が労働者の賃金から天引きすることの合法化

〈解　説〉

（1）　賃金全額払の原則

　賃金は、その全額を支払うのが原則であり、各種税金や社会保険料など法令に別段の定めがある場合以外は、使用者が勝手に天引きをすることはできません（労基法第24条）。賃金の「全額払の原則」などと呼ばれています。この違反に対しては、30万円以下の罰金という罰則が用意されています（同法第120条第1号）。

　この全額払の原則があるために、労働者の賃金債権に対しては、使用者において、使用者が労働者に対して有する債権と相殺することも許されません（日本勧業経済会事件・最大判昭36.5.31、関西精機事件・最2小判昭31.11.2）。

　ただし、次の二つの場合については、賃金との相殺も許されるものと解されています。

— 62 —

第2部　各種の労使協定

I　労働基準法関係の労使協定

　第1は、計算違いなど事務処理上のミスで賃金を過払いした場合に、その過払金を翌月の賃金から控除して取り戻すようなケースです。こうした場合も、全額払の原則を貫くならば、翌月の賃金は全額支払っておき、別途労働者から過払金を返還させるという方法をとるべきことになりますが、そのような方法は迂遠であり、上記のような調整的相殺は容認されるべきでしょう。最高裁も、「賃金計算における過誤、違算等により、賃金の過払が生ずることのあることは避けがたいところであり、このような場合、これを精算ないし調整するため、後に支払わるべき賃金から控除できるとすることは、右のような賃金支払事務における実情に徴し合理的理由があるといいうるのみならず、労働者にとっても、このような控除をしても、賃金と関係のない他の債権を自動債権とする相殺の場合とは趣を異にし、実質的にみれば、本来支払わるべき賃金は、その全額の支払を受けた結果となる」とし、①賃金の精算調整の実を失わない程度に合理的に接着しており、②その金額が労働者の生活をおびやかすおそれのない範囲であれば、それは労基法の「全額払の原則」に違反するものではないとしています（福島県教組事件・最1小判昭44.12.18、群馬県教組事件・最2小判昭45.10.30）。

　第2は、労働者の合意による相殺です。全額払の原則は、労働者の賃金の取得を確実なものとし、その生活の安定を図ることを目的とするために取り入れられているものなのですから、労働者が真に自由な意思によって相殺を許容している場合には、これを認めても問題はないと解されるからです。裁判例においても、「賃金債権と使用者が労働者に対して有する債権とを、労使間の合意によって相殺すること（相殺予約ないし相殺契約）は、それが労働者の完全な自由意思によるものである限り、労働基準法第24条第1項の定める賃金の全額払の規定によって禁止されるものではないと解される。」としています（東京保健生活協同組合事件・東京地判昭47.1.27。労働者の労働金庫等からの借入金を退職時に一括返済するという合意に基づき、使用者が退職金からこの借入金を控除して労働金庫等に支払うことも、その合意の内容が、労働者の委任を受けて会社が労働金庫等

— 63 —

に退職金から借入金を控除して支払うというもので、その場合に使用者は労働者に対し返済金の前払請求権を有するというものであれば、使用者はこの前払金請求権と退職金を相殺することができるとした裁判例として、日新製鋼事件・最2小判平2.11.26。)。

（2） 賃金控除協定の意義

　以上の二つの例外的場合以外は、全額払の原則が厳格に貫かれるべきこととなりますが、もし、所定の賃金控除協定が締結されるならば、その協定に記載されたものについては、賃金から控除することもできることになります。

　この協定は、行政官庁への届出が求められるものではありませんので、特に様式や記載事項が法令に規定されているものではありません。控除する費目とどこから控除するのか（月給だけなのか、退職金も含むのか）が明らかにされているのであれば、書式や形式は自由です。

（3） 効　果

　この協定は、合法化協定であって、これを締結していれば上記の刑事責任を問われることはないという効力を有するものであり、民事的な効力を持つものではないというのが通説・裁判例の考え方です（富士火災海上保険事件・東京地判平20.1.9）。したがって、この考え方によれば、例えば、会社が労働者に対し貸付をし、分割返済を約した場合に、毎月の給与から控除して返済に充てる場合などには、賃金控除協定とは別個にその趣旨の契約が必要です。

　では、逆に、賃金全額払の例外として前述した、調整的相殺の場合と合意による相殺の場合にも、賃金控除協定がなければ、たとえ労働者が同意している場合であっても、刑事責任を免れることはできないのでしょうか。やや形式論に過ぎるとの批判もあるでしょうが、筆者は、労基法の条文は、使用者が刑事免責を受けるためには、賃金控除協定を必須のものとしていると解さざるを得ず、上記の二つの場合にも、理論上は、賃金控除

協定が締結されていなければ刑事処分の対象となると考えます（むろん、かかる場合に刑事処分を課す実質的意義はほとんどなく、実務上はあまり実益のある議論ではありません。）。

問題は、賃金控除協定が締結されていない事業場において労働者が一定の名目で賃金から控除されることを同意していた場合、あるいは、賃金控除協定に規定されていない費目の天引きにつき労働者が同意を与えていた場合に、当該使用者が刑事処分の対象（通常は是正勧告が先行し、それにも従わない場合に送検という形で刑事手続に入る）の対象となり得ることは格別、当該労働者が与えた「同意」の効力は、民事的にどのように評価されるのかということです。換言すれば、かかる場合に、当該労働者は、使用者に対し、賃金控除協定のない天引きなのであるから労基法違反であり、控除された金額を返還するよう請求し得るのかということです。

確かに、賃金控除協定が締結されない状態で、あるいは、賃金控除協定の定めを超えて、労使間で賃金からの天引きをなす旨の合意が成立していたとしても、そうした合意は労基法に反する内容を含むものであり、同法第13条により無効となり、使用者が天引きした金員は、結局法律上の根拠なく使用者にもたらされたものと言わざるを得ず、不当利得として労働者に返還しなければならないことになる（民法第703条）というのが理論的帰結のようにみえます。しかし、そのような結論はあまりにも形式的に過ぎると言わざるを得ません。もともと労基法第24条第1項により禁止される相殺は、使用者による一方的相殺を指すのであって、労働者との合意による相殺は同条項の禁止するところではないと解するならば、同条項が要求している労使協定が締結されていない場合であっても、その効力は肯定されて然るべきでしょう。

なお、この労使協定を締結していたとしても、そもそも使途が不明であるもの、一部の使途は明らかであるが、控除額の合計が実際に必要な費用に比して均衡を欠くものなど、事理明白でないものについては、これを控除した場合には労基法24条違反となるとされています（平21.3.31基発0331010号）。

〈協定例〉

賃金控除協定

　　○○株式会社と○○労働組合は、労働基準法第24条第1項ただし書
の賃金の控除につき次のとおり協定する。

第1条　会社は、毎月の賃金から、次の各号に該当するものを控除す
　　　　る。
　　　①　組合費
　　　②　社宅使用料
　　　③　会社貸付金の返済金
　　　④　生命保険料
　　　⑤　賃金過払を調整するための返済金

第2条　従業員の退職時に、前条各号に該当するものの未払分がある
　　　　場合には退職金よりこれを控除する。

　　　年　　　月　　　日

　　　　　　　　　　　　　　　○○株式会社
　　　　　　　　　　　　　　　代表取締役　　○○○○　　印

　　　　　　　　　　　　　　　○○労働組合
　　　　　　　　　　　　　　　執行委員長　　○○○○　　印

第2部　各種の労使協定
　Ⅰ　労働基準法関係の労使協定

③　１カ月単位の変形労働時間制協定

【どんなときに】
　就業規則によらずに１カ月単位の変形労働時間制を導入するとき
【関連条文】
　労基法第32条の２、労基則第12条の２第１項、第12条の２の２
【届出の要否】
　所轄労基署長に対し、様式３号の２をもって届け出ることが必要
【有効期間】
　有効期間の定めが必須
【効　　果】
　最長１カ月単位の変形労働時間制の導入

〈解　説〉

（１）　変形労働時間制の意義

　周知のとおり、労基法の原則的な労働時間規制は、１週40時間以内、か
つ、１日８時間以内です（労基法第32条）。したがって、週休３日制と
し、月曜から木曜まで１日11時間働いたという場合も、週休１日制とし、
月曜から土曜まで１日７時間働いたという場合も、いずれも労基法の原則
的な労働時間の限度を超えており、時間外労働が発生するということにな
ります。つまり、ある日に多く働いたから、他の日に短く働いて、通算で
帳尻を合わせようというような労働時間の弾力的なやりくりは、労基法の
原則的な労働時間規制によれば認められる余地はありません。

　しかし、業務の季節的繁閑の多い企業や月内において繁忙期が一定であ
るような企業などにおいては、労働時間の弾力的な定めを認めることに
よって、むしろ総労働時間を減らすことができたり、休日数を増加させる

— 67 —

ことができる可能性が生まれてくることから、「変形労働時間制」が法定されました。例えば、第1週と第4週は、所定労働時間を月曜から金曜まで1日9時間とするが、第2週及び第3週は、所定労働時間を月曜から金曜まで1日7時間とするような、4週間単位の変形労働時間制を採用した場合には、労基法の原則的な労働時間規制によれば、第1週と第4週は、各日単位でも、それぞれの週単位でも法定労働時間を超えていることになるところ、この変形労働時間制を取り入れることによって、1週の労働時間の平均が40時間以内に収まっていることから、時間外労働はまったく発生しないという結果となるわけです。

　現在、労基法で認められている変形制は①1カ月変形、②1年変形、③1週変形の3種類です。

（2）　最長1カ月単位の変形労働時間制の導入要件と協定作成に当たってのポイント

　各変形労働時間制は、それぞれ導入するための要件が異なっています。まず、1カ月単位の変形労働時間制は、他の二つの変形労働時間制とは異なり、就業規則だけでも導入することが可能です。言い換えれば、1カ月単位の変形労働時間制を導入するために労使協定は必須ではありません。就業規則で導入する場合と労使協定で導入する場合とで定めるべき事項に差異はなく、以下の①～④を就業規則（またはそれに準ずるもの）ないし労使協定に定めることが必要です。

①　労基法第32条の2による変形労働時間制をとることを定めること

　　同条の変形労働時間制は、一般には「1カ月単位の変形労働時間制」などと呼ばれていますが、1カ月以内であれば同条の適用は可能なのであって、4週間単位とか、15日単位の変形労働時間制も採用することができます。

　　要するに、1カ月以内の何日単位の変形労働時間制を採用するのかを就業規則ないし労使協定に明記するということです。また、変形労働時間制は、なにも企業全体で、また1年間を通じてすべての期間に

ついて導入しなければならないというものではありませんから、1部門だけで導入するということも可能ですし、1年間のうちで一部の月だけ適用するということも可能ですが、その場合には、就業規則ないし労使協定において、適用対象者や期間を明確にすることも必要です。

② 「1カ月を平均し、1週間の労働時間が週法定労働時間を超えない」定めをすること

　　最長1カ月単位の変形労働時間制をとった場合の1カ月の総労働時間の計算は、次のようになります。

変形期間の労働時間の総枠＝週法定労働時間×変形期間の暦日数／7（日）

　　したがって、週法定労働時間が40時間である一般的な企業における1カ月の総所定労働時間の上限は、次のとおりとなります。

　　（1カ月が31日の月）

　　　　40時間×31（日）÷7（日）≒177.14時間

　　（1カ月が30日の月）

　　　　40時間×30（日）÷7（日）≒171.42時間

　　（1カ月が29日の月）

　　　　40時間×29（日）÷7（日）≒165.71時間

　　（1カ月が28日の月）

　　　　40時間×28（日）÷7（日）＝160時間

　　なお、1カ月単位の変形労働時間制を採用した場合に、曜日の配列の関係から、必然的に上記の総枠を超えてしまうことがありますが（例えば、月曜日から金曜日まで勤務の企業において、1日が月曜日である31日の月につき1カ月単位の変形労働時間制を適用すると、最後の水曜日の労働時間の一部が上記の総枠を超えてしまう可能性がある。）、この場合には、最後の1日が8時間以内であれば、この総枠に収まったものと解して差し支えないと解釈すべきです。もし、そのような運用を許さないというのであれば、最長1カ月単位の変形労働時

間制を認めた意味がなくなってしまうからです。

③　労働時間が週法定労働時間を超える「特定の週」または1日8時間を超える「特定の日」を定めること

　これは、単に「会社は1カ月を平均し、1週間の労働時間が40時間を超えない範囲で勤務を命じることがある」といった抽象的な定めでは足りず、各日の所定労働時間が何時間になるのかという具体的な特定が必要なことを意味しています。裁判例においても、労基法第32条の2の規定が適用されるためには、「単位期間内の各週、各日の所定労働時間を就業規則等において特定する必要があるものと解される。原審は、労働協約又は改正就業規則において、業務の都合により4週間ないし1箇月を通じ、1週平均38時間以内の範囲内で就業させることがある旨が定められていることをもって、上告人らについて変形労働時間制が適用されていたとするが、そのような定めをもって直ちに変形労働時間制を適用する要件が具備されているものと解することは相当ではない。」と判示されています（大星ビル管理事件・最1小判平成14.2.28）。

　ただ、どうしても就業規則に具体的な時刻を記載することが困難な場合については、「就業規則においてできる限り具体的に特定すべきものであるが、業務の実態から月ごとに勤務割を作成する必要がある場合には、就業規則において各直勤務の始業終業時刻、各直勤務の組合せの考え方、勤務割表の作成手続およびその周知方法等を定めておき、それにしたがって各日ごとの勤務割は、変形期間の開始前までに具体的に特定することで足りる」（昭63.3.14基発150号）とされています。

　なお、裁判例は、変形期間開始後においても、業務上の必要により、各日の所定労働時間を変更することがある旨の規定が就業規則にあるならば、それに基づいて各日の所定労働時間を変更することも可能ではあるが、その変更についての定めは具体的なものでなければならず、「変更する場合の具体的な変更事由を何ら明示することのな

い、包括的な内容のもの」であるときには、特定の要件に欠け、違法・無効になるとしていますから（JR東日本（横浜土木技術センター）事件・東京地判平成12.4.27）、こうした変更を想定する条項を労使協定中に設けるときは、変更事由を具体的に記載する必要があります。

④　変形労働時間制をとる場合の起算日を明らかにすること

　　例えば、「毎月1日を起算日とする1カ月単位の変形労働時間制を適用する」というように、具体的な変形期間の起算日を明記することが求められます。

⑤　就業規則における始終業時刻の記載との関係

　　前述のように、最長1カ月単位の変形労働時間制は、就業規則でも労使協定でも導入することができますが、始業・終業時刻は就業規則の必要的記載事項ですから（労基法第89条第1号）、労使協定により同制度を導入する場合であっても、就業規則において、「1カ月単位の変形労働時間制に関する協定の定めるところに従い、毎月1日を起算日とする1カ月単位の変形労働時間制を適用する」といった定めは不可欠です。この意味で、この変形労働時間制を導入するための労使協定は、「現場の作業を増やすだけである」との批判もあります。

⑥　有効期間の定めをすること

　　この労使協定については、上記①〜④に加えて、有効期間の定めをすることが求められています（労基則第12条の2の2第1項）。

（3）　導入に当たっての留意点

①　時間外労働となる場合

　　1カ月単位の変形労働時間制が適法に導入されれば、その定めの範囲内で労働させているのであれば、1日8時間を超える日や1週40時間を超える週があっても、時間外労働と扱われることにはなりません。この意味で、労使協定として定められた場合は、免罰効を有する協定ということになります。

しかし、この制度が適法に導入されている場合であっても、

(a) 1日8時間を超える所定労働時間が設定された日についてその所定労働時間を超えて労働した時間、及び1日8時間以下の所定労働時間が設定された日について8時間を超えて労働した時間

(b) 1週40時間を超える所定労働時間が設定された週についてその時間を超えて労働した時間、及び1週40時間以下の所定労働時間が設定された週について40時間を超えて労働した時間（(a)でカウントされた時間を除く。）

(c) 当該変形期間の総枠の時間を超えた時間（(a)及び(b)でカウントされた時間を除く。）

の合計時間数は、時間外労働時間数としてカウントされることになります。

② 適用対象者とし得ない者

妊産婦（妊娠中の女性及び産後1年を経過しない女性）が請求した場合は、この制度を適用することはできません（労基法第66条第1項）。

また、変形労働時間制の適用に当たっては、「育児を行う者、老人等の介護を行う者、職業訓練又は教育を受ける者その他特別の配慮を要する者については、これらの者が育児等に必要な時間を確保できるような配慮をしなければならない」と定められていますから（労基則第12条の6）、適法に1カ月単位の変形労働時間制を導入した場合であっても、1日8時間を超える所定労働時間を定めた日については、これらの者には8時間を超える就労を免除する等の配慮をする必要があるでしょう。さらに、満18歳に満たない者については、変形労働時間制を適用することはできません（労基法第60条第1項）。

〈協定例〉

１カ月単位の変形労働時間制に関する協定

　○○株式会社と○○労働組合は、労働基準法第32条の２の規定に基づき、１カ月を単位とする変形労働時間制（以下変形勤務という。）の実施について次のとおり協定する。

（変形期間の開始日）
第１条　変形勤務の開始日は、毎月１日とする。
（対象者）
第２条　変形勤務の対象者は正社員とする。ただし、次の者については、この限りではない。
　　①　妊産婦であって、変形勤務の適用対象から外すことを請求した者
　　②　育児または老人等の介護を行う者、職業訓練または教育を受ける者
（勤務時間）
第３条　変形勤務における勤務時間は、１カ月を平均し、１週40時間以内とする。
　　２　変形勤務期間中の各日の勤務時刻については、毎月10日までに、翌月の勤務を各人ごとの勤務時間表において指定するものとする。この場合の勤務は、次の勤務パターンの組み合わせによるものとする。
　　　　　Ａ勤務
　　　　始業　　　時　　　分
　　　　終業　　　時　　　分
　　　　休憩　　　時　　　分　から　　　時　　　分

　　　　Ｂ勤務

　　　　始業　　　時　　　分

　　　　終業　　　時　　　分

　　　　休憩　　　時　　　分　から　　　時　　　分

　　　　……

（休　日）

第４条　休日は、原則として週２日の割合で、毎月10日までに、翌月
　　　　の休日を各人ごとの勤務時間表において指定するものとする。

（勤務時間の繰上げ、繰下げ及び休日の振替え）

第５条　前二条の勤務時間表の定めにかかわらず会社は業務の都合に
　　　　より、従業員の全部または一部の者に対し勤務時間の繰上げ、
　　　　繰下げまたは休日の振替えを行うことがある。

（時間外・休日労働）

第６条　会社は業務上の必要に応じ、勤務時間表に定める所定労働時
　　　　間を超えて、または所定休日に勤務を命じることができる。

　　２　前項の勤務をした者については、賃金規程の定めるところに
　　　　従って、時間外割増賃金ないし休日割増賃金を支払う。

（有効期間）

第７条　本協定は〇年４月１日より１年間有効とする。ただし、有効
　　　　期間満了の３カ月前までに労使のいずれから、書面による異議
　　　　の申出がない場合は、さらに１年間更新するものとし、以降も
　　　　同様とする。

　　　　年　　　月　　　日

　　　　　　　　　　　　　　　　〇〇株式会社

　　　　　　　　　　　　　　　　代表取締役　　〇〇〇〇　　印

第2部　各種の労使協定

I　労働基準法関係の労使協定

○○労働組合

執行委員長　○○○○　印

④ フレックスタイム制協定

【どんなときに】
　フレックスタイム制を導入しようとするとき

【関連条文】
　労基法第32条の3、労基則第12条の2第1項、第12条の3

【届出の要否】
　清算期間が1カ月を超える場合は届出必要、それ以外の場合は届出不要

【有効期間】
　清算期間が1カ月を超える場合は有効期間の定めが必要、それ以外の場合は有効期間の定めは必須ではない

【効　果】
　フレックスタイム制の導入

〈解　説〉

（1）　フレックスタイム制の意義

　フレックスタイム制とは、最長3カ月以内の一定期間（清算期間）の総労働時間の範囲内において、労働者各人に始業・終業時刻の決定を委ね、仕事と生活の調和を図りつつ、労働時間の短縮を目指す制度です（労基法第32条の3）。

　言うまでもなく、原則的な労働時間制によれば、労働者が自ら判断して月曜日に10時間働き、火曜日に6時間働いたという場合であっても、月曜日の2時間は時間外労働として扱われることになりますが、例えば、1カ月単位のフレックスタイム制を導入した場合には、1カ月間の1週平均の労働時間が40時間以内に収まるのであれば、つまり当該1カ月が31日の月であれば1カ月の総労働時間が177.14時間以内に収まっているのであれ

— 76 —

ば、月曜日の２時間分についても、時間外労働と扱わなくてもよいということになるわけです。

　フレックスタイム制は、清算期間が１カ月以内の場合と、１カ月を超え３カ月以内の場合とで、導入要件や時間外労働となる場合などに相違があります。

　一般的なフレックスタイム制では、以下のように、労働者が必ず勤務しなければならないコアタイムと、一定の範囲内で労働者が自由に勤務時間を決定し得るフレキシブルタイムを設けています。

7:00　8:00　9:00　10:00	11:00　12:00　13:00	14:00　15:00	16:00　17:00	18:00　19:00
フレキシブルタイム	コアタイム	休憩	コアタイム	フレキシブルタイム

（２）　フレックスタイム制の導入要件

①　就業規則において始業及び終業の時刻をその労働者の決定に委ねる旨の定めをすること

　始業及び終業の時刻の決定を労働者に委ねる旨を就業規則（就業規則の作成義務のない事業場においては、労働者に周知される文書）に定めることが、フレックスタイム制の導入要件であることは、労基法第32条の３第１項の条文の文言から明らかなところです。

　また、同時に、始業及び終業の時刻に関する事項は就業規則の必要的記載事項ですから（労基法第89条第１号）、コアタイムやフレキシブルタイムについても、就業規則に定める必要があります。

　一般的な就業規則の条項の例としては、以下のようなものが考えられます。

（フレックスタイム）

第○条　会社は、従業員の全部または一部に対し、労働基準法第32条の3第1項に定められる労使協定を締結の上、その協定で定めるところに従って、各人の始業及び終業時刻の決定をそれぞれの労働者に委ねる制度（以下、「フレックスタイム制」という。）を適用することがある。ただし、この場合であっても、従業員の決定に委ねる始業・終業の時間帯（「フレキシブルタイム」という。）及び勤務しなければならない時間帯（「コアタイム」という。）については、以下の各号の制限に従わなければならない。

① フレキシブルタイム
　　始業時刻　7時から10時
　　終業時刻　15時から19時
② コアタイム
　　10時から15時

② 労使協定において次の各事項を定めること
(a) フレックスタイムの対象となる労働者の範囲
　　労働者の範囲に法令上の制限はなく、正社員だけに限るとか、企画・調査部門に属する者に限るといったことも可能です。
(b) 清算期間
　　清算期間は、3カ月以内の期間であれば、1カ月でも2カ月でも差し支えありませんが、1カ月以内の期間とする場合と、1カ月を超え3カ月以内の期間とする場合とで、協定事項や労働時間の限度などにつき相違があります。
　　労働者は、この清算期間内にこの協定で定められた時間、勤務することになるわけです。
(c) 清算期間における総労働時間

清算期間における総労働時間とは、労働契約上労働者が清算期間内に労働すべき時間として定められた時間のことであり、いわゆる所定労働時間のことです。

　この総労働時間については、清算期間が１カ月以内の場合と、１カ月を超え３カ月以内の場合とで異なってきます。以下、清算期間が１カ月の場合と、３カ月の場合とに分けて説明します。

（i）　清算期間が１カ月の場合

　　この場合は、清算期間を平均し、１週間の労働時間が週法定労働時間の範囲内となるように定めなければなりません。

　　したがってその時間は、

　フレックス期間中の総労働時間
　　＝週法定労働時間×清算期間の暦日数／７（日）

　　となり、週法定労働時間が40時間の事業場で１カ月のフレックスタイムとすると、１カ月が31日の月は177.14時間、30日の月は171.42時間、29日の月は165.71時間、28日の月は160時間ということになります。

　　なお、完全週休二日制が適用されている労働者については、労使協定により、所定労働日数に８時間を乗じた時間数を清算期間における法定労働時間の総枠とすることができます（労基法第32条の３第３項）。

　　したがって、所定労働日数が23日である月における１カ月のフレックスタイム制下では、総枠の労働時間を184時間と定めることができます（従来、通達により認められていた運用を法文に明記したものです。）。

（ii）　清算期間が３カ月の場合

　　清算期間が１カ月を超える場合は、清算期間を平均し、１週間の労働時間が週法定労働時間の範囲内となるように定めることに加え、清算期間の初日から起算して１カ月ごとに、それぞ

れの１カ月の期間内における１週間あたりの平均労働時間が50時間を超えないように定める必要があります。

　例えば、７月から９月までの３カ月のフレックスタイム制を採用するとすれば、清算期間を平均し、まず、１週間の労働時間が週法定労働時間の範囲内となるように定めるという要請から、

　フレックス期間中の総労働時間
　　＝週法定労働時間×清算期間の暦日数／７（日）
　　＝（31日＋31日＋30日）×40時間／７
　　≒525.71時間

となります。これがこの３カ月間の労働時間の総枠です。

　次いで、７月、８月、９月の各月について、それぞれの期間を平均して１週間あたり50時間以内に抑えなければならないという要請から、

　７月の総労働時間＝50時間×清算期間の暦日数／７（日）
　　　　　　　　　＝50時間×31日／７日
　　　　　　　　　≒221.42時間（８月も同様）

　９月の総労働時間＝50時間×清算期間の暦日数／７（日）
　　　　　　　　　＝50時間×30日／７日
　　　　　　　　　≒214.28時間

という各月の総枠が決まります。

　したがって、この例では、次のいずれのケースも、９月の所定労働時間は法の制限を超えて許されません。

　　・７月の総労働時間を200時間、８月の総労働時間を140時間、９月の総労働時間を190時間と設定する場合（３カ月の総枠である525.71時間を超えるため）

　　・７月の総労働時間を160時間、８月の総労働時間を140時間、９月の総労働時間を220時間と設定する場合（９月単月の総枠を超えるため）

第2部　各種の労使協定

Ⅰ　労働基準法関係の労使協定

　　もっとも、清算期間を1カ月以内とする場合について述べたのと同様、完全週休二日制が適用されている労働者については、上記の清算期間全体の労働時間の総枠に関して、当該清算期間の所定労働日数の合計に8時間を乗じた時間とする旨労使協定で定めたときは、その時間を総枠とすることができます（労基法第32条の3第3項）。

　　例えば、土曜日及び日曜日が休日とされ、国民の祝日も所定労働日とされている労働者につき、7月から9月までの3カ月間のフレックスタイム制を適用するとして、7月1日が水曜日であるとすれば、この3カ月間の所定労働日数の合計は66日（7月が23日、8月が21日、9月が22日）となりますので、労使協定において、清算期間全体の労働時間の総枠を

　　66日×8時間＝528時間

と定めることができます。このように定めるならば、前述の原則的な算定方法による3カ月間の総枠である525.71時間よりも広い枠を設定できます。

(d)　標準となる1日の労働時間

　　フレックスの下で年休を取得した場合の賃金の算定基礎となる労働時間などの長さを決めるもので、時間数のみの定めで足ります（昭63.1.1基発1号、平9.3.25基発195号）。

(e)　労働者が労働しなければならない時間帯（コアタイム）を定める場合は、その時間帯の開始及び終了の時刻

　　コアタイムを定めるか否かは自由ですが、定めなかった場合においては、期間内の総労働時間を勤務すれば、まったく出勤しない日があってもよいということになります。

　　また、コアタイムを定める場合において、あまりにもそれが標準時間帯と一致しているときは、始業及び終業の時刻を労働者に委ねたことにはならないとみられることになります（もっとも、どの程度の一致でそのようにみられるのかの基準は示されていません。）。

— 81 —

（f）労働者がその選択により労働することができる時間帯（フレキシブルタイム）に制限を設ける場合には、その時間帯の開始及び終了の時刻

　　フレキシブルタイムに制限を設けるか否かも自由ですが、もしそれを定めないときは、深夜に出勤することも可能になるわけであり、使用者としては、深夜の割増賃金の負担がかかってくることに注意を要します。

　　また、フレキシブルタイムの時間帯につき制限を定める場合において、あまりにもその制限が過度に及ぶときは、実質的に始業及び終業の時刻を労働者の自由に委ねたことにはならないとみられることになってしまいます。ただ、どのぐらいであればその制限が許されるのかという点については、確立した判例もなく、社会通念に従って考えるよりほかありません。筆者は、通勤混雑を避けるとか、子供の送り迎えを容易にするといった、フレックスタイム制の実務的なメリットを生かすとすれば、少なくとも1時間程度の時間はフレキシブルタイムとして用意すべきではないかと考えています。

（g）起算日の定めをすること

　　フレックスタイム制を採用する場合には、就業規則または労使協定で、清算期間の起算日を明確に定めておくことが必要とされています。

（h）有効期間の定めと届出

　　清算期間が1カ月を超える場合には、労使協定に有効期間の定めをするとともに、様式第3号の3により、労使協定を所轄労働基準監督署長に届け出なければなりません（労基法第32条の3第4項、第32条の2第2項、労基則第12条の3）。

第2部　各種の労使協定

Ⅰ　労働基準法関係の労使協定

（3）　効　果

①　時間外労働となる場合

　適法にフレックスタイム制が導入されれば、そこで定められた範囲内で、労働者が自由に始終業時刻を決定することができますが、(a)期間内の総労働時間を超えたときはその超えた時間、及び、(b)清算期間が１カ月を超える場合は、清算期間のうち１カ月を平均して週当たり50時間を超える労働時間（各月単月の総枠を超える時間）と、上記(a)の時間の合計時間（二重カウントはしない）は、時間外労働時間となります。したがって、36協定の締結、届出が必要であり（この場合、１日当たりの時間外労働時間数を書く必要はありません。）、割増賃金の支払いも必要です。特に、上記(b)の時間の月あたりの合計が60時間を超えるときは、５割以上の割増率により計算された割増賃金の支払いが必要であること、ならびに、(b)の場合に算定される時間外労働時間数に休日労働の時間数を加えた時間数に関し、後述の労基法第36条第６項第２号及び第３号の制約がかかることに注意を要します。

　ところで、フレックスタイム制を採用した場合に、その単位期間中の総労働時間を超えて労働した時間に対応する賃金を支払わずに、翌単位期間の総労働時間を短縮するというような扱いや、逆に、単位期間の総労働時間に満たない場合であっても、賃金は全額支払っておき、翌単位期間の総労働時間をその分増やすといった扱いは可能でしょうか。前者の扱いは、当該単位期間の賃金が一部未払いとなることから、労基法第24条に違反し許されないと解されますが、後者の扱いは、いわば賃金の先払いがなされたものと理解することができますから適法である（ただし、翌単位期間の法定労働時間の総枠の範囲内に限られます。）というのが行政解釈です（昭63.1.1基発１号）。

②　休憩、休日に関する規制との関係

　フレックスタイム制とは言っても、休憩時間に関する原則や休日に関する原則の適用が排除されないことは当然であり、フレックスタイ

ム制を採る場合であっても、労働時間の途中に休憩時間を与えなければならず（したがって、行政当局はコアタイム中に与えるよう求めています。）、法定休日に労働させれば、休日労働となります。

　フレックスタイム制下においては、コアタイムに遅れれば遅刻となり、コアタイムの終了時刻まで勤務しなければ早退という扱いになりますが、コアタイムをまったく勤務しなかった場合であっても、フレキシブルタイムに勤務していれば、その日1日を欠勤として1日分の賃金を控除することはできません。ただし、コアタイムに勤務しないことを賞与の査定事由として考慮するとか、フレックスタイム制の適用についての不適格者として、同制度の適用から排除する措置をとることは可能です。

③　出張の取扱い

　フレックスタイム制適用者であっても、業務そのものを命令することは可能なのですから、出張命令を発することはもとより可能です。ただ、時間を指定しての出張は命じ得ません（もし、勤務時間は自由であるはずであるとして出張の際にもそれを貫こうとする者については、業務そのものが適切に処理できないことを理由にマイナス査定としたり、フレックスタイム制の適用不適格者としてそこから排除すればよいのであり、時間を指定しての出張を命じ得ないとしても、実際上は不都合はあまり生じないものと思われます。）。

　出張時の労働時間については、標準時間労働したものとして算定して差し支えないでしょう。

④　時刻を指定しての会議、打ち合わせ等への出席義務

　フレックスタイム制を採用する以上、時刻を指定しての会議や打ち合わせへの出席を義務付けることはできません。しかし、勤務時間は自由であるとして、そうした会議等に出席しない者は、業務を十全には遂行し得ないと判断されても仕方がないのであって、評価の際のマイナス査定の材料とすることや、あるいは、フレックスタイム制の適用対象者から外すことは差し支えないと解されています。

— 84 —

第2部　各種の労使協定

Ⅰ　労働基準法関係の労使協定

⑤　清算期間が１カ月を超える場合において、フレックスタイム制により労働させた期間が当該清算期間よりも短い労働者に係る賃金の取扱い

　清算期間が１カ月を超える場合において、フレックスタイム制により労働させた期間が当該清算期間よりも短い労働者については、当該労働させた期間を平均して１週間当たり40時間を超えて労働させた時間について、割増賃金の支払いが必要です（労基法第32条の３の２）。

（4）　適用除外

　満18歳に満たない者については、フレックスタイム制を適用することはできません（労基法第60条第１項）。

〈協定例〉

フレックスタイム制に関する協定

　株式会社○○と過半数代表者○○○○は、労働基準法第32条の３のフレックスタイムにつき、次のとおり協定する。

（適用対象者）
第１条　対象者は正社員とする。
（清算期間）
〈清算期間を１カ月とする場合〉
第２条　清算期間は、毎月21日から翌月20日までの１カ月とする。ただし、清算期間の途中から、フレックスの適用を受けることになった従業員については、フレックス適用日から、翌月20日までを清算期間とする。

— 85 —

〈清算期間を3カ月とする場合〉

第2条　清算期間は、4月1日から6月30日まで、7月1日から9月30日まで、10月1日から12月31日まで及び1月1日から3月31日までとする。ただし、清算期間の途中から、フレックスの適用を受けることになった従業員については、フレックス適用日から、その日の属する月の末日までを清算期間とする。

（清算期間における総所定労働時間）

〈清算期間を1カ月とする場合〉

第3条　清算期間における総所定労働時間（以下、「総所定時間」という。）は、当該清算期間の所定労働日数に7時間を乗じた時間数とする。

〈清算期間を3カ月とする場合〉

第3条　清算期間における総所定労働時間（以下、「総所定時間」という。）は、当該清算期間の所定労働日数に7時間を乗じた時間数とする。

（標準となる1日の労働時間の長さ）

第4条　標準時間は、1日7時間とし、年次有給休暇を取得した日については7時間の労働があったものとして取り扱う。

（休憩）

第5条　休憩時間は、12時から13時までとする。

（コアタイム）

第6条　フレックスの適用対象者であっても、10時から15時までは、勤務しなければならないものとする。

（フレキシブルタイム）

第7条　フレックスの適用対象者が、選択により労働することができる時間帯は、次のとおりとする。

　　　　開始　7時から10時まで

　　　　終了　15時から19時まで

（時間外労働と賃金の控除）

第８条　第３条の契約時間を超えて労働した場合は、賃金規定の定めるところにより、時間外手当を支払う。この場合、法定労働時間を超えて労働した場合には、賃金規定の定めるところに従って、割増賃金を合わせて支払う。

　　2　第３条の契約時間に満たない場合は、その不足時間分を賃金規定の定めるところにより控除する。(注)

（休日及び休日勤務）

第９条　休日は次のとおりとする。

　　①　土曜日

　　②　日曜日

　　③　国民の祝日

　　2　休日に労働を命ぜられた場合には、実労働時間に応じて賃金を支払う。

　　3　法定休日に労働した場合には、賃金規定の定めるところに従い、割増賃金を支払う。

（深夜労働）

第10条　深夜に労働することを命ぜられ、これを行った者に対しては、賃金規定の定めるところにより深夜割増手当を支払う。

（遅刻、早退、欠勤の取扱い）

第11条　遅刻、早退に関する就業規則の定めは、第６条のコアタイムの時間につき、これを適用する。

　　2　コアタイムの時間につきまったく勤務しなかった者については、就業規則の欠勤に関する扱いを適用する。ただし、その者がフレキシブルタイムに勤務した場合には、その時間に相当する賃金を支払う。

（フレックスタイムの適用解除）

第12条　毎月の総所定時間を下回る勤務がしばしばに及ぶ者につい

ては、フレックスタイムの適用を解除し、通常勤務を命ずることがある。

（フレックス期間途中の異動等）

第13条　清算期間の途中で退職、解雇、異動等があり、フレックスの適用を受けなくなった場合の総所定時間は次のとおりとし、清算期間途中までの実労働時間がこれを超える場合は、超えた時間について時間外手当を支払い、不足がある場合については、賃金の控除は行わない。この場合、法定労働時間を超えて労働した場合には、賃金規定の定めるところに従って、割増賃金を合わせて支払う。

総所定時間＝フレックス適用期間中の所定労働日数×標準時間

（有効期間）

第14条　本協定は○年４月１日より１年間有効とする。ただし、有効期間満了の３カ月前までに労使のいずれかから、書面による異議の申出がない場合は、さらに１年間更新するものとし、以降も同様とする。

　　　年　　　月　　　日

　　　　　　　　　　　　　　株式会社○○

　　　　　　　　　　　　　　代表取締役　　　○○○○　　印

　　　　　　　　　　　　　　過半数代表者　　○○○○　　印

（注）不足時間を翌清算期間に繰り越すことも認められていますが、その場合も、翌清算期間の労働時間が法定労働時間内となるようにする必要があるため、条項としては、「清算期間中の実労働時間が総労働時間に不足したときは、不足時間を次の清算期間に法定労働時間の範囲内で繰り越すものとし、繰り越すことができなかった時間分の賃金は、当月の賃金から控除する。」などといったものになるものと思われます。

第2部　各種の労使協定
Ⅰ　労働基準法関係の労使協定

⑤　１年単位の変形労働時間制協定

【どんなときに】

　１年単位の変形労働時間制を導入するとき

【関連条文】

　労基法第32条の４、第32条の４の２、労基則第12条の２第１項、第12条
の４

【届出の要否】

　所轄労基署長に対し、様式４号の２をもって届け出ることが必要

【有効期間】

　有効期間の定めが必須

【効　　果】

　最長１年単位の変形労働時間制の導入

〈解　説〉

（1）　１年単位の変形労働時間制協定の意義

　１年単位の変形労働時間制とは、１カ月を超える１年以内の一定の期間
を平均し１週間の労働時間が40時間以下の範囲内において、１日及び１週
間の法定労働時間を超えて労働させることができる制度です。

　季節等によって業務の繁閑の差があり、繁忙期には相当の時間外労働が
生ずるが、閑散期には所定労働時間に満つるまでの業務もないといった事
業において導入する意義が大きい制度です。

　１カ月を超え１年以内の期間であれば対象期間とすることが可能である
ということであり、３カ月単位の変形労働時間制や６カ月単位の変形労働
時間制も、同様の要件の下導入することが可能です。また、この制度はな
にも１年を通じて導入しなければならないというものではなく、１年のう

— 89 —

ち３カ月だけはこの制度により、他の期間については通常の労働時間管理をするという方法も可能です。

（２）　導入要件及び協定作成に当たってのポイント

１年単位の変形労働時間制の導入要件は、以下のとおりです。

①　労使協定によって、１カ月を超え１年以内の一定期間を平均し、１週間当たりの労働時間が40時間を超えない勤務時間を定めること

したがって、対象期間中の総所定労働時間の合計は、

対象期間の総所定労働時間＝40時間×対象期間中の総日数／ 7

の算式で求められます。

それゆえ、対象期間が１年（365日）である場合の所定労働時間の限度は2,085.7時間、６カ月（183日）である場合のそれは1,045.7時間、３カ月（92日）である場合のそれは525.7時間ということになります。

この限度時間の枠内で対象期間中の労働時間を割り振っていくことになります。

②　労使協定において、労働時間が週法定労働時間を超える「特定の週」または１日８時間を超える「特定の日」を定めること

したがって、協定中に、単に「１年単位の変形労働時間制を採る」といった記載をしただけでは足りず、各労働日の労働時間を特定しなければなりません。

むろん、協定締結時にその中で、対象期間全部の日につき始・終業時刻と休日を定めることによって、この定めをしてもよいですが、対象期間を１カ月ごとの期間に分け、最初の期間についてのみ各日の始・終業時刻と休日を定めておき、その余の期間については、区分された各期日の30日前までに労働日及び労働日ごとの労働時間を特定すればよいこととなっていますので、この方法を選択するならば、協定中にすべての日の勤務時間を書き込む必要はありません。ただし、後者の方法を採る場合には、第２番目以降の各期間の各労働日における

労働時間については各期間の始まる30日前までに過半数組合（なければ過半数代表者）の同意を得て、各労働日の労働時間を書面で定めることが求められています。

③　労使協定で、対象労働者の範囲を定めること

事業場の全労働者を対象としなければならないというわけではなく、部署ごとに同制度の採否を変えても差し支えありません。

かつては、対象期間の初日から末日まで使用されることが予定されている労働者に限られていたことから、対象期間中に定年退職となる者や、途中で採用、異動する者には適用できませんでしたが、この制限の存在が同制度の導入の障害の一つとなっていると指摘されたこともあって、平成11年4月以降は、かかる制限は外されています。ただし、後述する適用除外者については注意が必要です。

④　特定期間を定めること

特定期間とは、対象期間中の特に業務の繁忙な期間のことです。特定期間が対象期間の相当部分を占めるような労使協定は法の趣旨に反するとされ、また特定期間の更新は許されないとされています（平11.1.29基発45号）。

⑤　労使協定に有効期間の定めをすること

行政当局は、1年程度とすることが望ましいと指導しています（平6.3.11基発132号）。

⑥　労使協定を所轄労基署長に届け出ること

⑦　労使協定において、起算日を明らかにすること

⑧　就業規則において1年単位の変形労働時間制に関する規定を設けること

1年単位の変形労働時間制については、1カ月単位の変形労働時間制やフレックスタイム制のように、労基法の条文上、就業規則の定めが必須であるとはされていませんが（労基法第32条の2及び第32条の3と第32条の4の条文の文言を対象）、始業及び終業時刻が就業規則の必要的記載事項とされていることや、同制度が労働協約により導入

された場合における非組合員に対する効力のことなどを考えると、就業規則において1年単位の変形労働時間制に関する規定を設けておくことが必要と考えられます。

就業規則には、労使協定の定めるところにより1カ月を超え1年以内の期間を対象として変形労働時間制を採用することがある旨、及び、各日の始・終業時刻を記載する必要があります（ただし、各日の始・終業時刻を労使協定の定めに委ねる場合は、その労使協定を就業規則に添付して届け出れば足りることになります。）。

就業規則の記載例としては、

第○条　会社は第△条の定めにかかわらず、労働基準法の定める労使協定を締結の上、1年以内の一定期間を平均して1週間の所定労働時間が40時間を超えない範囲で、当該労使協定の定めるところにより、特定の日および特定の週に、法定労働時間を超えて勤務を命じることがある。この場合における各日の始業時刻及び終業時刻ならびに休憩時間については、本規則に添付する当該労使協定の定めるところによる。

といったようなものが考えられます。

（3）　導入に当たっての留意点

1年単位の変形労働時間制については、いくつか重要な制限があることに注意を要します。

①　労働日数の限度

対象期間が1年の場合は、労働日数は280日が限度です。

対象期間が3カ月を超え1年未満の場合は次の式により計算した日数が限度となります（小数点以下は切り捨て）。

$$\frac{280日 \times 対象期間の暦日数}{365}$$

② 1日及び1週間の労働時間の限度

　1日の労働時間の限度は10時間、1週間の限度は52時間とされています。ただし、対象期間が3カ月を超える場合は、次のいずれにも適合しなければならないとされています。

（A）労働時間が48時間を超える週を連続させることができるのは3週以下とすること。

（B）対象期間を3カ月ごとに区分した各期間において、労働時間が48時間を超える週は、週の初日で数えて3回以下とすること。

③ 連続して労働させる日数の限度

　連続労働日数の限度は6日とされています。

　ただし、特定期間（対象期間中で特に業務が繁忙な期間）における連続して労働させる日数の限度は、1週間に1日の休日が確保できる日数とされていますから、第1週目の初日と第2週目の最終日を休日とすれば、最長12日間連続勤務させることが可能です。

　この制度を導入した場合には、変形休日制は採り得ないことになります。

④ 適用の免除

　妊産婦が適用の免除を申し出た場合には、この制度を適用することはできません（労基法第66条第1項）。

　また、変形労働時間制の適用に当たっては、「育児を行う者、老人等の介護を行う者、職業訓練又は教育を受ける者その他特別の配慮を要する者については、これらの者が育児等に必要な時間を確保できるような配慮をしなければならない」と定められていますから（労基則第12条の6）、適法に1年単位の変形労働時間制を導入した場合であっても、1日8時間を超える所定労働時間を定めた日については、これらの者には8時間を超える就労を免除する等の配慮をする必要があるでしょう。

⑤ 途中入社者や退職者に対する割増賃金の支払い

　先にも触れたように、現在では、途中入社者や退職者など、対象期

間を通じて在籍しない者についても、1年単位の変形労働時間制を適用することができますが、それらの者の実労働時間が後記の計算式によって時間数がプラスとなった場合は、その分の割増賃金の支払いが必要です。もともと1年単位の変形労働時間制は、対象期間内における繁忙期の所定労働時間数を増やし、閑散期における所定労働時間数を減らす制度ですから、対象期間の一部しか勤務しない者が、たまたま繁忙期だけ勤務したという場合には、割増賃金の支払いを得られないことになり、不公平な結果を招くことになるため、こうした割増賃金の支払いが求められているのです。

　割増賃金の支払いが必要となるのは、条文によれば、「当該労働させた期間を平均し一週間当たり40時間を超えて労働させた場合においては、その超えた時間（第33条又は第36条第1項の規定により延長し、又は休日に労働させた時間を除く。）の労働については、第37条の規定の例により割増賃金を支払わなければならない。」ということになりますが、これを簡単な算式で示せば、以下のとおりです。

$$\left[\begin{array}{c}\text{就労期間における} \\ \text{る実労働時間}\end{array}\right] - \left[\begin{array}{c}\text{労働基準法第37条の} \\ \text{規定に基づく割増賃金の} \\ \text{支払いを要する時間}\end{array}\right] - \left[\dfrac{40 \times \text{就労期間の暦日数}}{365}\right]$$

　なお、配転などによって2つの異なる形態の1年単位の変形労働時間制の適用を受けるに至った労働者については、配転前の制度との関係では途中退職者と同様の清算が必要であり、配転後の制度との関係では途中入社者と同様の清算が必要です。

⑥　1年単位の変形労働時間制と時間外労働

　1年単位の変形労働時間制を採用した場合であっても、時間外労働が発生し得ることは、1カ月単位の変形労働時間制の場合と同様です。具体的には、以下の(a)から(c)の時間を合算した時間が時間外労働時間ということになります。

　(a)　1日については、労使協定により1日8時間以上の所定労働時間を定めた日についてはその時間を超えた時間、それ以外の日に

ついては8時間を超えた時間

(b)　1週間については、労使協定において40時間を超える所定労働時間を定めた週についてはそれを超えた時間、それ以外の週については40時間を超えた時間（(a)により時間外労働とされる時間を除く。）

(c)　対象期間全体については、その法定労働時間の総枠（例えば、対象期間が1年である場合は2,085.7時間）を超えた時間

（(a)及び(b)で時間外労働とされた時間を除く。）

したがって、(a)及び(b)については、毎月その時間数が判明しますが、(c)については、その対象期間が終了してみないと、その時間数は判明しないことになります。このため、これに対する割増賃金の支払いも、対象期間終了後ということにならざるを得ません。

なお、時間外労働を適法に行わせるためには、36協定の締結が不可欠ですが、当該協定に定める延長時間の限度に関し、1年単位の変形労働時間制を採る場合（対象期間が3カ月以上であるものに限る。）については、1カ月につき42時間、1年につき320時間とされています（労基法第36条第4項）。

〈協定例〉

1年単位の変形労働時間制に関する協定

　　○○株式会社と従業員代表○○○○は、労働基準法第32条の4に基づく1年単位の変形労働時間制に関し、次のとおり協定する。

（対象者）
第1条　本協定による変形労働時間制は、次のいずれかに該当する社員を除き、全従業員に適用する。

① 妊娠中または産後1年を経過しない女性社員のうち、本
制度の適用免除を申し出た者

② 育児や介護を行う社員、職業訓練または教育を受ける社
員その他特別の配慮を要する社員に該当する者のうち、本
制度の適用免除を申し出た者

（変形期間及び起算日）

第2条　変形勤務を適用する時期は、毎年4月1日より翌年の3月
31日までの1年間とする。

2　変形期間の起算日は、毎年4月1日とする。

（勤務時間）

第3条　変形勤務における勤務時間及び休日は、別表勤務時間表の
定めるところによる。

2　前項の勤務時間表の定めにかかわらず、会社は業務の都合
により、従業員の全部または一部の者に対し勤務時間の繰上
げ、繰下げまたは休日の振替えを行うことがある。

（時間外及び休日労働）

第4条　会社は、業務の都合上やむを得ない事情がある場合には、所
定労働時間を超え、または所定休日に労働を命じることがあ
る。その場合には関係法令に従って割増賃金を支払う。

2　変形期間の途中で採用された者、出向等で転入した者、退
職する者等については、その者が実際に労働した期間を平均
して1週当たり40時間を超えた労働時間分について、労働基
準法第32条の4の2の規定に基づく割増賃金を支払う。

（有効期間）

第5条　本協定の有効期間は、○年○月○日から1年間とする。
有効期間満了の3カ月前までに労使のいずれかからも、書面
による異議の申出がない場合は、さらに1年間更新するもの
とし、以降も同様とする。

第2部　各種の労使協定

Ⅰ　労働基準法関係の労使協定

　　年　　月　　日

　　　　　　　　　　　　　　○○株式会社

　　　　　　　　　　　　　　代表取締役　○○○○　印

　　　　　　　　　　　　　　従業員代表　○○○○　印

▶○年4月1日から1年間の勤務カレンダー

4月

日	月	火	水	木	金	土
–	1◆	2◆	3◆	4◆	5◆	6休
7休	8◆	9◆	10◆	11◆	12◆	13休
14休	15◆	16◆	17◆	18◆	19◆	20休
21休	22◆	23◆	24◆	25◆	26◆	27休
28休	29休	30休	–	–	–	–

◆ ＝ 始業時刻9：00、終業時刻18：00、休憩12：00～13：00
月間総所定労働時間 ＝ 160時間

5月

日	月	火	水	木	金	土
–	–	–	1休	2休	3休	4休
休	6休	7◆	8◆	9◆	10◆	11休
12休	13◆	14◆	15◆	16◆	17◆	18休
19休	20◆	21◆	22◆	23◆	24◆	25休
26休	27◆	28◆	29◆	30◆	31◆	–

◆ ＝ 始業時刻9：00、終業時刻18：00、休憩12：00～13：00
月間総所定労働時間 ＝ 152時間

6月

日	月	火	水	木	金	土
–	–	–	–	–	–	1休
2休	3●	4●	5●	6●	7●	8休
9休	10●	11●	12●	13●	14●	15休
16休	17●	18●	19●	20●	21●	22休
23休	24●	25●	26●	27●	28●	29休
30休	–	–	–	–	–	–

● ＝ 始業時刻8：00、終業時刻18：00、休憩12：00～13：00
月間総所定労働時間 ＝ 180時間

7月

日	月	火	水	木	金	土
−	1●	2●	3●	4●	5●	6○
7休	8●	9●	10●	11●	12●	13○
14休	15休	16●	17●	18●	19●	20○
21休	22●	23●	24●	25●	26●	27○
28休	29●	30●	31●	−	−	−

○ ＝ 始業時刻 9：00、終業時刻17：00、休憩12：00 ～ 13：00
● ＝ 始業時刻 8：00、終業時刻18：00、休憩12：00 ～ 13：00
月間総所定労働時間 ＝ 226時間

8月

日	月	火	水	木	金	土
−	−	−	−	1●	2●	3休
4休	5●	6●	7●	8●	9●	10休
11休	12●	13●	14●	15●	16●	17休
18休	19●	20●	21●	22●	23●	24休
25休	26●	27●	28●	29●	30●	31休

● ＝ 始業時刻 8：00、終業時刻18：00、休憩12：00 ～ 13：00
月間総所定労働時間 ＝ 198時間

9月

日	月	火	水	木	金	土
1休	2●	3●	4●	5●	6●	7休
8休	9●	10●	11●	12●	13●	14休
15休	16休	17●	18●	19●	20●	21●
22休	23休	24●	25●	26●	27●	28●
29休	30●	−	−	−	−	−

● ＝ 始業時刻 8：00、終業時刻18：00、休憩12：00 ～ 13：00
月間総所定労働時間 ＝ 189時間

10月

日	月	火	水	木	金	土
−	−	1●	2●	3●	4●	5休
6休	7●	8●	9●	10●	11●	12休
13休	14休	15●	16●	17●	18●	19休
20休	21●	22●	23●	24●	25●	26休
27休	28●	29●	30●	31●	−	−

● ＝ 始業時刻 8 ：00、終業時刻18：00、
休憩12：00 〜 13：00
月間総所定労働時間 ＝ 198時間

11月

日	月	火	水	木	金	土
−	−	−	−	−	1◆	2休
3休	4休	5◆	6◆	7◆	8◆	9休
10休	11◆	12◆	13◆	14◆	15◆	16休
17休	18◆	19◆	20◆	21◆	22◆	23休
24休	25◆	26◆	27◆	28◆	29◆	30

◆ ＝ 始業時刻 9 ：00、終業時刻18：00、
休憩12：00 〜 13：00
月間総所定労働時間 ＝ 160時間

12月

日	月	火	水	木	金	土
1休	2◆	3◆	4◆	5◆	6◆	7休
8休	9◆	10◆	11◆	12◆	13◆	14休
15休	16◆	17◆	18◆	19◆	20◆	21休
22休	23休	24◆	25◆	26◆	27◆	28休
29休	30休	31休	−	−	−	−

◆ ＝ 始業時刻 9 ：00、終業時刻18：00、
休憩12：00 〜 13：00
月間総所定労働時間 ＝ 152時間

I　労働基準法関係の労使協定

1 月

日	月	火	水	木	金	土
－	－	－	1休	2休	3休	4休
5休	6○	7○	8○	9○	10○	11休
12休	13休	14○	15○	16○	17○	18休
19休	20○	21○	22○	23○	24○	25休
26休	27○	28○	29○	30○	31○	－

○ ＝ 始業時刻 9：00、終業時刻17：00、
　　　休憩12：00 ～ 13：00
月間総所定労働時間 ＝ 133時間

2 月

日	月	火	水	木	金	土
－	－	－	－	－	－	1休
2休	3○	4○	5○	6○	7○	8休
9休	10○	11休	12○	13○	14○	15休
16休	17○	18○	19○	20○	21○	22休
23休	24○	25○	26○	27○	28○	－

○ ＝ 始業時刻 9：00、終業時刻17：00、
　　　休憩12：00 ～ 13：00
月間総所定労働時間 ＝ 133時間

3 月

日	月	火	水	木	金	土
－	－	－	－	－	－	1休
2休	3○	4○	5○	6○	7○	8休
9休	10○	11○	12○	13○	14○	15休
16休	17○	18○	19○	20○	21休	22休
23休	24○	25○	26○	27○	28○	29休
30○	31○	－	－	－	－	－

○ ＝ 始業時刻 9：00、終業時刻17：00、
　　　休憩12：00 ～ 13：00
月間総所定労働時間 ＝ 140時間

【年間総所定労働時間 ＝ 2,021時間】

6　１週間単位の非定型的変形労働時間制協定

【どんなときに】

　１週間単位の変形労働時間制を導入するとき

【関連条文】

　労基法第32条の５、労基則第12条の２第１項、第12条の５

【届出の要否】

　所轄労基署長に対し、様式５号をもって届け出ることが必要

【有効期間】

　有効期間の定めは必須ではない

【効　果】

　１週間単位の変形労働時間制の導入

〈解　説〉

（１）　１週間単位の非定型的変形労働時間制の意義と対象事業

　１週間単位の非定型的変形労働時間制とは、日ごとの業務に著しい繁閑が生じることが多く、かつ、その繁閑が定型的に定まっていない場合に、１週間を単位として、所定の要件の下、１週間の労働時間を40時間に短縮することを前提に、１日の労働時間を10時間まで延長することを可能にする制度です。

　この制度は、導入可能な事業に制限があり、①常時使用する労働者の数が30人未満であり、②当該事業場の行っている事業が、小売業、旅館、料理店及び飲食店の事業であるもの、に限られます。

　なお、上記②の４業種を行う事業場であって、常時使用する労働者の数が10人未満であるものについては、週の法定労働時間は44時間とされていますが（労基則第25条の２第１項）、１週間単位の変形労働時間制を導入

― 102 ―

する場合には、1週当たり40時間以内としなければなりません。

（2） 導入要件及び協定作成に当たってのポイント

1週間単位の変形労働時間制の導入要件は、以下のとおりです。

① 労使協定において、1週間の所定労働時間を40時間以下とすること。

② 1週間の各日（上限10時間）の労働時間の通知を当該1週間の開始する前（すなわち前週末まで）に、書面により行うこと（ただし、緊急やむを得ない場合は、前日までに書面通知をして労働時間を変更することが可能）。

③ 1週間の各日の労働時間を定める場合は、労働者の意思を尊重するよう努めること。

④ 労使協定において、③の時間を超えて労働させた場合には、割増賃金を支払う旨を定めること。

⑤ 労使協定を労基署長に届け出ること。

　なお、労基法に明示されているわけではありませんが、1週間単位の変形労働時間制を採ることを就業規則に定めておくことが必要です。

（3） 導入に当たっての留意点

① 適用除外等

　妊産婦が適用の免除を申し出た場合には、この制度を適用することはできません（労基法第66条第1項）。

　また、「育児を行う者、老人等の介護を行う者、職業訓練又は教育を受ける者その他特別の配慮を要する者については、これらの者が育児等に必要な時間を確保できるような配慮をしなければならない」と定められていますから（労基則第12条の6）、適法に1週間単位の変形労働時間制を導入した場合であっても、1日8時間を超える所定労働時間を定めた日については、これらの者には8時間を超える就労を

— 103 —

免除する等の配慮をする必要があるでしょう。

② 時間外労働となる場合

　　１週間単位の変形労働時間制を採った場合に時間外労働となるのは、次の場合です。

(a) １日の労働時間が労使協定に従って通知された労働時間を超えた場合であって、かつ、８時間を超えている場合

(b) １週間の労働時間が40時間を超えた場合（(a)で時間外労働とされた時間を除く。）

〈協定例〉

　株式会社○○と過半数代表者○○○○とは、労働基準法32条の５に定める１週間単位の非定型的変形労働時間制について、次のとおり協定する。

（所定労働時間）
第１条　会社は、１週間の所定労働時間を40時間、１日の所定労働
　　　　時間の限度を10時間とし、各日の労働時間を定める。
　　２　前項の１週とは、月曜日から翌週日曜日までとする。

（休日）
第２条　休日は月曜日とする。ただし、会社は業務の都合により休
　　　　日を他の日に振り替えることがある。

（勤務時間）
第３条　各従業員の各日の勤務時間は前二条の範囲内で決定し、当
　　　　該週の開始する前日の日曜日までに週間勤務カレンダーを
　　　　もって通知する。

2　前項の勤務時間の決定に当たって勤務時間に希望のある者
　　は、前週の水曜日までにその希望を申し出るものとする。会
　　社はできる限りこの希望を尊重するものとする。

　　3　前二項にかかわらず、緊急やむを得ない事情が生じたとき
　　は、会社は前日までに本人に書面通知をして勤務時間を変更
　　することがある。
（割増賃金）
第4条　会社は、次の場合には賃金規程の定めるところにより割増
　　賃金を支払う。ただし、重複して支払うことはない。
　　①　週間勤務カレンダーによって通知された1日の勤務時間
　　　を超えて勤務した場合（ただし、1日8時間を超えた場合
　　　に限る。）
　　②　週の労働時間が40時間を超えた場合（①の時間を除く。
（適用除外等）
第5条　本協定は、妊産婦（妊娠中の女性及び産後1年を経過しな
　　い女性）が請求した場合にはこれを適用しない。
　　2　育児を行う者、老人等の介護を行う者、職業訓練または教
　　育を受ける者その他特別の配慮を要する者につき、これらの
　　者から申出があるときは、育児等に必要な時間を確保できる
　　ような配慮をする。

　　年　　　月　　　日

　　　　　　　　　　　株式会社○○
　　　　　　　　　　　代表取締役　　○○○○　印

　　　　　　　　　　　過半数代表者　○○○○　印

7 一斉休憩の適用除外協定

【どんなときに】
　一斉休憩が適用される事業場において、その適用除外を定めるとき
【関連条文】
　労基法第34条第2項ただし書、労基則第15条
【届出の要否】
　届出不要
【有効期間】
　有効期間の定めは必須ではない
【効　果】
　一斉休憩の適用除外の容認

〈解　説〉

（1）　一斉休憩の原則とその適用除外

　労基法は、「休憩時間は、一斉に与えなければならない。」と規定しています（労基法第34条第2項本文）。

　労働者各人ごとに休憩時間を付与していたのでは、現実的に労働者に休憩が付与されているのかどうかが不明確となり、行政監督上も支障をきたすおそれが生じてくることから、休憩時間を実質的に確保するために、この原則が取り入れられたと言われています。

　ここで言う「一斉」とは、労基法が各事業場を単位に適用されるものであること、ならびに、一斉休憩制度の目的及び本制度の適用除外事業の規定との関連等から、「当該事業場の全労働者一律に」という趣旨であると解されています。

　ただし、以下の場合には、一斉休憩の原則は適用されません（労基法第

― 106 ―

40条、労基則第31条）

① 道路、鉄道、軌道、索道、船舶または航空機による旅客または貨物
の運送の事業

② 物品の販売、配給、保管もしくは賃貸または理容の事業

③ 金融、保険、媒介、周旋、集金、案内または広告の事業

④ 映画の製作または映写、演劇その他興行の事業

⑤ 郵便、信書便または電気通信の事業

⑥ 病者または虚弱者の治療、看護その他保健衛生の事業

⑦ 旅館、料理店、飲食店、接客業または娯楽場の事業

⑧ 官公署の事業

また、労使協定において所定の事項を定めた場合にも、一斉休憩の適用
除外とすることができるとされています。かつては、一斉休憩の適用除外
については、労基署長の許可を要したのですが、休憩時間の自由利用を担
保するための手段として一斉付与を法律上一律に義務付ける必要性が低下
していること、労務管理の個別化が進展し、かつ、自律的に働くことを希
望する労働者がいる中で改正前の規定がこうした労働者の主体的な労働時
間の配分に制約を課すこととなっていると考えられたことから、労基署長
の適用除外許可を廃止すると同時に、労使の自主的な話合いの上、職場の
実情に応じた労使協定を締結することにより適用除外とすることとしたも
のであるとされています。

（2） 導入要件及び協定作成に当たってのポイント

労使協定には、一斉に休憩を与えない労働者の範囲及び当該労働者に対
する休憩の与え方について定めなければなりません。

ただ、労基署への届出が求められるものではなく、上記の事項が定めら
れているものであれば、様式や書式について制限はありませんし、有効期
間の定めも必須ではありません。

なお、「休憩時間」は就業規則の必要的記載事項ですから（労基法第89
条第１号）、一斉休憩の適用除外に関しても定めておく必要があります。

— 107 —

〈協定例〉

一斉休憩の適用除外に関する労使協定書

　株式会社○○○○と従業者代表○○○○は、一斉休憩の適用除外に関し、次のとおり協定する。

（適用範囲）

　次の業務に従事する従業員については、班別交替で休憩時間を与えるものとする。

　　　○○業務

　　　○○業務

（休憩時間）

　各班の休憩時間は次のとおりとする。

　　　第1班 11:30 ～ 12:30

　　　第2班 12:00 ～ 13:00

　　　第3班 12:30 ～ 13:30

附則

　本協定は、○年○月○日より施行する。

　　　年　　　月　　　日

株式会社○○○○

代表取締役　○○○○　印

従業員代表　○○○○　印

第2部　各種の労使協定
Ⅰ　労働基準法関係の労使協定

⑧　時間外労働及び休日労働に関する協定

【どんなときに】
　法定労働時間を超えて労働させる場合及び法定休日に労働させる場合
【関連条文】
　労基法第36条、労基則第16条、第17条
【届出の要否】
　所轄労基署長に対し、様式9号ないし9号の7のいずれかをもって届け
　出ることが必要
【有効期間】
　有効期間の定めが必須
【効　　果】
　時間外、休日労働の許容

〈解　説〉

（1）　時間外労働及び休日労働といわゆる36協定の意義

　労基法が定める労働時間の原則的限度は、1週40時間かつ1日8時間です。また、同法が定める法定休日は、週1日の休日または4週4休の休日です。

　これらの労働時間を超え、または法定休日に労働させる場合が、労基法上の時間外労働及び休日労働です。

　したがって、所定労働時間が1日7時間とされている企業において、1時間の所定労働時間を超える残業を行ったとしても、その1時間分は労基法上の「時間外労働」ではありませんし、週休2日制を採用している企業において、そのどちらかの休日に労働させたとしても、その日の労働が労基法上の「休日労働」となるものではありません（ただし、その日の労働

— 109 —

時間を加えることによって、当該週の実労働時間の合計が40時間を超えることとなる場合には、その超えた時間は労基法上の「時間外労働」となります。）。

　また、時間外労働となるかどうかは、あくまで実労働時間によって決まるのであって、所定労働時間が1日8時間と定められている企業において、労働者がある日に2時間遅刻した場合には、所定の終業時刻後に2時間業務を行ったとしても、その日の実労働時間は合計8時間ですから、労基法上の「時間外労働」は発生しないことになります。

　このような考え方によって労基法上の「時間外労働」及び「休日労働」と整理されるような労働を命じるためには、①労基法第36条に従って時間外及び休日労働に関する協定（いわゆる36協定）を締結し、所轄労基署長に届出をし、②就業規則や労働協約などに、時間外及び休日労働を命じる根拠規定が設けられていること、の双方が必要です。

（2）　協定作成に当たってのポイント

①　協定の締結事項

　36協定において締結すべき事項は、時間外または休日労働をさせる労働者の範囲（時間外・休日労働協定の対象となる業務の種類及び労働者数）、対象期間、時間外労働又は休日労働をさせる必要のある具体的事由、対象期間における1日、1カ月及び1年のそれぞれの期間について労働時間を延長して労働させることができる時間又は労働させることができる休日の日数、協定の有効期間、当該協定において定められた1年の時間外または休日労働の時間数または日数の限度を適用する期間の起算日、時間外労働と法定休日労働を合計した時間数を月100時間未満、かつ、2～6カ月平均80時間以内とすること（協定届上は、チェックマークにチェックを入れるようになっています。）です（労基法第36条第2項、労基則第17条第1項第1号ないし第3号）。

　このうち、労働時間を延長する必要のある業務の種類を定めるに当

— 110 —

たっては、業務の区分を細分化することにより当該必要のある業務の範囲を明確にしなければならないとされており、各事業場における業務の実態に即し、業務の種類を具体的に区分して協定する必要があります。（労働基準法第36条第1項の協定で定める労働時間の延長及び休日の労働について留意すべき事項等に関する指針　平30.9.7　厚生労働省告示第323号）。

　なお、労働組合が締結当事者である場合には、36協定自体を労働協約の形式で結ぶことも可能ですし、形式としては労使協定としつつ、上記36協定の締結事項のみならず、法内残業の扱いや所定休日に労働させた場合の割増率あるいは振替休日の与え方など関連する労働条件等について定めることも可能であり、もしそうした内容が定められたときは、その部分は労働協約としての効力を持ち、当該労働組合員（及び一般的拘束力を生じる場合には、その拘束を受ける者）に対して効力を有することになります。

② 　36協定における時間外労働時間数の限度

　36協定において定められる時間外労働時間数については、1カ月と1年に関し、それぞれの限度が45時間及び360時間（1年単位の変形労働時間制のうち変形期間が3カ月を超えるもの（以下、36協定の解説において同じ。）の場合には、1カ月につき42時間、1年につき320時間）と法定されています（労基法第36条第3項、第4項）。

　これに対し、1日の延長時間の限度については、坑内労働等を除き、法定されていません（同項第1号、労基則第18条参照）。

③ 　特別条項

（a）　意　義

　上述のとおり、適用除外事業以外の事業における36協定に関しては、1カ月及び1年間の時間外労働時間数の限度が法定されていますが、所定の事項を36協定に付加して協定し、所轄の労基署長に届け出たときは、当該協定で定められた事情が生じたときに、そこで定められた手続きに従って、その定めの範囲内で、限度時間を超え

る一定の時間まで労働させることができます。このような条項が付加された協定を「特別条項付き協定」といいます。

　従前は、特別条項付き協定において、限度時間を超えて労働させることができる時間数に制限はありませんでしたが、平成31年4月1日以降に締結される協定からは、(b)に述べるとおり、一定の期間ごとに上限が設けられており、特別条項付き協定を締結する場合には、この制限を遵守しなければなりません。

(b)　特別条項付き協定における労働時間の上限

　特別条項付き協定を締結する場合であっても、時間外労働及び休日労働を合算した時間数は1カ月で100時間未満、時間外労働のみの時間数は1年間で720時間以内と定めなければならず、1カ月45時間（1年単位の変形労働時間制の場合は、1カ月42時間）を超えて時間外労働をさせることができる回数は年に6回以内の範囲で定めなければなりません（労基法第36条第5項）。

　この制限に違反した協定を締結しても、当該協定は全体として無効になるというのが行政当局の考え方です（働き方改革を推進するための関係法律の整備に関する法律による改正後の労働基準法関係の解釈について　平30.12.28基発1228第15号）。実際には、そうした36協定を提出しようとしても、労働基準監督署で受け付けられないという運用になるでしょう。

(c)　協定事項

　特別条項付き協定については、通常の36協定の協定事項に加え、上記(b)に掲げた制限内の、1カ月について時間外労働及び休日労働を合算した時間数の上限及び1年間の時間外労働時間数の上限を協定するほか、限度時間を超えて労働させる事由、限度時間を超えて労働させる労働者に対する健康及び福祉を確保するための措置、限度時間を超えた労働に係る割増賃金の率及び限度時間を超えて労働させる場合における手続を協定しなければなりません（労基法第36条第5項、労基則第17条第4号ないし第7号）。

このうち、「限度時間を超えて労働させる事由」については、「当該事業場における通常予見することのできない業務量の大幅な増加等に伴い臨時的に限度時間を超えて労働させる必要がある場合をできる限り具体的に定めなければならず、「業務の都合上必要な場合」、「業務上やむを得ない場合」など恒常的な長時間労働を招くおそれがあるものを定めることは認められない」とされています（前掲指針）。

「限度時間を超えた労働に係る割増賃金の率」については、25％以上にするよう努力することが求められていますが（前掲指針）、25％と協定することでも差し支えありません。

「限度時間を超えて労働させる場合における手続」とは、限度時間を超えて労働させる際の手続きのことであって、例えば、36協定の締結主体たる労働組合との事前の協議やその承認あるいは通知などの手続などのことです。

「限度時間を超えて労働させる労働者に対する健康及び福祉を確保するための措置」としては、以下のいずれかの措置とすることが望ましいとされていますが（前掲指針）、これらに限られるものではありませんので、労使でこれら以外の措置を定めることもできます。

　ア　労働時間が一定時間を超えた労働者に医師による面接指導を
　　　実施すること。
　イ　深夜労働の時間帯に労働させる回数を1カ月について一定回
　　　数以内とすること。
　ウ　インターバル時間を確保すること。
　エ　労働者の勤務状況及びその健康状態に応じて、代償休日又は
　　　特別な休暇を付与すること。
　オ　労働者の勤務状況及びその健康状態に応じて、健康診断を実
　　　施すること。
　カ　年次有給休暇についてまとまった日数連続して取得すること

を含めてその取得を促進すること。

　キ　心とからだの健康問題についての相談窓口を設置すること。

　ク　労働者の勤務状況及びその健康状態に配慮し、必要な場合には適切な部署に配置転換をすること。

　ケ　必要に応じて、産業医等による助言・指導を受け、又は労働者に産業医等による保健指導を受けさせること。

④　実労働時間に対する規制

　上述のように、原則的な労働時間規制である週40時間以内、1日8時間以内という制限については、36協定の締結と労基署長への届出を条件に、当該協定で定められた限度内で延長することができますが、そうした有効な協定が存在する場合であっても、実際の労働時間は、以下の制限内に収められなければならず、違反したときは罰則の対象となります（労基法第36条第6項第2号・第3号、第119条第1号）。

　すなわち、特別条項の有無にかかわらず、36協定が有効に締結され届け出られている場合であっても、実際の各労働者の1カ月の時間外労働及び休日労働を合算した時間数は100時間未満としなければならず、かつ、直前の1カ月、2カ月、3カ月、4カ月及び5カ月の期間を加えたそれぞれの期間における時間外・休日労働時間数が1カ月当たりの平均で80時間を超えてはなりません。

　例えば、(i) 連続する2カ月につき、1カ月の時間外及び休日労働の合計の時間数が90時間となるような労働をさせたケース、あるいは、(ii) 連続する3カ月につき、1カ月ごとに順に、85時間、65時間、95時間の時間外及び休日労働をさせたケースはいずれも上記制限に違反することになります（時間外及び休日の労働時間数の合計が、当月単月で100時間未満、かつ、前月のその時間数との合算及び前前月のその時間数との合算をしていずれも平均で1カ月80時間以下という条件を満たすならば、通常は、前3カ月から5カ月の各月のその時間数を合算していずれも平均で1カ月80時間以下という条件は満たされることになるものと思われます。）。

— 114 —

第2部　各種の労使協定

Ⅰ　労働基準法関係の労使協定

　36協定において、通常時の時間外労働の限度として、1日4時間、1カ月45時間、1年間360時間、休日労働が可能な日数が1カ月2日と定められ、特別条項として、1カ月の時間外及び休日労働の時間数の合計の限度が90時間、1カ月45時間を超える時間外労働が可能な回数が1年につき6回、1年間の時間外労働時間数の上限が720時間と定められているケースを想定して、これまで述べてきた労基法第36条第3項から第5項ならびに同条第6項第2号及び第3号の制限を総合し、それらの条項に違反する例を考えてみると、以下のようになります。

▶対象期間1年の特別条項付き36協定がある場合でも労基法違反となる場合

チェックすべき事項	違反となる状況	労基法の関連条項	罰則規定	
36協定の1日の上限時間を超えていないか	当日の時間外労働時間数が4時間を超える	第32条第2項第4号	第119条第1号・第32条	
36協定の1カ月の休日労働の限度を超えていないか	当日が当月3回目の休日労働である	第36条第2項第4号	第119条第1号・第35条	
36協定の特別条項の1カ月の時間外及び休日労働の合計時間数の上限を超えていないか	当月の時間外労働時間数及び休日労働時間数の合計が90時間を超える	第36条第5項	第119条第1号・第32条	※1
1カ月の時間外及び休日労働の合計時間数が100時間未満に収まっているか	当月の時間外労働及び休日労働を合算した時間数が100時間以上となる	第36条第6項第2号	第119条第1号・第36条第6項第2号	※2
2カ月の時間外及び休日労働時間の平均が1カ月80時間を超えないか	前月の時間外労働及び休日労働の時間数を合算した時間数に当月のそれを加えると160時間を超えることになる	第36条第6項第3号	第119条第1号・第36条第6項第3号	
3カ月の時間外及び休日労働時間の平均が1カ月80時間を超えないか	前2カ月の時間外労働及び休日労働の時間数を合算した時間数に当月のそれを加えると240時間を超えることになる	第36条第6項第3号	第119条第1号・第36条第6項第3号	

4カ月の時間外及び休日労働時間の平均が1カ月80時間を超えないか	前3カ月の時間外労働及び休日労働の時間数を合算した時間数に当月のそれを加えると320時間を超えることになる	第36条第6項第3号	第119条第1号・第36条第6項第3号
5カ月の時間外及び休日労働時間の平均が1カ月80時間を超えないか	前4カ月の時間外労働及び休日労働の時間数を合算した時間数に当月のそれを加えると400時間を超えることになる	第36条第6項第3号	第119条第1号・第36条第6項第3号
6カ月の時間外及び休日労働時間の平均が1カ月80時間を超えないか	前5カ月の時間外労働及び休日労働の時間数を合算した時間数に当月のそれを加えると480時間を超えることになる	第36条第6項第3号	第119条第1号・第36条第6項第3号
時間外労働時間数が1カ月45時間を超えることとなる回数が、36協定における回数の限度を超えていないか	協定の対象期間の起算日以降月間45時間を超える時間外労働となるのが、当月で7回目である	第36条第5項	第119条第1号・第32条
時間外労働時間数の合計が、36協定における1年の限度時間数を超えないか	協定の対象期間の時間外労働時間の合計が720時間を超えることになる	第36条第5項	第119条第1号・第32条

＊1　※2の場合は※1にも該当するが、観念的競合（刑法54条1項）の関係に立つものと解される。

＊2　前月以前の時間数を通算する場合、2019年4月1日（中小企業については、2020年4月1日）以降に対象期間の初日を迎える労使協定の同日以前の時間数は考慮する必要はない。

＊3　前月の時間数を通算する場合、前の協定期間中の時間数も通算の対象となる（＊2の場合を除く）。

＊4　特別条項を適用する場合には、協定に記載された手続きを遵守していることの確認も必要である。

⑤　適用除外及び猶予措置

　　36協定の制限に関しては、いくつか適用除外ないし猶予措置が規定されています。

(a)　新技術、新商品等の研究開発の業務

　　　新技術、新商品等の研究開発の業務については、限度時間、時間外・休日労働協定に特別条項を設ける場合の要件、1カ月について労働時間を延長して労働させ、及び休日において労働させた時間の

上限のいずれについても適用されません。

　ここにいう新技術、新商品等の研究開発の業務とは、専門的、科学的な知識、技術を有する者が従事する新技術、新商品等の研究開発の業務をいい、既存の商品やサービスにとどまるものや、商品を専ら製造する業務などは含まれません（前掲基発1228第15号）。

(b)　工作物の建設等の事業

　工作物の建設等の事業（土木、建築その他工作物の建設、改造、保存、修理、変更、破壊、解体又はその準備の事業を営む企業の事業場の事業、及びそれらの事業において行われる交通誘導警備の事業）については、令和6年3月31日までの間（同日をまたぐ36協定の場合は、その協定の始期から1年を経過する日までの間）、限度時間、時間外・休日労働協定に特別条項を設ける場合の要件、1カ月について労働時間を延長して労働させ、及び休日において労働させた時間の上限のいずれについても適用が猶予されます（労基法第139条第2項、労基則第69条第1項）。この場合、その間の36協定においては、1日を超え3カ月以内の範囲で労使当事者が定める期間の限度時間についても定められなければならないとされる一方、協定の有効期間、当該協定において定められた1年の時間外または休日労働の時間数または日数の限度を適用する期間の起算日、時間外労働と法定休日労働を合計した時間数を月100時間未満、かつ、2〜6カ月前のその時間を前提に1カ月平均80時間以内とすることについては、記載を要しないとされています（労基則71条）。

　上記の期間経過後は工作物の建設等の事業にも、適用が猶予されていた上記各制限が適用されることになります。

　もっとも、工作物の建設等の事業の中でも災害時における復旧及び復興の事業については、令和6年4月1日以降も、当分の間、1カ月について労働時間を延長して労働させ、及び休日において労働させた時間の上限（労基法第36条第6項第2号・第3号）についての規定は適用されず、特別条項において定める1カ月の時間外・休

日労働時間数は、労使当事者間において、事業場の実情に応じた時間数を協定することができます（同法第139条第1項。逆に、特別条項がない場合の1カ月45時間及び1年360時間の限度時間、ならびに、特別条項を設ける場合の時間外労働時間数の1年720時間の上限及び1カ月45時間を超えることができる回数を年6回までとする制限は適用されます。）。

(c) 自動車の運転の業務

　　自動車の運転の業務については、令和6年3月31日までの間（同日をまたぐ36協定の場合は、その協定の始期から1年を経過する日までの間）、限度時間、時間外・休日労働協定に特別条項を設ける場合の要件、1カ月について労働時間を延長して労働させ、及び休日において労働させた時間の上限のいずれについても適用が猶予されます（労基法第140条第2項、労基則第69条第2項）。この場合、その間の36協定においては、1日を超え3カ月以内の範囲で労使当事者が定める期間の限度時間についても定められなければならないとされる一方、協定の有効期間、当該協定において定められた1年の時間外または休日労働の時間数または日数の限度を適用する期間の起算日、時間外労働と法定休日労働を合計した時間数を月100時間未満、かつ、2～6カ月前のその時間を前提に平均80時間以内とすることについては、記載を要しないとされています（労基則71条）。

　　令和6年4月1日以降は、時間外労働の時間数に関し、1カ月については事業場の実情に応じた時間数を、1年については960時間を超えない範囲内の時間数をそれぞれ協定すべきこととされています（労基法第140条第1項）。

(d) 医業に従事する医師

　　医業に従事する医師については、令和6年3月31日までの間（同日をまたぐ36協定の場合は、その協定の始期から1年を経過する日までの間）、限度時間、時間外・休日労働協定に特別条項を設ける

場合の要件、１カ月について労働時間を延長して労働させ、及び休日において労働させた時間の上限のいずれについても適用が猶予されます（労基法第141条第４項）。この場合、その間の36協定においては、１日を超え３カ月以内の範囲で労使当事者が定める期間の限度時間についても定められなければならないとされる一方、協定の有効期間、当該協定において定められた１年の時間外または休日労働の時間数または日数の限度を適用する期間の起算日、時間外労働と法定休日労働を合計した時間数を月100時間未満、かつ、２〜６カ月前のその時間を前提に平均80時間以内とすることについては、記載を要しないとされています（労基則71条）。

　また、令和６年４月１日以降は、当分の間、労働時間を延長して労働させることができる時間を協定するに当たっては、対象期間における時間数を協定するものであり、１日、１カ月及び１年の区分を設ける必要はありません（労基法第141条第１項ないし第３項）。

(e)　鹿児島県及び沖縄県における砂糖を製造する事業

　鹿児島県及び沖縄県における砂糖を製造する事業については、令和６年３月31日までの間（同日をまたぐ36協定の場合は、その協定の始期から１年を経過する日までの間）、特別条項を設ける場合の１カ月について100時間未満とすべき上限規制（労基法第36条第５項）、１カ月について労働時間を延長して労働させ、及び休日において労働させた時間の上限（同条第６項第２号・第３号）についての規定は適用が猶予されます（同法第142条。逆に、特別条項がない場合の１カ月45時間及び１年360時間の限度時間、ならびに、特別条項を設ける場合の時間外労働時間数の１年720時間の上限及び１カ月45時間を超えることができる回数を年６回までとする制限は適用されます。）。この期間の36協定については、協定の有効期間、当該協定において定められた１年の時間外または休日労働の時間数または日数の限度を適用する期間の起算日、時間外労働と法定休日労働を合計した時間数を月100時間未満、かつ、２〜６カ月前のそ

の時間を前提に平均80時間以内とすることについては、記載を要しないとされています（労基則71条）。

（3） 留意点

① 時間外・休日労働が制限される者

妊産婦が請求した場合には、36協定が適法に締結されているときでも、時間外労働及び休日労働をさせてはなりません（労基法第66条第2項）。

また、満18歳に満たない者については、36協定に基づく時間外及び休日労働をさせることはできません（労基法第60条第1項）。

さらに、小学校就学の始期に達するまでの子を養育する所定の要件を満たす労働者がその子を養育するために請求した場合、及び、要介護状態にある対象家族を介護する所定の要件を満たす労働者が当該対象家族を介護するために請求した場合には、適法に36協定が締結・届け出られているときでも、事業の正常な運営を妨げると判断される場合でない限り、1カ月について24時間、1年間について150時間を超えて時間外労働をさせることはできません（育児介護休業法第17条第1項、第18条第1項）。

② 休日労働の時間数と時間外労働の時間数の関係

(a) 原則的な考え方

休日労働も本来の労働時間とされていないときに労働させるのですから、所定の契約外の労働であるという点においては時間外労働と共通する部分がありますが、休日労働は、その時間が何時間であろうと、あくまでも「休日労働」なのであって、「時間外労働」に当たるものではありません。例えば、法定休日に5時間労働した場合であっても、10時間労働した場合であっても、いずれも5時間及び10時間の「休日労働」なのであって、特に後者につき、8時間の「休日労働」と2時間の「時間外労働」となるわけではありません。

したがって、36協定に記載される時間外労働の限度時間を超えて

いるかどうかを判断するに際しての時間外労働時間数の算出時には、法定休日の休日労働の時間数は算入しなくともよいことになります。しかし、週休2日制を採用している企業において、法定休日以外の所定休日に労働させた場合の労働時間は、「休日労働」ではなく「時間外労働」となる可能性がありますので、かかるケースにおいては、その時間外労働時間数は上記計算にあたって算入されなければなりません。

　以上の関係を、毎週土曜・日曜を所定休日とし、変形休日制を採用しておらず、1週の法定労働時間が40時間である企業を前提とし、1日が日曜日、31日が火曜日である月を例にとって、次ページのような実労働時間の実態であった場合を想定して説明してみましょう。

　この例では、第1週の土曜日に勤務していますが、日曜日の休日は確保されていますので、法定休日労働はありません（土曜日の8時間の労働時間は、「休日労働」ではありません。）。しかし、週の総労働時間が48時間となっていますので、週の法定労働時間である40時間を超える8時間が「時間外労働」ということになります。

　第2週は、土曜・日曜のいずれの休日も確保されていますから、むろん法定休日は確保されており、「休日労働」はありません。しかし、月曜日から金曜日までの各日につき、1日8時間という法定労働時間を2時間超過していますから、合計10時間の「時間外労働」があることになります。

　第3週は、土曜・日曜のいずれの休日も取得できておらず、結局1週1休が確保できていませんから、1日分の「休日労働」が生じています（この場合、1週1休を確保できなくなる日の労働が休日労働と評価されることになりますから、土曜日の8時間が「休日労働」と評価されることになります。）。そして、その「休日労働」と評価される土曜日の8時間を除いても、日曜日から金曜日までの労

— 121 —

		日	月	火	水	木	金	土
実労働時間	第1週	休	8	8	8	8	8	8
	第2週	休	10	10	10	10	10	休
	第3週	8	8	8	8	8	8	8
	第4週	休	11	11	11	11	11	休
	第5週	休	10	10	－	－	－	－

　働時間が48時間に達して週法定労働時間の40時間を8時間超過していますから、この週は8時間の「時間外労働」が存するということになります。

　　第4週は、基本的には第2週と同様であり、「休日労働」はありませんが、勤務した各日の労働時間が1日あたり3時間ずつ法定労働時間を超過しており、合計15時間の「時間外労働」があることになります。同様に、第5週（31日まで）は、合計4時間の「時間外労働」が存することになります。

　　したがって、この月の「時間外労働」時間数の合計は45時間となります。第3週の「休日労働」の8時間をこれに加えることのないように注意する必要があります。

(b)　時間外労働と休日労働の時間数を合算する局面

　　ところが、前述のように、働き方改革法による労基法の改正により、平成31年4月1日（後述の中小企業は令和2年4月1日）以降は、「労働時間を延長して労働させ、及び休日において労働させることができる時間」、すなわち、「時間外労働の時間数と休日労働の時間数を合算した時間数」に関する制限内で労働させるという規制が導入されました（労基法第36条第6項第2号・第3号）。

　　時間外労働の時間数と休日労働の時間数を合算した時間数の上限が問題となるのは、その時間数が1カ月100時間未満でなければならないという場面と、直前の1カ月、2カ月、3カ月、4カ月及び5カ月の期間を加えたそれぞれの期間におけるその時間数が1カ月

当たりの平均で80時間を超えないようにすべきとされる場面です。

　なお、時間外労働の時間数と休日労働の時間数を合算した時間数を100時間未満とする制限は、特別条項を設ける場合の1カ月の上限時間を協定する場合にも用いられています（同条第5項）。

③　36協定届における休日の始・終業時刻の記載欄の意義

　休日労働についての届出様式（様式第9号等）の中には、休日の日数とともに「始業及び終業の時刻」の記載欄があります。

　しかし、休日の「始業及び終業の時刻」は法令上の協定事項にはなっておらず、念のために記載を求めているものであって法的効力はないと解されます。

　したがって、36協定の効力にかかわる部分は「休日の日数」の記載なのであって、上記休日の始業時刻及び終業時刻の記載は、その協定の効力を左右する記載ではありません。

　それゆえ、36協定中の上記の欄に記載された始業時刻よりも前に労働させたとしても、あるいは終業時刻以後に労働させたとしても、36協定の範囲を逸脱した労働がなされた、すなわち、免罰効が及ばない労働がなされたと評価されるものではありません。

④　対象期間中での36協定の解約と新協定の締結

　36協定について、対象期間の途中で当該協定を合意解約し、新協定を締結して、対象期間の起算日を変更することに関しては、従前は少なくとも明確に禁止されていたわけではありませんが、現在では、原則として認められないとされています（前掲基発1228第15号）。1年の時間外労働時間数等の潜脱を許容することになりかねないからです。

⑤　労働者が転勤した場合の労働時間の通算の要否

　労働者が36協定の対象期間内で異なる事業場に転勤した場合、当該36協定との関係で、労働時間が通算されるのかという問題があります。

　36協定は、事業場単位で締結されるものですし、各労働者の時間

外・休日労働時間数を記録すべきこととされる賃金台帳も、事業場ごとに調製することが求められていること（労基法第108条、労基則第54条第1項第6号）を考えると、労働者が転勤した場合には、転勤先での時間外・休日労働時間数は、新たにカウントを始めるというのが原則にならざるを得ないでしょう。前掲通達（基発1228第15号）も、労基法第36条第4項（通常の36協定における時間外・休日労働の限度）及び第5項（特別条項に基づく時間外・休日労働の1カ月の上限、時間外労働時間数の1年間の上限及び1カ月45時間を超える時間外労働をさせる回数の限度）との関係では、この趣旨を明らかにしています。

　これに対し、同条第6項第2号及び第3号（時間外と休日労働時間数の合計の時間数を1カ月100時間未満にすること、及び、前2カ月〜5カ月のそれぞれの当該合計時間数を通算した場合の各平均時間数を80時間以下とすること）との関係については、同通達では、事業場を異にする場合でも通算するとしています。労働者の健康を確保するという見地から、それらの制限が設けられたことや、同条第4項及び第5項の制限は、36協定の定め方に関する規制であるのに対し、同条第6項第2号及び第3号の規制は、個々の労働者に労働させることに対する規制であることに鑑みると、このような通達の解釈も理解できないわけではありません。ただ、そうなると、賃金台帳の調製を事業場単位としていることでよいのかという疑問が生じます（安衛法第66条の8の3において、事業者に対しては、各労働者の労働時間の状況を把握する義務が課されていますが、これは「何時間労働し得る状況にあったか」という観点から把握する時間であり、労基法上の実労働時間とは一致しないため、安衛法に基づいて把握された時間を基にして、労基法第36条第6項第2号及び第3号の時間数と見ることは適切ではないでしょう。）。

　以上の考え方は、出向の場合にも妥当します。一般に、出向者については、出向先の36協定が適用されるものと解されています。そうす

ると、出向先としては、出向を受け入れて以降の時間外及び休日労働時間数の合計が労基法第36条第6項第2号及び第3号の範囲内に収まっていれば足りると解する余地もありますが、前掲通達によれば、適用除外ないし猶予業務（事業）に該当しない限り、出向前後の所定の時間数も通算して判断するとしています。

通達によってこのような行政当局の見解が示されている以上、実務上はそれを前提に対応していく必要があり、具体的には、転勤先の管理職あるいは出向先に対し、転勤前または出向前5カ月間に付き1カ月ごとに当該労働者の時間外・休日労働時間数を通知するという運用をしなければならないでしょう。このため、労働者の労働時間については、本社で一括して把握しておくことが不可欠になるのではないかと見ています。

また、行政当局は、上記制限は、兼業や転職の場合にも妥当することを前提に、兼業となる労働者や転職者を受け入れる側は、当該労働者の自己申告に基づいて上記制限を逸脱しないようにすることを求めています（改正労働基準法に関するQ＆A）。もっとも、受け入れる側が当該労働者の自己申告を求めなかったために、他企業での直近5カ月の時間外・休日労働時間数を知り得ず、結果的に労基法36条6項3号違反となったとしても、受け入れた側には故意はないのですから、罰則規定の適用はないと解されます。

⑥　中小事業主に関する経過措置

上記(2)の説明は、平成31年4月1日から妥当するものですが、中小事業主（その資本金の額又は出資の総額が3億円（小売業又はサービス業を主たる事業とする事業主については5,000万円、卸売業を主たる事業とする事業主については1億円）以下である事業主及びその常時使用する労働者の数が300人（小売業を主たる事業とする事業主については50人、卸売業又はサービス業を主たる事業とする事業主については100人）以下である事業主）については、令和2年4月1日から妥当することになり、それまでは働き方改革法による労基法改正前

の規制に服することになります（働き方改革法附則第3条第1項）。この場合、令和2年3月31日をまたぐ36協定については、その始期から1年を経過する日までの間は、同協定（同協定が1年以内の期間を定めるものである場合は、後続の協定）が効力を持ちます（同法附則第2条）。

したがって、この経過措置の対象である事業主の同期間内の36協定については、従前の制度が適用されるわけですが、その期間が1年余と短いことから、本書では協定例のみを掲げ、解説は割愛します（必要に応じ、本書旧版102頁以下をご参照ください。）。

なお、上記（2）⑤の(b)〜(e)に掲げた事業または業務については、上記の中小事業主であっても、それらの箇所で説明した内容が平成31年4月1日から妥当します。

⑦　所定労働時間を基準とする時間外労働の管理

36協定による時間外・休日労働の管理については、法定労働時間を基準に時間外労働となる時間数を対象とするものですが、従来は、所定労働時間による管理が行われていた事業場も少なからず存在したことに鑑み、法定労働時間を下回る所定労働時間を基準に時間外労働を管理している事業場の協定については、それを基準とする協定の届出も認められていました。

しかし、働き方改革法による改正後の協定については、原則通り、法定労働時間を基準に時間外労働時間数を記載すべきこととなります（所定の届出様式には、所定労働時間を基準に記載する欄も設けられていますが、これは利用者の便宜のためです。）。

〈協定例〉
【平成31年4月1日以降の原則的な協定の例】

時間外労働及び休日労働に関する協定の例

○○株式会社と○○労働組合は、時間外・休日労働につき次のとおり協定する。

（時間外・休日労働の必要のある具体的事由）

第1条　時間外及び休日労働の必要があるのは次の場合とする。

　　　　　月末、期末等の納期、検査、棚卸、集金、経理事務繁忙のとき

（業務の種類及び労働者数）

第2条　時間外・休日労働を行う必要がある業務及び労働者数は次のとおりとする。

　　　　① 時間外労働について

　　　　　○○部○○課○○係　○名

　　　　　○○部○○課○○係　○名

　　　　　………

　　　　② 休日労働について

　　　　　○○部○○課○○係　○名

　　　　　○○部○○課○○係　○名

　　　　　………

（延長することができる労働時間）

第3条　この協定により延長することができる労働時間数は、以下のとおりとする。

　　　　① ○○部○○課○○係、○○部○○課○○係

　　　　　1日2時間、1カ月45時間、1年360時間

　　　　② ○○部○○課○○係、○○部○○課○○係

　　　　　1日4時間、1カ月45時間、1年360時間

　　　　　………

（労働することができる休日）

第4条　この協定によって労働することができる法定休日は、月3日とする。

（休日の始業及び終業時刻等）

第5条　休日の始業時刻は午前9時、終業時刻は午後6時とする。ただし、業務の都合により、これを変更することがある。

（特別事情により延長する場合）

第6条　特別な事情があって、第3条の協定時間を超えて時間外労働ができる場合の特別事情は次の場合とする。

①　特別な納期の集中、注文の変更、臨時的注文の発生

○○部○○課　○名

○○部○○課　○名

……

②　突発的な修理、機械の故障、コンピュータの不調の発生

○○部○○課　○名

○○部○○課　○名

……

③　官庁または得意先等による特別検査への対応

○○部○○課　○名

○○部○○課　○名

……

④　その他突発的な臨時的業務が発生したとき

○○部○○課　○名

○○部○○課　○名

……

2　前項の事情が生じたときには、会社は事前に、○○労働組合に対し、その事由及び見込まれる時間外労働時間数を示した上で協議をする。

３　前二項により労働時間を延長する場合は、第２条にかかわらず、
　１カ月60時間、１年450時間まで延長することができる。
　　ただし１カ月45時間を超える回数は、各従業員について１年６
　回までとする。
４　前三項により第３条に定める１カ月又は１年の限度時間を超え
　て労働させた場合に支払う割増賃金の割増率は、２割５分とする。
（時間外労働時間と休日労働時間の合計時間数の上限）
第７条　本協定に従い、時間外労働または休日労働をさせる場合、
　　　　それらの時間数の合計（以下、「時間外・休日合計時間」とい
　　　　う。）は、以下のいずれをも満たす範囲内にとどめるものとす
　　　　る。
　　　（１）　１カ月につき100時間未満
　　　（２）　前月から前５カ月のそれぞれの期間の時間外・休日合
　　　　　　計時間との和が次の時間を超えない
　　　　　　前月の時間外・休日合計時間との和　160時間
　　　　　　前２カ月の時間外・休日合計時間との和　240時間
　　　　　　前３カ月の時間外・休日合計時間との和　320時間
　　　　　　前４カ月の時間外・休日合計時間との和　400時間
　　　　　　前５カ月の時間外・休日合計時間との和　480時間
（限度時間を超えて労働させる労働者に対する健康及び福祉を確保す
　るための措置）
第８条　会社は、第６条により労働させた労働者に対し、次のうち
　　　　いずれかの措置を講ずる。[*]
　　　・　医師による面接指導の実施
　　　・　対象労働者に11時間の勤務間のインターバルを設定
　　　・　職場での時短対策会議の開催
（有効期間と協定適用起算日）

第9条　本協定の有効期間は、○年○月○日（本協定における1年の起算日）から○年○月○日までの1年間とする。

　　　年　　　月　　　日

　　　　　　　　　　　　　　　　○○株式会社
　　　　　　　　　　　　　　　　代表取締役　　○○○○　　印

　　　　　　　　　　　　　　　　○○労働組合
　　　　　　　　　　　　　　　　執行委員長　　○○○○　　印

＊　健康及び福祉を確保するための措置としては、これらに限られるものではありません（前掲（2）③⒞　112頁参照）。

【経過措置の対象の中小事業主の同期間中の協定の例】

　　　　　　時間外労働及び休日労働に関する協定の例

　　○○株式会社と○○労働組合は、時間外・休日労働につき次のとおり協定する。

（時間外・休日労働の必要のある具体的事由）
第1条　時間外及び休日労働の必要があるのは次の場合とする。月末、期末等の納期、検査、棚卸、集金、経理事務繁忙のとき
（業務の種類及び労働者数）
第2条　時間外・休日労働を行う必要がある業務及び労働者数は次のとおりとする。
　　　　①時間外労働について
　　　　　○○部○○課○○係　○名

○○部○○課○○係　○名

………

②休日労働について

○○部○○課○○係　○名

○○部○○課○○係　○名

………

（延長することができる労働時間）

第3条　この協定により延長することができる労働時間数は、以下のとおりとする。

① 　○○部○○課○○係、○○部○○課○○係

1日2時間、1カ月45時間、1年360時間

② 　○○部○○課○○係、○○部○○課

1日4時間、1カ月45時間、1年360時間

………

（特別事情により延長する場合）

第4条　特別な事情があって、第3条の協定時間を超えて時間外労働ができる場合の特別事情は次の場合とする。

① 　特別な納期の集中、注文の変更、臨時的注文の発生

② 　突発的な修理、機械の故障、コンピュータの不調の発生

③ 　官庁または得意先等による特別検査への対応

④ 　その他突発的な臨時的業務が発生したとき

2 　前項の事情が生じたときには、会社は事前に、○○労働組合に対し、その事由及び見込まれる時間外労働時間数を示した上で協議をする。

3 　前二項により労働時間を延長する場合は、第2条にかかわらず、1カ月60時間、1年450時間まで延長することができる。ただし1カ月45時間を超える回数は、各従業員について1年6回までとする。

— 131 —

4 　前三項により第3条に定める1カ月又は1年の限度時間を超えて労働させた場合に支払う割増賃金の割増率は、2割5分とする。

（労働することができる休日）
第5条　この協定によって労働することができる法定休日は、月2日とする。

（休日の始業及び終業時刻等）
第6条　休日の始業時刻は午前9時、終業時刻は午後6時とする。

（有効期間と協定適用起算日）
第7条　本協定の有効期間は、○年○月○日から○年○月○日までの1年間とする。

（自動更新）
第8条　本協定の有効期間満了日の1カ月前までに本協定について当事者のいずれからも異議がなかった場合には、同一の内容をもってさらに1年間自動的に更新するものとし、以降も同様とする。

　　年　　　月　　　日

　　　　　　　　　　　　○○株式会社
　　　　　　　　　　　　代表取締役　○○○○　　印

　　　　　　　　　　　　○○労働組合
　　　　　　　　　　　　執行委員長　○○○○　　印

第2部　各種の労使協定

Ⅰ　労働基準法関係の労使協定

⑨　代替休暇協定

【どんなときに】

　１カ月について60時間を超えて時間外労働を行わせた労働者について、法定の割増賃金率の引上げ分の割増賃金の支払いに代えて有給休暇を付与する場合

【関連条文】

　労基法第37条第３項、第138条、労基則第19条の２

【届出の要否】

　届出不要

【有効期間】

　有効期間の定めは必須ではない

【効　果】

　協定に従って労働者が代替休暇を取得したときは、協定に定められた時間については、法定の割増賃金率の引上げ分の率による割増賃金の支払いは不要となる

〈解　説〉

（1）　代替休暇制度の意義

　１カ月につき60時間を超える時間外労働に対しては、５割以上の率で計算される割増賃金が支払われなければならないこととされています（労基法第37条第１項ただし書）。

　しかしながら、臨時的な特別の事情からやむを得ず１カ月につき60時間を超えて時間外労働をさせなければならない場合もあり得るところであり、そうした労働に従事した労働者に対して休息の機会を与えることを目的として、労使協定に基づき、当該労働者の選択により、法定の割増賃金

― 133 ―

率の引上げ分の率による割増賃金の支払いに代えて有給の休暇を付与することができる制度が設けられています（労基法第37条第3項、労基則第19条の2）。

したがって、通常の時間外労働に対する割増賃金の割増率を2割5分としている企業において、1カ月につき60時間を超えてなされた時間外労働に対する割増賃金の割増率を5割とした場合、当該労働者が代替休暇の取得を選択したときは、所定の方法に従って算出される時間については、60時間を超える時間外労働についても、割増賃金としては、通常の割増率である2割5分の割合により計算される割増賃金だけが支払われれば足りることになるわけです。

こうした代替休暇制度を設けるか否かは、各企業に任されており、それを導入しなくとも差し支えありません。

なお、中小企業（その資本金の額または出資の総額が3億円（小売業またはサービス業を主たる事業とする事業主については5,000万円、卸売業を主たる事業とする事業主については1億円）以下である事業主及びその常時使用する労働者の数が300人（小売業を主たる事業とする事業主については50人、卸売業またはサービス業を主たる事業とする事業主については100人）以下である企業）については、上記割増賃金率の引上げが令和5年3月31日までの間適用されないこととされていることから（労基法第138条、働き方改革法附則第1条第3項）、そうした企業については、その間は代替休暇制度の適用もありません。

（2）　協定締結に当たってのポイント

代替休暇に関する労使協定には、以下の事項を記載しなければなりません（労基則第19条の2）。

① 代替休暇として与えることができる時間の時間数の算定方法

代替休暇として与えることができる時間の時間数の算定方法については、1カ月について60時間を超えて時間外労働をさせた時間数に、労働者が代替休暇を取得しなかった場合に支払うこととされている割

増賃金率と、労働者が代替休暇を取得した場合に支払うこととされている割増賃金率との差に相当する率（これを「換算率」といいます。）を乗じて算出されるものでなければなりません。

例えば、通常の時間外労働に対する割増賃金率が2割5分であり、60時間を超える時間外労働に対する割増賃金率が5割とされている企業において、ある労働者が1カ月につき92時間の時間外労働をしたとすると、代替休暇として与えることができる時間の時間数は、

（92時間－60時間）×（5割－2割5分）＝32時間×0.25＝8時間

となります。

同様の割増賃金率が定められている企業において、1カ月間に72時間の時間外労働をした労働者についての代替休暇を与えることができる時間数は、

（72時間－60時間）×（5割－2割5分）＝12時間×0.25＝3時間

となります。

労使協定においては、換算率を具体的に記載して算式を示しておく必要があるでしょう。

② 代替休暇の単位

代替休暇の単位は、1日または半日でなければなりません。

「1日」とは、労働者の1日の所定労働時間のことであり、「半日」とはその2分の1をいいます。

労使協定においては、そのいずれによるか、またはその双方を可能とするのかを定めなければなりません。

なお、代替休暇として与えることができる時間の時間数が労使協定で定めた代替休暇の単位（1日または半日）に達しない場合であっても、代替休暇以外の通常の賃金が支払われる休暇と合わせて与えるこ

とができる旨を定めることもできます。ただ、その場合でも割増賃金率の引上げ分に代えることができるのは、代替休暇の部分だけです。

ところで、「半日」という場合、午前と午後とで所定労働時間数が異なる場合もあります。午前の所定労働時間は3時間であるが、午後の所定労働時間は4時間であるといった企業の場合、代替休暇として与えることができる時間数が3時間であるときは、午前の半日の休暇を与えることもできますし、使用者において、1時間分休暇を多く付与することに問題がないのであれば、午後の半日について代替休暇を付与することもできます（むろん、労働者の請求が前提となりますが、1時間の時間単位の年休と組み合わせて、午後の半日休暇とする道を設けることも可能です。）。

しかし、上記の例で、代替休暇として与えることができる時間が4時間である場合に、それに対応する代替休暇として、午前の半日を休暇とすることはできません。午前の所定労働時間は3時間しかないのですから、残り1時間については、それを換算率で除した4時間に対する60時間を超える時間外労働に対する割増賃金が支払われなければなりません。

もっとも、行政当局は、「半日とは原則的には所定労働時間の二分の一を意味するが、必ずしも厳密に一日の所定労働時間の二分の一とする必要はなく、例えば、午前（9：00～12：00）と午後（13：00～17：00）という分け方でも差し支えない。その場合は、労使協定において半日の定義を定めておく必要がある。」との解釈を示しており（改正労働基準法に係る質疑応答）、筆者としてはやや疑問を持っていますが、この考え方に従うならば、上記の例においても、午前中の休暇を付与することによって、4時間分の代替休暇を与えたとする処理も可能となります。

③　代替休暇を与えることができる期間

　長い時間外労働をした労働者に特に休息を与えるという代替休暇制度の趣旨からして、かかる時間外労働をした時期からかけ離れた時期

に代替休暇を付与することとしても意味がないため、1カ月につき60時間を超える時間外労働をした月の末日の翌日から起算して2カ月以内の期間を定めなければならないこととされています。

④　代替休暇の取得日の決定方法

　　これは、法令に明記されているわけではありませんが、代替休暇付与あるいは割増賃金の支払いに関係するため、早期に労働者の代替休暇取得の意向を確認し、その取得日を確定させることが不可欠であることから、協定に記載すべき事項と考えられています（平21.5.29基発0529001号）。

　　具体的には、当月の時間外労働時間数がいつ確定できるのかを見極めた上で、例えば、毎月5日までに、労働者に対し、前月の時間外労働時間数の総計及び60時間を超えた時間数ならびに代替休暇を与えることができる時間数及び付与可能な代替休暇の日数と時期を通知し、代替休暇の取得を希望するときは、その月の10日までにその旨及び希望する休暇日を申し出ることを定めることなどが考えられます。

⑤　1カ月について60時間を超えた時間外労働に対する割増賃金の支払日

　　これも、法令に明記されているわけではありませんが、労使協定に定めるべき事項と考えられています（前掲通達）。

　　割増賃金の支払日を翌月25日とし、通常の時間外労働に対する割増賃金の割増率を2割5分、1カ月につき60時間を超えた時間外労働に対する割増率を5割としている企業を例にとって具体的に説明すれば、1カ月につき60時間を超える時間外労働に対する割増賃金は、

(a)　労働者に代替休暇取得の意向があるときは、まず、通常の割増率（2割5分）で計算される割増賃金を、当該時間外労働がなされた月の翌月25日に支払い、労働者が予定どおり代替休暇を取得したときは、その余の支払いは不要となり、逆に、予定に反して代替休暇を取得し得なかったときは、そのことが確定して最初に迎える25日（代替休暇を1カ月以内に取得することとされている企業において

は、当該時間外労働がなされた月の翌翌月25日、代替休暇を2カ月以内に取得することとされている企業においては、当該時間外労働がなされた月の3カ月後の25日）に、

(b) これに対し、労働者に代替休暇を取得する意向がない場合やその意向の有無が確認できないときは、5割の率で計算される割増賃金を、当該時間外労働がなされた月の翌月25日に、それぞれ支払うこととなります。

労使協定には、こうした支払日を記載することとなります。

（3） 留意点

① 法定の割増率の引上げ分の支払いが不要となる範囲

代替休暇制度が適法に導入され、労働者がそれを取得した場合であっても、法定の割増賃金の引上率の支払いに代えることができるのは、現実に取得された代替休暇の時間数から算出される時間数のみです（労基法第37条第3項）。その具体的な算出方法は、現実に取得した代替休暇の時間数を換算率で除して求められます（労基則第19条の2第3項）。

1日の所定労働時間を8時間、通常の時間外労働に対する割増賃金の割増率を2割5分、1カ月につき60時間を超えた時間外労働に対する割増率を5割としている企業において、1カ月につき92時間の時間外労働をした労働者が半日（4時間）の代替休暇を取得したとすると

4時間 ÷ （0.5 － 0.25） ＝ 4時間 ÷ 0.25 ＝ 16時間

については、法定の割増率の引上げ分の支払いは不要となるということです。

したがって、1カ月につき60時間を超える32時間の時間外労働のうち、16時間については、2割5分の割増賃金が、残りの16時間については5割の割増賃金が支払われなければならないということになりま

す。

② 代替休暇協定の効果

代替休暇協定が有効に締結されると、労働者の意向に従って代替休暇が付与されなければなりません。使用者が一方的に特定の日を指定して代替休暇を付与するとか、労働者が希望した代替休暇日を変更するなどということは許されません。

代替休暇協定は、それに従って代替休暇が付与されたときは、所定の割増率で計算される割増賃金の支払いをしなくとも割増賃金不払の刑事責任を免れるという効果（免罰効）を持つとともに、労基法第37条第１項ただし書及び第13条により労働者が有することになる割増賃金の支払請求権という民事上の権利を消滅させる効果（私法的効力）を持つことになります。

そして、上記の各効力は、代替休暇協定が締結されただけでは生ずることはなく、当該労働者が、自らの選択により、その休暇を取得した場合にだけ発生するものであり、この点において、計画年休協定などとは異なる側面を持っています。

③ 就業規則の記載

代替休暇制度は、休暇に関する事項であり、また割増賃金の計算方法に関係する事項を含んでいますから、就業規則においても関係条項の整備が必要ですし（労基法第89条第１号・第２号）、雇入時の書面による労働条件明示の対象ともなります（労基法第15条第１項、労基則第５条第１項第２・３号、第２・３項）。

就業規則における関係条項の例としては、以下のようなものが考えられます。

〈代替休暇〉

第○条　従業員が１カ月につき60時間を超える時間外労働をした
　　　　ときは、次項以下及び代替休暇に関する協定の定めるとこ
　　　　ろに従い、特別有給休暇（以下、「代替休暇」という。）を
　　　　取得することができる。

　　２　会社は、毎月５日までに、前月の時間外労働時間数の合
　　　　計が60時間を超えた労働者に対し、以下の各事項を通知す
　　　　る。

　　　　①　当該月の時間外労働時間数

　　　　②　前号の時間のうち60時間を超えた時間数

　　　　③　前号の時間数に0.25を乗じて得た時間数

　　　　④　第３項に基づき算出される代替休暇の付与可能日数

　　３　前項第３号に基づき算出された時間数が、４時間を超え
　　　　るときは４時間を単位として、半日の代替休暇を付与する
　　　　ことができるものとする。

　　４　第２項の通知を受けた従業員が代替休暇を取得しようと
　　　　するときは、その通知を受けた月の10日までに、所属長を
　　　　経由して人事部長に対し、第２項第４号の日数の範囲内に
　　　　おいて、代替休暇の取得を希望する旨ならびにその希望日
　　　　数及び希望日を申し出なければならない。

　　５　前項の代替休暇取得希望日は、第２項の通知を受けた月
　　　　の翌月末日までのものでなければならない。

　　６　第４項の申出を受けた人事部長は、当該従業員に対し、
　　　　その月の15日までに、適法な申出であれば、その取得希望
　　　　日に代替休暇を与える旨を、不適法な申出である場合には、
　　　　その旨及び代替休暇の付与は行わない旨を、それぞれ通知
　　　　する。

7　従業員が本条に従い代替休暇を取得したときは、その日については、通常労働した場合に支払われる賃金を支払う。

第△条（1カ月60時間を超える時間外労働に対する割増賃金）

　　従業員が1カ月に60時間を超えて時間外労働を行った場合には、第□条に定める割増賃金のほかに、以下の各号に定める区分に従って、それぞれに定める算式により算出される額の割増賃金を支払う。

①　当該従業員が所定の期日までに第○条に定める代替休暇を取得する旨の有効な申出を行わなかった場合

　　第◇条に定める1時間当たりの賃金×0.25×60時間を超えた時間外労働時間数（以下、「60時間超時間数」という。）

②　当該従業員が所定の期日までに第○条に定める代替休暇を取得する旨の有効な申出を行った場合

　　第◇条に定める1時間当たりの賃金×0.25×（60時間超時間数－代替休暇として取得した時間数÷0.25）

2　前項第1号の割増賃金は、当該60時間を超える時間外労働がなされた月の翌月の所定の賃金支払日に、同項第2号の割増賃金は、当該60時間を超える時間外労働がなされた月の3カ月後の所定の賃金支払日に、それぞれ支払う。

〈協定例〉

代替休暇の労使協定の例

　　株式会社○○と○○労働組合とは、1カ月60時間を超える時間外労働を行った従業員の代替休暇につき、以下のとおり協定する。

（代替休暇として与えることができる時間の時間数の算定方法）

第1条　本協定により付与される代替休暇として与えることができる時間の時間数は、1カ月につき60時間を超えて行われた時間外労働時間数に0.25を乗じた時間数とする。

（代替休暇の単位）

第2条　前条に基づき算出された時間数が、4時間を超えるときは4時間を単位として半日の代替休暇を、8時間を超えるときは8時間を単位として1日の代替休暇を、対象従業員の選択により、それぞれ付与することができるものとする。ここにいう「半日」とは、午前8時から午前12時までまたは午後1時から午後5時までをいう。(注1)(注2)

　　2　前項の方式に従って代替休暇の付与日数を算定するに当たっては、対象従業員の選択により、時間単位の年休協定の定めるところによる時間単位年休と合わせて1日単位または半日単位の休暇として取得することができる。(注3)

（代替休暇の時期）

第3条　前条に基づく代替休暇は、労働者の申請に基づき、1カ月につき60時間を超える時間外労働がなされた月の翌々月末日までに付与されなければならない。

　　2　労働者による前項の申請は、就業規則第○条に従い、1カ月につき60時間を超える時間外労働がなされた月の翌月10日までになされなければならない。

（1カ月につき60時間を超える時間外労働に対する割増賃金の支払い）

第4条　1カ月につき60時間を超える時間外労働を行った従業員に対しては、賃金規程に定める通常の割増賃金のほかに、1時間当たりの賃金の2割5分に相当する額に、当該月における60時間を超えた時間外労働時間数を乗じた額の割増

賃金を支払う。ただし、この場合において、当該従業員が代替休暇を取得したときは、その時間数を0.25で除した時間数を、60時間を超える時間外労働時間数から差し引くものとする。

2　前項の割増賃金については、従業員が有効な代替休暇の申請を行わなかったときは、当該申請を行うことができた月の賃金支払日に、当該申請を行ったときは、当該申請を行った月の翌々月の賃金支払日に、それぞれ支払われるものとする。

　　　年　　　月　　　日

　　　　　　　　　　　　　　株式会社○○
　　　　　　　　　　　　　　代表取締役　　○○○○　　印

　　　　　　　　　　　　　　○○労働組合
　　　　　　　　　　　　　　執行委員長　　○○○○　　印

（注1）　休暇の単位は、1日単位でも、半日単位でも、1日と半日の双方でも差し支えありません。
（注2）　半日を単位とする場合、午前と午後で所定労働時間数が異なるときは、短い方の所定労働時間数に合わせた単位で代替休暇を付与するものとすることが現実的でしょう。例えば、「前条に基づき算出された時間数が、3時間を超えるときは3時間を単位として、半日の代替休暇を付与することができるものとする。ここにいう「半日」とは、午前9時から午前12時までまたは午後1時から午後5時までをいう。」といった条項が考えられます。この場合、午後の半日の代替休暇が取得されたときは、割増賃金の引上率の支払いを免れることができるのは、3時間を0.25で除した12時間分だけであり、4時間分の休暇を取得したからといって、4時間を0.25で除した16時間となるわけではないことに注意する必要があります。
（注3）　時間単位の年休と組み合わせる代替休暇を認めるかどうかは自由です。

10 事業場外のみなし労働時間協定

【どんなときに】

　事業場外労働につき、通常所定労働時間以上の労働時間を要する業務の
　労働時間をみなす場合

【関連条文】

　労基法第38条の２第１項ただし書、同条第２・３項、労基則第24条の２

【届出の要否】

　法定労働時間を超えるみなし労働時間を定める協定については、所轄労
　基署長に対し、様式12号をもって届け出ることが必要

【有効期間】

　有効期間の定めが必須

【効　果】

　協定に規定された労働時間とみなす

〈解　説〉

（1）　事業場外労働のみなし労働時間制の意義

　労基法第38条の２第１項本文は、「労働者が労働時間の全部又は一部に
ついて事業場外で業務に従事した場合において、労働時間を算定し難いと
きは、所定労働時間労働したものとみなす。」と定めています。外勤の営
業担当者が事業場の外で業務に当たる場合は、使用者が具体的に労働時間
を把握しようと思っても困難な場合があるのであって、そうしたケースに
対応するため、上記の規定が設けられているわけです。

　「所定労働時間労働したものとみなす」というのは、現実の労働時間が
６時間であろうが、９時間であろうが、所定労働時間が７時間半であれ
ば、その日の労働時間は７時間半とするという意味であり、反対立証を入

— 144 —

れる余地はありません。また、これは労働時間数をみなすということであり、労働した時間帯をみなすものではありませんから、必ずしも始業時刻から終業時刻まで労働したことがみなされるわけではありません。

この制度が適用されるための要件を分節すれば、以下のとおりです。

① 労働が事業場外で行われること

「事業場外」とは単に会社施設の外ということではなく、使用者の具体的な指揮監督の及ばない場所という意味です。建設現場は、屋外かもしれませんが、正にその場所が事業場なのであって、「事業場外」に当たるものではありません。

② 事業場外での労働時間の算定が困難であること

事業場外で労働がなされる場合であっても、労働時間の算定が困難でない場合は、この制度を適用することはできません。

どのような場合が労働時間の算定が可能な場合に当たるのかという問題については、行政当局から通達が発せられており、（A）何人かのグループで事業場外労働に従事する場合で、そのメンバーの中に労働時間の管理をする者がいる場合、（B）事業場外で業務に従事するが、無線やポケットベル等によって随時使用者の指示を受けながら労働している場合、（C）事業場において、訪問先、帰社時刻等当日の業務の具体的指示を受けたのち、事業場外で指示どおりに業務に従事し、その後事業場に戻る場合、がこれに当たるとされています（昭63.1.1基発1号）。

最近は各社員に携帯電話を持たせて労働時間中は電源を入れておくよう指示しているケースも珍しいことではないと思われますが、そのことだけで労働時間の算定が可能であると判断されるべきではないでしょう。その携帯電話を通じて、随時上司から指示が出され、それに従って活動しているというような場合に至れば、労働時間の算定が可能であると判断されることになるものと解すべきです。

（2） 協定作成に当たってのポイント

　原則的な事業場外労働のみなし労働時間制は、上述のとおり、所定労働時間労働したものとみなすという効果を持つものです。

　しかし、実際にはその業務を遂行するためには所定労働時間を超えて働することが必要であるのが常態であるという場合にまで、所定労働時間労働したものとみなすという扱いは不合理な結果となることから、当該業務の実態に合った合理的労働時間の算定がなされるようにするため、労基法第38条の２第１項ただし書において、「当該業務を遂行するためには通常所定労働時間を超えて労働することが必要となる場合には、当該業務に通常必要とされる時間労働したものとみなす」という定めが置かれています。

　そして、この「通常必要とされる時間」とみなす場合については、それぞれの企業の実態を一番よく知っている労使間で決めるのが妥当であると考えられるところから、できる限り労使協定において定めるようにするのが望ましく、労使協定が締結されているときには、「その協定で定める時間を当該業務の遂行に通常必要とされる時間とする」ことと定めたのです（同条第２項）。

　したがって、この労使協定は、その締結が義務付けられるものではありませんが、締結した場合には、一定の効果が付与されるという意義を持つものです。

　このみなし時間の労使協定は、所轄労働基準監督署長に届け出なければなりませんが、協定で定める時間が法定労働時間以下である場合には、届け出る必要はありません。また、この協定の内容を36協定に付記して届け出ることも可能です。

　なお、当該業務の遂行に通常必要とされる時間は、一般的に、時とともに変化することが考えられるので、一定の期間ごとに協定内容を見直すことが適当とされ、当該協定には（労働協約の場合を除き）、有効期間の定めをすることが必須とされています。一般には、１年の有効期間が定めら

— 146 —

れることが多いようです。

（3） 留意点

① 休憩時間、深夜労働との関係

　　事業場外労働のみなし労働時間制は、労働時間の算定について適用されるに留まるものですから、休憩時間や深夜に関する労基法の規定が適用除外となるわけではありません。このことは、労使協定により労働時間をみなすこととしている場合も同様です。

　　したがって、使用者は、事業場外労働従事者に対しても、所定の時間に休憩を取得するよう指示しなければなりませんし、深夜労働についてだけは、具体的に何時間の深夜労働がなされたのかを把握して、法令に従った割増賃金を支払わなければなりません。

② 36協定との関係

　　例えば、1日9時間労働とみなすというように、労使協定によりみなされる時間が法定労働時間を超える場合には、36協定の範囲内に収まっていなければなりません。

③ 一部事業場内労働がある場合

　　上述のように、労基法第38条の2第1項本文の文言は、「労働者が労働時間の全部又は一部について事業場外で業務に従事した場合」となっているのですから、1日の全部を事業場外で労働した場合も、1日の一部につき事業場外で労働し、したがって、一部に事業場内労働が混じっていても、この制度を適用することができるはずです。

　　現に、行政通達においても、所定労働時間労働したものとみなす場合（同条第1項本文の場合）については、この趣旨を明言しています（昭和63年1月1日基発1号）。

　　しかし、「当該業務の遂行に通常必要とされる時間労働したものとみなす」場合（同項ただし書）には、行政当局は、事業場外で労働した分についてはそのみなし時間をカウントし、事業場内で労働した分については、その実労働時間をカウントし、その合計時間がその日の

労働時間になるとの解釈を示しており（昭和63年3月14日基発150号）、近時の行政指導もこれに従ってなされています。

　すなわち、以下のケース1及びケース2の場合は、いずれもその日の労働時間は7時間30分とみなされますが、ケース3〜6のうち、ケース3は9時間とみなされるものの、ケース4〜6は、いずれもその日の労働時間は13時間とみなされるということになります（もっとも、ケース6については、さすがに13時間ではなく7時間30分とすることもあるようですが）。

（ケース1）

所定労働時間：	7時間30分
みなし制度：	事業場外労働については所定労働時間労働したものとみなす
労働実態：	1日中事業場外労働に従事

（ケース2）

所定労働時間：	7時間30分
みなし制度：	事業場外労働については所定労働時間労働したものとみなす
労働実態：	午前9時から午後1時まで事業場内労働に従事し、その後事業場外労働に従事

（ケース3）

所定労働時間：	7時間30分
みなし制度：	労使協定により事業場外労働については9時間労働したものとみなす
労働実態：	1日中事業場外労働に従事

第2部　各種の労使協定

Ⅰ　労働基準法関係の労使協定

（ケース4）

所定労働時間：	7時間30分
みなし制度：	労使協定により事業場外労働については9時間労働したものとみなす
労働実態：	午前8時から午後0時まで事業場内で労働に従事し、その後事業場外労働に従事

（ケース5）

所定労働時間：	7時間30分
みなし制度：	労使協定により事業場外労働については9時間労働したものとみなす
労働実態：	午後3時まで事業場外労働に従事後、午後7時まで事業場内で労働に従事

（ケース6）

所定労働時間：	7時間30分
みなし制度：	労使協定により事業場外労働については9時間労働したものとみなす
労働実態：	午前9時から午前10時まで事業場内で労働に従事し、その後事業場外で労働に従事し、午後3時30分に事業場内に戻り、再度午後5時30分まで事業場内で労働に従事

　筆者は、このような行政当局の解釈は、「労働者が労働時間の全部又は一部について事業場外で業務に従事した場合」という労基法の文言を無視している上に、所定労働時間労働したものとみなす場合と、当該業務の遂行に通常必要とされる時間労働したものとみなす場合とで差を設ける理由に説得力がないことから、賛成しかねるところです。1日の一部につき事

業場内労働が含まれているとしても、所定労働時間労働したものとみなす場合、及び、当該業務の遂行に通常必要とされる時間労働したものとみなす場合の双方につき、そこでみなされた労働時間労働したものと扱うべきであると考えています。

　ただ、実務上は、上記行政指導を無視するわけにはいかないでしょうから、事業場内と事業場外の業務が混在する日をできるかぎり少なくするよう命ずるとか、混在が避けられないのであれば、できる限り就業時間帯の中で内勤業務も外勤業務も済ませるように指示することになるでしょう。

　〈協定例〉
事業場外労働のみなし労働時間に関する協定

　株式会社○○と○○労働組合は、労働基準法第38条の2第2項の事業場外の労働に関する労使協定につき、次のとおり協定する。

（適用対象者）
第1条　本協定は、営業部に所属する者で、主として営業活動を行う者が、事業場外で訪問その他の営業活動（以下営業活動等という。）に従事する場合に、これを適用する。
（みなし労働時間）
第2条　前条の者が営業活動等の遂行に通常必要とする労働時間は9時間とする。
（有効期間）
第3条　本協定の有効期間は、○年○月○日から○年○月○日までの1年間とし、本協定満了の1カ月前までに労使のいずれからも異議の申出がないときは、本協定はさらに1年間更新するものとし、以降も同様とする。

第2部　各種の労使協定
Ⅰ　労働基準法関係の労使協定

　　　年　　月　　日

　　　　　　　　　　　　株式会社〇〇
　　　　　　　　　　　　代表取締役　〇〇〇〇　印

　　　　　　　　　　　　〇〇労働組合
　　　　　　　　　　　　執行委員長　〇〇〇〇　印

11 専門業務型の裁量労働制協定

【どんなときに】

専門業務型の裁量労働時間制を導入するとき

【関連条文】

労基法第38条の3、労基則第24条の2の2

【届出の要否】

所轄労基署長に対し、様式13号をもって届け出ることが必要

【有効期間】

有効期間の定めは不要

【効　果】

協定に規定された時間労働したものとみなす

〈解　説〉

（1）　専門業務型の裁量労働時間制の意義

研究開発者のように、その研究開発の手段や方法について、逐一使用者から指示を受けることなく業務を遂行する者については、自らの裁量によって研究活動に従事しているわけですから、原則的な労働時間管理から外し、あらかじめ労使で定めた時間労働したものとみなすという制度が用意されています。これが専門業務型の裁量労働時間制です。

しかし、その対象業務を無限定に認めることになれば、労働者の裁量の余地がさほど大きくない業務に従事する労働者についてまでこの制度が適用されることになりかねないことから、この制度の対象業務は、現在では、以下の19業務に限定されています（労基則第24条の2の2第2項、平成9年2月14日労働省告示7号）。

(a)　新商品もしくは新技術の研究開発または人文科学もしくは自然科

— 152 —

学に関する研究の業務

(b) 情報処理システム（電子計算機を使用して行う情報処理を目的として複数の要素が組み合わされた体系であってプログラムの設計の基本となるものをいう。(g)において同じ。）の分析または設計の業務

(c) 新聞もしくは出版の事業における記事の取材もしくは編集の業務または放送法（昭和25年法律第132号）第2条第4号に規定する放送番組もしくは有線ラジオ放送業務の運用の規正に関する法律（昭和26年法律第135号）第2条に規定する有線ラジオ放送もしくは有線テレビジョン放送法（昭和47年法律第114号）第2条第1項に規定する有線テレビジョン放送の放送番組（以下「放送番組」と総称する。）の制作のための取材もしくは編集の業務

(d) 衣服、室内装飾、工業製品、広告等の新たなデザインの考案の業務

(e) 放送番組、映画等の制作の事業におけるプロデューサーまたはディレクターの業務

(f) 広告、宣伝等における商品等の内容、特長等にかかる文章の案の考案の業務（いわゆるコピーライターの業務）

(g) 事業運営において情報処理システムを活用するための問題点の把握またはそれを活用するための方法に関する考案もしくは助言の業務（いわゆるシステムコンサルタントの業務）

(h) 建築物内における照明器具、家具等の配置に関する考案、表現または助言の業務（いわゆるインテリアコーディネーターの業務）(i) ゲーム用ソフトウェアの創作の業務

(j) 有価証券市場における相場等の動向または有価証券の価値等の分析、評価またはこれに基づく投資に関する助言の業務（いわゆる証券アナリストの業務）

(k) 金融工学等の知識を用いて行う金融商品の開発の業務

(l) 学校教育法（昭和22年法律第26号）に規定する大学における教授

— 153 —

研究の業務（主として研究に従事するものに限る。）

(m) 公認会計士の業務

(n) 弁護士の業務

(o) 建築士（一級建築士、二級建築士及び木造建築士）の業務

(p) 不動産鑑定士の業務

(q) 弁理士の業務

(r) 税理士の業務

(s) 中小企業診断士の業務

（2）　制度の導入要件と協定作成に当たってのポイント

　制度の導入に当たっては、原則として次の事項を労使協定により定めた上で、様式第13号により、所轄労働基準監督署長に届け出ることが必要です（したがって、就業規則の定めだけでこの制度を導入することはできません。）。

　なお、この協定は免罰的効力を有するにすぎませんから、労働者に対して、専門業務型の裁量労働制に従って就労することを命じるためには、就業規則その他により労働契約上の義務としておくことが必要です。例えば、「会社は、本規則○条から○条までの定めにかかわらず、労働基準法第38条の3に従って、労使協定が締結された場合には、当該労使協定において定められた従業員については、当該労使協定で定める時間労働したものとみなす。」といった条項が考えられます。

① 制度の対象とする業務

　　前記(a)～(s)の19の業務の中から対象業務と従事労働者の範囲を定めなければなりません。

② 対象となる業務遂行の手段や方法、時間配分等に関し労働者に具体的な指示をしないこと

　　当該業務の遂行の手段及び時間配分の決定等に関し具体的な指示をしないこととする旨を定めることになります。

第2部　各種の労使協定

I　労働基準法関係の労使協定

③　労働時間としてみなす時間

　　みなす時間につき制限はありませんから、1日8時間とみなすことも、1日10時間とみなすことも可能です。ただし、法定労働時間を超えるみなし時間を設定する場合には、36協定の範囲内となるように設定しなければなりません。

　　ところで、みなし時間については、1日単位でみなすことが通達されていますが（昭和63年1月1日基発1号）、労基法は、第32条の条文の書き方をみればわかるように、週の法定労働時間を定め、次いで1日の法定労働時間を定めているのですから、週の法定労働時間の範囲内で1日の労働時間を割り振ることとし、その際の上限を1日の法定労働時間として定めていると解されます。そうすると、労働時間の原則は、まず週の労働時間を定めるということであって、みなし労働時間制についても、週単位でみなすことも可能であると考えます。

　　したがって、筆者としては、「1週40時間労働したものとみなす」といった協定の条項も有効であると解しています。

④　対象となる労働者の労働時間の状況に応じて実施する健康・福祉を確保するための措置の具体的内容

　　健康・福祉確保措置を図る前提として、対象労働者の勤務時間を把握する必要があるとして、使用者には対象労働者の勤務状況を把握することが求められています。裁量労働時間制は、もともと業務の遂行方法を当該労働者の裁量に委ねる制度なのですから、労働時間を逐一把握することを想定していなかったと思われますが、健康確保の観点から、どれくらい業務を遂行し得る状態にあったか、すなわちどのくらいの時間在社していたかを把握すべきことが求められているのです（安衛法第66条の8の3、安衛則第52条の7の3参照）。

　　したがって、対象労働者の労働時間の把握方法や、それによって問題が判明した場合の対処方法（産業医との面談の機会の付与や特別休暇の付与など）、対象労働者が健康状態について相談できる窓口の設置等が、ここで定められるべき事項となります。

—— 155 ——

⑤　対象となる労働者からの苦情の処理のため実施する措置の具体的内容

　　苦情申出の窓口や担当者、取り扱う苦情の範囲、処理手順・方法などを定めることになります。

⑥　協定の有効期間

　　行政当局は、3年以内とすることが望ましいとしています。

⑦　④及び⑤に関し労働者ごとに講じた措置の記録を協定の有効期間及びその期間満了後3年間保存すること

（3）　導入に当たっての留意点

①　休憩時間、深夜労働、休日との関係

　　専門業務型のみなし労働時間制は、労働時間の算定について適用されるに留まるものですから、休憩時間や深夜に関する労基法の規定が適用除外となるわけではありません。

　　したがって、使用者は、専門業務型の裁量労働時間制従事者に対しても、所定の時間に休憩を取得するよう指示しなければなりませんし、深夜労働についてだけは、具体的に何時間の深夜労働がなされたのかを把握して、法令に従った割増賃金を支払わなければなりません（なお、一部には、裁量労働制である以上、労働者に対し、「労働時間が6時間を超えるときは45分、8時間を超えるときは1時間の、休憩時間を取得する」と指示しておけば足りるとの見解もありますが、一斉休憩の原則との関係から、就業規則等で休憩時間帯を定めている企業においては、その時間帯に取得するよう指示しておく必要があるでしょう。）。

　　休日についても同様です。すなわち、裁量労働適用者に対して、法定休日の出勤を命じるためには、36協定の締結と届出及び割増賃金の支払いが必要です。

②　特定の業務指示との関係

　　裁量労働時間制を採る場合には、業務の遂行方法や時間配分につい

て、使用者から具体的指示をすることはできません。

　しかし、業務の内容については、使用者が指示するものであり、労働者の勝手な判断で、使用者の指示とは異なる研究活動をすることは許されませんし、使用者の求めに応じて報告等をする義務もあります。また、職場で業務遂行する以上は、職場秩序を守って業務遂行に当たるべきは当然のことです。

　もちろん、労働者の裁量を広く認めて出社の義務すら免除することも可能ですが、出社を命じても差し支えありません。

　問題は、会議への出席などを義務付けることができるかという点ですが、1日の大半の時間につき会議への出席を求めるような命令は、裁量労働時間制の趣旨に反するものと考えられますが、例えば、毎週1回1時間の会議に出席するよう求めるような場合であれば、その趣旨に反することはなく、差し支えないと解されます。

③　年休との関係

　裁量労働制は、その日に労働に従事したことを前提に、労働時間をみなす制度ですから、所定労働日にまったく労働していないのに、協定上のみなし労働時間労働したものとみなすことができるわけではありません。「仕事の成果さえあげていれば、勤務日に何をしていようと勝手だ」ということになるものではありません。

　したがって、この制度の適用者についても、私事で労働に従事しないのであれば、それは年休を取得してもらうという扱いになります。

〈協定例〉

専門業務型裁量労働制協定

　○○株式会社と○○労働組合は、労働基準法第38条の3の規定に基づき専門業務型裁量労働制に関し、次のとおり協定する。

（対象従業員）

第1条　本協定は、次の各号に掲げる従業員（以下「対象従業員」
　　　　という。）に適用する。

　　　① 　本社研究所において新商品または新技術の研究開発の業
　　　　務に従事する従業員

　　　② 　本社システム開発部において情報処理システムの分析ま
　　　　たは設計の業務に従事する従業員

（専門業務型裁量労働制の原則）

第2条　対象従業員に対しては、会社は業務遂行の手段及び時間配
　　　　分の決定等につき具体的な指示をしないものとする。

（みなし労働時間）

第3条　対象従業員が、所定労働日に勤務した場合は、1日9時間
　　　　労働したものとみなす。

（休憩、休日）

第4条　対象従業員の休憩、休日は就業規則の定めるところによる。

（休日労働）

第5条　対象従業員が、休日に出勤する場合はその旨を所属長に事
　　　　前に申請し、許可を得なければならない。

　　　2 　対象従業員が、前項に従い休日に出勤した場合は、特に指
　　　　示しない限り通常日の所定労働時間の労働をしたものとみな
　　　　す。

（深夜労働）

第6条　対象従業員が深夜に勤務する場合は、事前に所属長に申請
　　　　し、許可を得なければならない。

（対象従業員の出勤等の際の手続き）

第7条　対象従業員は、出勤した日については、入退室時にIDカー
　　　　ドによる時刻の記録を行わなければならない。

（対象従業員の健康と福祉の確保）

— 158 —

第8条　会社は、対象従業員の健康と福祉を確保するために、次の措置を講ずるものとする。

① 対象従業員の健康状態を把握するために次の措置を実施する。

　　イ　在社時間の把握

　　ロ　在社時間が月間220時間を超える対象従業員に対する上司による健康状態についてのヒアリング

② ①の結果をとりまとめ、産業医に提出するとともに、産業医の指示があるときは、以下の措置を実施する。

　　イ　定期健康診断とは別の、特別健康診断

　　ロ　裁量労働時間制の適用対象外の部門への配置転換

③ 対象従業員が健康面に関する相談ができる相談室を人事部内に設ける。

（対象従業員の苦情の処理）

第9条　対象従業員から苦情等があった場合には、次の手続きに従い、対応するものとする。相談を受けた者は、必要に応じ、実態調査を行い、関係部門に報告する。

① 裁量労働相談室を次のとおり開設する。

　　イ　本社総務部内

　　ロ　開設日時　所定就業日の所定就業時間

　　ハ　相談員　○○○○

② 取り扱う苦情の範囲は次のとおりとする。

　　イ　裁量労働制の運用に関する全般の事項

　　ロ　対象従業員に適用している評価制度、これに対応する賃金制度等の処遇制度全般

（勤務状況等の保存）

第10条　会社は、対象従業員の勤務状況、対象従業員の健康と福祉確保のために講じた措置、対象従業員からの苦情について講

じた措置の記録をこの協定の有効期間の始期から有効期間満了後3年間を経過する時まで保存することとする。

（有効期間）

第11条　この協定の有効期間は、○年○月○日から○年○月○日までの○年間とする。

　　　　年　　　月　　　日

　　　　　　　　　　　　　○○株式会社
　　　　　　　　　　　　　代表取締役　　○○○○　　印

　　　　　　　　　　　　　○○労働組合
　　　　　　　　　　　　　執行委員長　　○○○○　　印

第2部　各種の労使協定
Ⅰ　労働基準法関係の労使協定

12　時間単位の年休協定

【どんなときに】

　時間単位の年休を導入するとき

【関連条文】

　労基法第39条第4項、労基則第24条の4

【届出の要否】

　届出不要

【有効期間】

　有効期間の定めは不要

【効　果】

　協定に規定された者は、協定に定められた範囲で、時間単位の年休を取得し得る

〈解　説〉

（1）　時間単位の年休制度の意義

　年休は、日単位の取得が原則とされているわけですが、時間単位による取得の希望もみられるところです。

　このため、平成20年の労基法改正により、まとまった日数の休暇を取得するという年休制度本来の趣旨を踏まえつつ、仕事と生活の調和を図る観点から、年休を有効に活用できるようにすることを目的として、労使協定により、年休について5日の範囲内で時間を単位として与えることができることとされ、平成22年4月1日から施行されています。

（2）　労使協定に定めるべき事項

　時間単位の年休制度は、その導入が法律によって義務付けられるもので

— 161 —

はなく、労使協定が締結された場合に、その協定の定める範囲内において実施し得るものです。逆に言えば、たとえ使用者が時間単位の年休を認めているとしても、労使協定に基づかずに付与されたものは、法定年休と扱うことはできず、実際に取得された日数（時間数）を法定年休の残日数から差し引くことは許されません。

この労使協定に記載すべき事項は、以下のとおりです。

① 時間を単位として有給休暇を与えることができることとされる労働者の範囲（労基法第39条第4項第1号）

　　例えば、時間単位の年休制度は、一斉に作業を行うことが必要とされる業務に従事する労働者等にはなじまないものです。このため、事業の正常な運営との調整を図る観点から、労使協定では、時間単位年休の対象労働者の範囲を定めるべきこととされています。

　　時間単位の年休というと、自己の通院であるとか、子供の学校や保育施設での行事などのために使用されることが想起されますが、これも年休である以上、利用目的による制限をすることは許されないため、そういった利用目的により対象者の範囲を限定する定めは、労使協定においてもなすことはできません。

② 時間を単位として与えることができることとされる有給休暇の日数（5日以内に限る。）（同項第2号）

　　時間単位の年休の範囲をあまりに多く認めることは、結局細切れの年休を付与することにつながり、まとまった休暇を付与するという年休制度の趣旨にそぐわない結果となることから、時間単位の年休は5日以内とされ、5日の範囲内でその日数を労使協定で定めることが求められています。

　　ここで注意すべきは、前年度に消化されなかった時間単位の年休が次年度に持ち越される場合であっても、前年度の残りと次年度の分を合算して5日の範囲内としなければならないということです。

　　また、比例付与の対象となる労働者に時間単位の年休制度を認める場合であって、その比例付与日数が5日に満たないときは、時間単位

— 162 —

の年休はその付与される日数の範囲内で定めるべきことになります。

③　時間を単位として与えることができることとされる有給休暇１日の時間数（１日の所定労働時間数（日によって所定労働時間数が異なる場合には、１年間における１日平均所定労働時間数）を下回らないものとする。）（労基則第24条の４第１号）

　　１日分の年休が何時間分の時間単位年休に相当するかは、予め定めておく必要があるため、労使協定事項とされています。原則的には、当該対象労働者の１日の所定労働時間数となりますが、所定労働時間が７時間半である場合のように、１時間に満たない時間数が存するときは、常に切り上げることが求められています。例えば、１日の所定労働時間が７時間半である場合に、１日の年休が７時間の時間単位の年休に相当するとしてしまうと、時間単位の年休を５日まで取得し得ると定められていても、時間単位の年休は35時間までしか取得できず、実際の所定労働時間の５日分に相当する37時間半に照らし、２時間半分、時間単位の年休を取得し得なくなってしまうからです。

　　１日の所定労働時間数については、日によって所定労働時間数が異なる場合には１年間における１日平均所定労働時間数となり、１年間における総所定労働時間数が決まっていない場合には所定労働時間数が決まっている期間における１日平均所定労働時間数となります。

④　１時間以外の時間を単位として有給休暇を与えることとする場合には、その時間数（１日の所定労働時間数に満たないものとする。）（同条第２号）

　　時間単位の年休は、２時間や３時間といった単位で認めることも可能であり、その場合には、その時間数を労使協定で定めることが求められます。ただし、１日の所定労働時間数を超えるような時間数、例えば、１日の所定労働時間が７時間であるのに、時間単位の年休としては８時間を単位とするような定め方をすることは、時間単位の年休制度の意味がなくなるため許されません。

　　また、時間単位の年休制度における取得単位は、整数の時間を指し

ており、30分や15分といった単位で与えることも許されません。これに関連して、12時から13時までを休憩時間と定めている企業において、1時間を単位とする年休制度が導入されている場合、11時半から13時半までの年休の時季指定がなされたときは、休憩時間を除く1時間の年休の時季指定がなされたものとして取り扱う必要があり、2時間の年休の時季指定がなされたとすることも、30分の年休の時季指定が2回なされたとすることも、ともに誤りです。

（3） 留意点

① 就業規則の定め

休暇に関する事項は、就業規則の必要的記載事項であるため（労基法第89条第1号）、時間単位の年休制度を導入する場合も、それに関する就業規則の定めが必要です。

就業規則の記載例としては、次のようなものが考えられます。

（時間単位の年休）

第○条　時間単位の年次有給休暇協定に定められた従業員は、1年間に5日を限度として、第△条の年次有給休暇を1時間単位で取得することができる。

2　前項における時間単位の年次有給休暇の限度を算定する場合においては、1日を8時間として計算する。

3　第△条第×項（時季変更権）に関する規定は、時間単位の年次有給休暇の場合にも準用する。

4　時間単位の年休を取得した時間については、所定労働時間労働した場合に支払われるその日の賃金を、その日の所定労働時間数で除した額に、時間単位の年休として取得された時間数を乗じて算出される額を支払う。

第2部　各種の労使協定
Ⅰ　労働基準法関係の労使協定

② 時季変更権との関係

　時間単位の年休についても、使用者の時季変更権は認められています（労基法第39条第5項ただし書）。したがって、労働者が指定した時季（時間帯）に年休を与えることが、「事業の正常な運営を妨げる」と判断される場合は、他の時間帯を指定して時間単位の年休を付与することも可能です。この変更に際し、使用者には時間帯を変更することだけが認められており、日を変更することは許されないのか、それとも、日を超えての変更も許されるのかは、法文上は必ずしも明確ではありませんが、筆者は、法令に特段の制限がない以上、日を超えての変更も許容されるべきものと考えています。

　ただ、労働者が時間単位の年休を申請しているのに、それを日単位の年休に変更することや、日単位で申請されている年休を時間単位に変更することは許されません。

③ 計画年休との関係

　時間単位年休は、労働者が時間単位による取得を請求した場合において、労働者が請求した時季に時間単位により年次有給休暇を与えることができるものであり、計画的付与として時間単位年休を与えることは認められないとされています（平21.5.29基発0529001号）。

　しかし、日単位の年休についても、労働者には時季指定権が認められているのであって、労働者に時季を指定する権利があるということが、時間単位の年休につき計画的付与を妨げる事情となるとは考え難く、上記通達の説明では不十分と思われます。

　むしろ、日単位の年休について計画的付与が認められるのは、労基法に根拠条項が存するからであって、時間単位の年休制度を導入した労基法改正の際に、計画年休に関する条項中に時間単位の年休についてもそれを認める改正がなされなかったために、時間単位の年休については、計画的付与は認められない結果となっていると言うべきでしょう。

― 165 ―

④　時間単位の年休を取得した時間について支払われるべき賃金

　時間単位年休として与えた時間については、平均賃金もしくは所定労働時間労働した場合に支払われる通常の賃金の額をその日の所定労働時間数で除して得た額の賃金または標準報酬日額をその日の所定労働時間数で除して得た金額を、当該時間に応じ支払わなければなりません（労基則第25条第2・3項）。

　「その日の所定労働時間数」とは、時間単位年休を取得した日の所定労働時間数をいうものであり、日によって所定労働時間数が異なる場合でも、平均の所定労働時間数を算出して、その時間数をもって算定するものではありません。

　「通常の賃金」を選択した場合は、通常の出勤をしたものとして取り扱えば足り、労基則第25条第2・3項に規定される計算をその都度する必要はありません。

　「平均賃金」「通常の賃金」「標準報酬日額」のいずれを基準とするかについては、日単位による取得の場合と同様、就業規則またはこれに準ずるものにより定めなければなりません。

〈協定例〉

時間単位年休の労使協定の例

　株式会社○○と労働者代表○○○○とは、時間単位の年休の付与につき、以下のとおり協定する。

（時間単位の年休を取得し得る者）
第1条　本協定に基づき時間単位の年休を取得し得る従業員は、就業規則第△条の手続きにより雇用された正社員であって、就業規則第○条による年休を付与された者とする。[注1]

第2部　各種の労使協定

I　労働基準法関係の労使協定

（時間単位の年休の対象）

第2条　本協定で対象とする休暇は、就業規則第○条に定める年次有給休暇のうち、5日を限度とする。

　　2　前項における時間単位の年次有給休暇の限度を算定する場合においては、1日を8時間として計算する。^(注2)

（年休の取得単位）

第3条　本協定に基づく時間単位の年休は、1時間を単位とする。^(注3)

　　　　　年　　　月　　　日

　　　　　　　　　　　　　　　　株式会社○○

　　　　　　　　　　　　　　　　代表取締役　　○○○○　　印

　　　　　　　　　　　　　　　　労働者代表　　○○○○　　印

（注1）　このほか、「会社の従業員であって、工場の生産ラインの業務に従事する者以外の者」といった定め方も可能です。

（注2）　1日の所定労働時間が8時間である場合を想定したものです。

（注3）　1日の所定労働時間より短い時間であれば、ここで1時間以外の時間を定めることもできます。

13 計画年休協定

【どんなときに】

　計画年休を導入するとき

【関連条文】

　労基法第39条第6項

【届出の要否】

　届出不要

【有効期間】

　有効期間の定めは不要

【効　果】

　協定に規定された日が年休日となる

〈解　説〉

（1）　計画年休制度の意義

　計画年休制度とは、事業場における労使協定に基づき、5日を超える日数につき年休を計画的に付与する制度であって、昭和62年の労基法改正の際に年休取得率の向上のための一つの施策として認められるようになったものです（労基法第39条第6項）。

　計画年休制度が適法に導入されると、当該労使協定で定められた日については、労働者の時季指定権も使用者の時季変更権も共に排除され、たとえその日を年休日とすることにつき反対の労働者であっても拘束されることになります。したがって、個々の労働者の同意の有無は、計画的付与の効果を左右するものではありません。

　例えば、8月11日から15日までの5日間が計画年休日と定められた事業場に属する労働者であって、年度当初において10日の年休を保有していた

者が、7月までの間に自由利用可能な5日のすべての年休を取得してしまったとすれば、もはや当該労働者は同一年度内においては自由利用可能な年休を有しないのであって、8月1日に年休申請がなされたとしても、使用者はこれを拒否することができるということです。

したがって、この制度を導入すると、5日を超える日数については、年休の時季が指定される結果になり、労働者側からみれば、自分の望む時季に年休を取得し得る範囲は狭まることとなります。しかし、わが国では、上司や周りの目が気になって年休を実際に取得し得ないという労働者が多数存在するというのが実情であり、労使の決定により一斉に年休を取得するという形をとることが、年休の取得率の向上につながると期待されているのです。

この制度に従い、5日以上の年休を計画的に付与した場合には、労基法第39条第7項及び第8項に基づく使用者の時季指定の必要は無くなります。

（2） 制度の導入要件と協定作成に当たってのポイント

上記のように、計画年休を実施するためには、法定年休のうち5日を超える部分につき年休の実施時期を労使協定で定めることが必要です（この協定を行政官庁へ届け出る必要はありません。）。

労使協定において定められる年休の実施時期は、「事業場一斉」または「班別の交替制」が一般的でしょうが、個人別に計画表によって定めることも許容されており、その場合には、計画表の作成時期や手続きについて定めれば足りるとされています（昭和63年1月1日基発1号）。したがって、必ずしも協定の中で具体的個人について年休の時季をすべて記載しなければならないというわけではなく、毎月1日ずつ付与するということだけを協定しておき、それと同時に協定中に、「各個人の具体的年休日については、毎月20日までに翌月の年休日を○○労働組合との協議の上決定する」といった記載でも足りることになります。

また、一部の者について計画年休の対象から除外することも許されるのであって、新入社員であっていまだ年休が発生していない者や、病気のた

— 169 —

めに計画的付与日数に満たない年休日数しか保有していない者について、当該協定の適用対象から外すこともできます。

さらに、計画年休制度を採用する場合であっても、労働者による時季指定ないし使用者による時季指定の場合と同様、年休管理簿を作成して、労働者ごとに、年休を取得させた時季、日数、基準日などを記載し、3年間保存しなければなりません（労基則第24条の7）。

なお、「休暇に関する事項」が就業規則の絶対的必要記載事項であることから（労基法第89条第1号）、就業規則中に計画年休制度を採用する旨の条項を設ける必要があります。就業規則の条項の例としては、以下のようなものが考えられます。

第○条　第○条の定めにかかわらず、会社と○○労働組合との間に、労働基準法第39条第6項に定める労使協定が締結されたときは、会社は各社員の有する年次有給休暇のうち5日を超える休暇について、当該協定の定めるところにより計画的に年次有給休暇を付与することができるものとする。

2　前項の協定が締結された場合においては、社員は当該協定の定めるところに従い、年次有給休暇を取得したものとみなす。

（3）　導入に当たっての留意点

計画年休の対象となる労働者の範囲については、法律上特段の制限はありませんが、特別の事情によりあらかじめ年休日を定めることが適当でない労働者については、計画的付与の対象から除外する等の措置をとることが求められています（前掲基発1号）。例えば、定年退職者のように、期間の途中に退職することが見込まれている者については、退職後に年休日が計画されていたとしても、その取得は不可能なのですから、その分については個人の時季指定によって取得可能ということになります（昭和63年3月14日基発150号）。

第2部　各種の労使協定

Ⅰ　労働基準法関係の労使協定

〈協定例〉

計画年休の労使協定の例

　株式会社○○と○○労働組合とは、令和○年度の計画年休の付与につき、以下のとおり協定する。

（計画年休の対象）

第１条　本協定で対象とする休暇は、就業規則第○条に定める年次有給休暇のうち、５日を超える日数の年次有給休暇とする。

（休暇の時季）

第２条　前条の計画年休の時季は、８月11日から８月15日までとする。

　　　　　年　　　月　　　日

　　　　　　　　　　　　　　　　株式会社○○
　　　　　　　　　　　　　　　　代表取締役　　○○○○　　印

　　　　　　　　　　　　　　　　○○労働組合
　　　　　　　　　　　　　　　　執行委員長　　○○○○　　印

（注）一旦協定によって定めた計画年休日についても、変更手続を協定しておくならば、その手続きに従って変更できるというのが、厚生労働省の立場のようです。その場合には、「業務遂行上やむを得ない事由のため指定日に出勤を必要とするときは、会社は組合と協議の上○○に定める指定日を変更するものとする。」といった協定条項になるものと思われます。

— 171 —

14 年休日の賃金を標準報酬日額で支払うこととするための協定

【どんなときに】

年休日または時間単位で取得された年休時間の賃金を健康保険法上の標準報酬日額またはそれに基づいて算出される金額とするとき

【関連条文】

労基法第39条第9項ただし書、労基則第25条第3項

【届出の要否】

届出不要

【有効期間】

有効期間の定めは不要

【効　果】

年休日または年休時間につき、健康保険法上の標準報酬日額またはそれに基づき算出される時間当たりの額の支払いの許容

〈解　説〉

労働者が年休を取得した日または時間については、就業規則またはこれに準ずるものにより定められるところに従い、平均賃金もしくは所定労働時間労働した場合に支払われる通常の賃金またはそれらをその日の所定労働時間で除して得られる額を基礎に算出される額が支払われるべきこととされていますが（労基法第39条第9項本文）、手続きの簡素化という観点から、それらに替えて、健康保険法上の標準報酬日額またはそれをその日の所定労働時間で除して得られる額を基礎に算出される額を支払うこととする道が認められています。ただ、標準報酬日額は実際の賃金を下回る場合があることから、この支払方法を選択する場合は、労使協定の締結が前提とされています（労基法第39条第9項ただし書）。

これは、賃金に関する事項ですから、就業規則にも記載しておかなけれ

— 172 —

ばなりません（労基法第89条第2号）。就業規則の関係条項の記載として
は、以下のようなものが考えられます。

（年休日等の賃金）
第○条　従業員が第△条に基づき年次有給休暇を取得した日または時
　　　　間については、年休日等の手当に関する協定に従い、次の各号
　　　　に定める区分に従い、それぞれ各号に定める手当を支払う。
　　　①　日単位で取得された場合　健康保険法上の標準報酬日額に
　　　　相当する額
　　　②　時間単位で取得された場合　同法上の標準報酬日額に相当
　　　　する金額をその日の所定労働時間数で除した額に、取得され
　　　　たその日の年休時間数を乗じて得られる額

〈協定例〉

年休日等の手当に関する労使協定の例

　株式会社○○と○○労働組合とは、年休日等の手当に関し、以下のとおり協定する。

　従業員が就業規則第△条に基づき年次有給休暇を取得した日又は時間については、次の各号に定める区分に従い、それぞれ各号に定める手当を支払う。

①　日単位で取得された場合　健康保険法上の標準報酬日額に相当する額

②　時間単位で取得された場合　同法上の標準報酬日額に相当する金額をその日の所定労働時間数で除した額に、取得されたその日の年休時間数を乗じて得られる額

　　年　　　月　　　日

　　　　　　　　　　　　　　株式会社○○
　　　　　　　　　　　　　　代表取締役　　○○○○　　印

　　　　　　　　　　　　　　○○労働組合
　　　　　　　　　　　　　　執行委員長　　○○○○　　印

第2部　各種の労使協定

Ⅱ　育児介護休業法関係の労使協定

Ⅱ　育児介護休業法関係の労使協定

1　育児休業の適用除外者を定める協定

【どんなときに】

　育児休業の適用除外者を定めるとき

【関連条文】

　育児介護休業法第6条第1項ただし書、同条第2項、同法施行規則第6条〜第8条

【届出の要否】

　届出不要

【有効期間】

　有効期間の定めが必要

【効　果】

　使用者が育児休業の申出を拒むことができる場合の設定

〈解　説〉

（1）　育児休業の意義

　育児休業とは、労働者（日々雇用者を除く。）が、その子を養育するために取得する休業のことです（育児介護休業法第2条第1号）。休業を取得できる労働者に男女の制限はありません。また、期間の定めのある契約

— 175 —

により雇用されている労働者も、所定の要件を満たす場合には、育児休業を取得することができるようになっています（同法第5条第1項ただし書）。

「子を養育する」とは、実子たると養子たるとを問わず、親子関係において通常みられる監護をするということであり、同居して養い育てるということです。

育児休業の期間は、原則として、子が1歳に達するまでの期間の内で、労働者が指定した期間ですが、同法第5条第3項及び第4項の要件を満たす場合には、子が1歳6カ月または2歳に達するまでの期間において、労働者が指定した期間となります（なお、同法第9条の2参照）。

育児休業の申出を受けた使用者は、原則としてこれを拒むことはできませんが、有給とすることまで義務付けられるものではありません。

（2） 育児休業の適用除外者を定める労使協定作成に当たってのポイント

この協定には、育児休業の適用除外とする者がある場合はその範囲、及び、必要に応じて、育児休業をしている労働者が育児休業をすることができない者として定められた労働者に該当することとなったことにより育児休業を終了させる場合における必要な手続きその他の事項を定めることになります（同法第6条第1項ただし書、同法施行規則第8条）。

① 適用除外者となし得る者

前述のように、育児休業の申出を受けた使用者は、原則としてその申出を拒むことはできませんが、労使協定において以下の者を育児休業の適用対象外とする旨定めたときは、これに該当する者からの育児休業の申出を拒むことができます（同法第6条第1項ただし書、同法施行規則第8条）。言い換えれば、労使協定において、以下に掲げる者以外の労働者を育児休業の適用除外者として定めたとしても、その効力はありません。むろん、適用除外者を定めることが義務付けられるものではありませんし、以下に掲げられる者のうち、一部の者だけ

を適用除外とする旨定める労使協定も可能です。

1）　当該事業主に引き続き雇用された期間が1年に満たない労働者

2）　申出の日から1年以内に雇用関係が終了することが明らかな労働者

3）　1週間の所定労働日数が2日以下の労働者（平成23年厚生労働省告示第58号）

②　その他の規定事項

　この労使協定には、上記の適用除外者の範囲以外に、以下に掲げる対応を想定するときは、必要に応じ以下の事項を定めることが求められています（育児休業、介護休業等育児又は家族介護を行う労働者の福祉に関する法律の施行について　平28.8.2　職発0802第1号、雇児発0802第3号）。

　　イ　育児休業をすることができないこととされた労働者であるか否かを判断するため労働者に証明書の提出を求めることが想定されるならば、提出を求める証明書類等

　　ロ　育児休業をすることができないこととされた労働者の育児休業の申出を拒む場合の方法

　　ハ　育児休業中に育児休業をすることができないこととされた労働者に該当した場合に育児休業を終了させることとするときは、その旨及びその方法

　　ニ　ハの場合において、育児休業をすることができないこととされた労働者に該当したことにより育児休業が終了した労働者が、再び該当しなくなったときの再度申出の可否及びその方法

③　有効期間の定め

　関係法令には、有効期間の定めをすべき旨は規定されていませんが、前掲職発0802第1号、雇児発0802第3号においては、有効期間の定めをすることと、その期間が過度に長いものであってはならないことが通達されています。

— 177 —

④　行政官庁への届出の要否

　　この労使協定は、行政官庁への届出が求められるものではありません。

（3）　効　果

　この労使協定を締結することなく労働者からの適法な育児休業の申出を拒んだ場合、あるいは、労使協定で適用除外とする旨定めた者以外の労働者からの適法な育児休業の申出を拒んだ場合であっても、罰則の適用があるわけではありません。ただ、そうした適法な育児休業の申出をして就労しなかった労働者に対して、無断（ないし正当な理由のない）欠勤であるとして懲戒処分をしたり、解雇処分をしたりすれば、それらの処分は当然無効となります。また、育児介護休業法第56条は、厚生労働大臣が事業主に対し報告を求め、または助言、指導もしくは勧告をすることができる旨定めており、適法な育児休業の申請を拒んだ場合などには、同条に基づく助言、指導もしくは勧告がなされることはあり得るところです（同法第66条では、同法第56条に基づく報告要請に対し、事業主が、報告をせずまたは虚偽の報告をしたときは、20万円以下の過料に処する旨定めているほか、厚生労働大臣は、法令に基づかずに育児休業の取得を拒否するなどした事業主に対し、同条に基づく勧告をした場合において、その勧告にも従わなかった者につき、その旨を公表することができるとされています（同法第56条の２））。

　なお、この労使協定と２及び３で述べる介護休業の適用除外者を定める協定及び子の看護休暇の適用除外者を定める協定ならびに同法に基づくその他の協定を１本で締結しても、もとより差し支えありません。

〈協定例〉

　＊　育児休業の適用除外者を定める協定は、育児介護休業法にかかわる協定として１本にまとめるのが合理的であることから、Ⅱの末尾に掲げることとします。

第2部　各種の労使協定
Ⅱ　育児介護休業法関係の労使協定

② 介護休業の適用除外者を定める協定

【どんなときに】
　介護休業の適用除外者を定めるとき
【関連条文】
　育児介護休業法第12条第1、2項・同法施行規則第23・24条
【届出の要否】
　届出不要
【有効期間】
　有効期間の定めが必要
【効　果】
　使用者が介護休業の申出を拒むことができる場合の設定

〈解　説〉

（1）　介護休業の意義

　介護休業とは、労働者（日々雇用者を除く。）が、要介護状態にある対象家族を介護するために取得する休業のことです（育児介護休業法第2条第2号）。休業を取得できる労働者に男女の制限はありません。また、期間の定めのある契約により雇用されている労働者も、所定の要件を満たす場合には、介護休業を取得することができるようになっています（同法第11条第1項ただし書）。

　「対象家族」とは、(a)配偶者（事実上婚姻関係にある者、いわゆる内縁を含む）、(b)父母（養親を含む。）、(c)子、(d)配偶者（内縁の配偶者を含む。）の父母、(e)同居し、かつ扶養している祖父母、(f)同居し、かつ扶養している兄弟姉妹、(g)同居し、かつ扶養している孫のことであり（同法第2条第4号、同法施行規則第2条）、これらの者が、「要介護状態」、すなわち、

—— 179 ——

負傷、疾病または身体上もしくは精神上の障害により、2週間以上にわた
り常時介護を必要とする状態にある場合（同法第2条第3号、同法施行規
則第1条）に、それらの者の介護のために取得される休業が「介護休業」
なのです。

　介護休業の期間は、要介護状態にある対象家族一人につき、要介護状態
に至るごとに通算93日までの間で労働者が申し出た期間です（同法第11条
第2項）。したがって、通算93日に達するまでは、同一対象家族につき、
何回でも介護休業（これに代わる時短措置等も含む。）を取得することが
できます。

　介護休業の申出を受けた使用者は、原則としてこれを拒むことはできま
せんが、有給とすることまで義務付けられるものではありません。

（2）　介護休業の適用除外者を定める労使協定作成に当たってのポイント

　この協定には、介護休業の適用除外とする者がある場合にはその範囲、
及び、必要に応じて、介護休業をしている労働者が介護休業をすることが
できない者として定められた労働者に該当することとなったことにより介
護休業を終了させる場合における必要な手続きその他の事項を定めること
になります（同法第12条第2項、第6条第1項ただし書、同法施行規則第
24条、第8条第2号）。

　① 　適用除外者となし得る者

　　　前述のように、介護休業の申出を受けた使用者は、原則としてその
　　申出を拒むことはできませんが、労使協定において以下の者を介護休
　　業の適用対象外とする旨定めたときは、これに該当する者からの介護
　　休業の申出を拒むことができます（同法第12条第2項、第6条第1項
　　ただし書、同法施行規則第24条、第8条第2号）。言い換えれば、労
　　使協定において、以下に掲げる者以外の労働者を介護休業の適用除外
　　者として定めたとしても、その効力はありません。むろん、適用除外
　　者を定めることが義務付けられるものではありませんし、以下に掲げ

— 180 —

られる者のうち、一部の者だけを適用除外とする旨定める労使協定も可能です。

　　1）　当該事業主に引き続き雇用された期間が1年に満たない労働者
　　2）　介護休業申出があった日から起算して93日以内に雇用関係が終了することが明らかな労働者
　　3）　1週間の所定労働日数が2日以下の労働者（前掲告示第58号）

②　その他の規定事項

　この労使協定のその他の規定事項については、前述の育児休業に関する協定の場合と同様です。

③　有効期間の定め

　この労使協定の有効期間の定めについては、育児休業に関する協定の場合と同様です。

④　行政官庁への届出の要否

　この労使協定は、行政官庁への届出が求められるものではありません。

（3）　効　　果

育児休業の箇所で述べたのと同様です（ **1**（3）　178頁）。

なお、この労使協定と1で述べた育児休業の適用除外者を定める協定及び3に述べる子の看護休暇の適用除外者を定める協定ならびに同法に基づくその他の協定を1本で締結しても、もとより差し支えありません。

〈協定例〉

　＊　介護休業の適用除外者を定める協定は、育児介護休業法にかかわる労使協定として1本にまとめるのが合理的であることから、Ⅱの末尾に掲げることとします。

3　子の看護休暇の適用除外者を定める協定

【どんなときに】

　子の看護休暇の適用除外者を定めるとき

【関連条文】

　育児介護休業法第16条の3第2項、同法施行規則第36条、第37条

【届出の要否】

　届出不要

【有効期間】

　有効期間の定めが必要

【効　果】

　使用者が子の看護休暇の申出を拒むことができる場合の設定

〈解　説〉

（1）　子の看護休暇の意義

　子の看護休暇は、小学校就学の始期に達するまでの子を養育する労働者（日々雇用者を除く。）が、負傷し、もしくは疾病にかかったその子の世話を行うため、または、当該子の疾病の予防のための世話（予防接種や健康診断など）等を行うために、使用者に対し申し出ることにより、1年度に5日（小学校就学の始期に達するまでの子が二人以上いる場合は10日）を限度として取得し得る休暇です（育児介護休業法第16条の2第1項、育児介護休業則第32条）。育児休業や介護休業の場合と異なり、期間の定めのある契約により雇用されている労働者についても、別個の要件が課されているわけではありませんから、期間の定めのない契約により雇用されている労働者と同様にこの休暇を取得することができます。

　「負傷し、または疾病にかかったその子の世話を行う」とは、負傷し、

または疾病にかかった子について身の回りの世話をすることを言い、病院への付添い等も含まれます。介護休業の場合と異なり、「負傷」または「疾病」の種類及び程度に特段の制限はなく、いわゆる風邪による発熱など短期間で治癒する疾病や小児ぜんそく、若年性糖尿病といった慢性疾患も対象となります。

　看護休暇についても、育児休業や介護休業の場合と同様、有給とすることまでが求められているわけではありません。

（２）　子の看護休暇の適用除外者を定める労使協定作成に当たってのポイント

①　適用除外者となし得る者

　　前述のように、子の看護休暇の申出を受けた使用者は、原則としてその申出を拒むことはできませんが、労使協定において以下の者を子の看護休暇の適用対象外とする旨定めたときは、これに該当する者からの子の看護休暇の申出を拒むことができます（同法第16条の３第２項、育児介護休業則第36条）。言い換えれば、労使協定において、以下に掲げる者以外の労働者を子の看護休暇の適用除外者として定めたとしても、その効力はありません。むろん、適用除外者を定めることが義務付けられるものではありませんし、以下に掲げられる者のうち、一部の者だけを適用除外とする旨定める労使協定も可能です。

　　１）　雇入れ後６カ月未満の労働者
　　２）　１週間の所定労働日数が２日以下である労働者

②　その他の規定事項

　　この労使協定のその他の規定事項については、前述の育児休業に関する協定の場合と同様です。

③　有効期間の定め

　　この労使協定の有効期間の定めについては、育児休業に関する協定の場合と同様です。

④　行政官庁への届出の要否

　　この労使協定は、行政官庁への届出が求められるものではありません。

（3）　効　果

　育児休業の箇所で述べたのと同様です（①（3）　178頁）。

　なお、この労使協定と前述の育児休業及び介護休業の適用除外者を定める労使協定ならびに同法に基づくその他の協定を1本で締結しても、もとより差し支えありません。

〈協定例〉

　＊　子の看護休暇の適用除外者を定める協定は、育児介護休業法にかかわる労使協定として1本にまとめるのが合理的であることから、Ⅱの末尾に掲げることとします。

第2部　各種の労使協定
Ⅱ　育児介護休業法関係の労使協定

④ 半日単位の看護休暇における半日の時間数を定める協定

【どんなときに】

　半日単位の看護休暇について、１日の所定労働時間の２分の１以外の時間数を半日とするとき

【関連条文】

　育児介護休業法第16条の２第２項、育児介護休業則第34条第２項

【届出の要否】

　届出不要

【有効期間】

　有効期間の定めを義務付ける規定はない

【効　果】

　半日単位の看護休暇について、１日の所定労働時間の２分の１以外の時間数を半日とする

〈解　説〉

　１日の所定労働時間が４時間以下の労働者以外の労働者については、半日単位の看護休暇の取得も認められていますが（育児介護休業法第16条の２第２項、育児介護休業則第33条、第34条第１項）、ここにいう「半日」とは、所定労働時間数の２分の１の時間を指すものであるところ、例えば、所定労働時間数が８時間で、就業時間が午前３時間、午後５時間の事業所において、午前休に相当する時間の３時間を半日とし、午後休に相当する５時間を半日とするような場合は、労使協定において、その旨を定める必要があります。

　この協定で定めるべき事項は、①当該労使協定による単位で子の看護休暇を取得することができる労働者の範囲、②取得の単位となる時間数、③子の看護休暇１日当たりの時間数、です。

── 185 ──

①及び②が協定事項とされることは当然ですが、③が協定事項とされた理由は判然としません。所定労働時間の2分の1以外の時間数を半日と定める場合の協定であるため、所定労働時間の2分の1の時間数ではないことを協定上明確にするためということでしょうか。

　なお、この協定について、有効期間の定めをすべきことは法令・通達上は明記されていませんが、他の育児介護休業法に関する協定にならって、有効期間の定めをすることは差し支えありません。

〈協定例〉

　＊　半日単位の看護休暇における半日の時間数を定める協定は、育児介護休業法にかかわる協定として1本にまとめるのが合理的であることから、Ⅱの末尾に掲げることとします。

第2部　各種の労使協定
Ⅱ　育児介護休業法関係の労使協定

⑤　介護休暇の適用除外者を定める協定

【どんなときに】
　　介護休暇の適用除外者を定めるとき
【関連条文】
　　育児介護休業法第16条の6第2項
【届出の要否】
　　届出不要
【有効期間】
　　有効期間の定めが必要
【効　　果】
　　使用者が介護休暇の申出を拒むことができる場合の設定

〈解　説〉

（1）　介護休暇の意義

　　介護休暇は、要介護状態にある対象家族を介護等する労働者（日々雇用者を除く。）が、使用者に申し出ることにより、要介護状態の対象家族が1人であれば年5日、2人以上であれば年10日を限度として取得し得る休暇のことです（育児介護休業法第16条の5第1項、育児介護休業則第38条）。育児休業や介護休業の場合と異なり、期間の定めのある契約により雇用されている労働者についても、別個の要件が課されているわけではありませんから、期間の定めのない契約により雇用されている労働者と同様にこの休暇を取得することができます。

　　「要介護状態」や「対象家族」の意義は、介護休業の適用除外者を定める協定の項で解説したのと同様です。

　　介護休暇についても、育児休業や介護休業の場合と同様、有給とするこ

— 187 —

とまでが求められているわけではありません。

（2） 介護休暇の適用除外者を定める労使協定作成に当たってのポイント

① 適用除外者となし得る者

　前述のように、介護休暇の申出を受けた使用者は、原則としてその申出を拒むことはできませんが、労使協定において以下の者を介護休暇の適用対象外とする旨定めたときは、これに該当する者からの介護休暇の申出を拒むことができます（育児介護休業法第16条の6第2項）。言い換えれば、労使協定において、以下に掲げる者以外の労働者を介護休暇の適用除外者として定めたとしても、その効力はありません。むろん、適用除外者を定めることが義務付けられるものではありませんし、以下に掲げられる者のうち、一部の者だけを適用除外とする旨定める労使協定も可能です。

　　1） 雇入れ後6カ月未満の労働者

　　2） 1週間の所定労働日数が2日以下である労働者（育児介護休業則第第42条、第8条第2号）

② その他の規定事項

　この労使協定のその他の規定事項については、前述の育児休業に関する協定の場合と同様です。

③ 有効期間の定め

　この労使協定の有効期間の定めについては、育児休業に関する協定の場合と同様です。

④ 行政官庁への届出の要否

　この労使協定は、行政官庁への届出が求められるものではありません。

（3） 効　果

育児休業の箇所で述べたのと同様です（ ① （3）　178頁）。

第2部　各種の労使協定
Ⅱ　育児介護休業法関係の労使協定

　なお、この労使協定と前述の育児休業、介護休業あるいは子の看護休暇の適用除外者を定める労使協定その他の同法に基づく協定を1本で締結しても、もとより差し支えありません。

〈協定例〉

　＊　介護休暇の適用除外者を定める協定は、育児介護休業法にかかわる労使協定として1本にまとめるのが合理的であることから、Ⅱの末尾に掲げることとします。

6 半日単位の介護休暇における半日の時間数を定める協定

【どんなときに】
　半日単位の介護休暇について、1日の所定労働時間の2分の1以外の時間数を半日とするとき

【関連条文】
　育児介護休業法第16条の5第2項、育児介護休業則第40条第2項

【届出の要否】
　届出不要

【有効期間】
　有効期間の定めを義務付ける規定はない

【効　果】
　半日単位の看護休暇について、1日の所定労働時間の2分の1以外の時間数を半日とする

〈解　説〉

　1日の所定労働時間が4時間以下の労働者以外の労働者については、半日単位の介護休暇の取得も認められていますが（育児介護休業法第16条の5第2項、育児介護休業則第39条、第40条第1項）、ここにいう「半日」とは、所定労働時間数の2分の1の時間を指すものであるところ、例えば、所定労働時間数が8時間で、就業時間が午前3時間、午後5時間の事業所において、午前休に相当する時間の3時間を半日とし、午後休に相当する5時間を半日とするような場合は、労使協定において、その旨を定める必要があります。

　この協定で定めるべき事項は、①当該労使協定による単位で介護休暇を取得することができる労働者の範囲、②取得の単位となる時間数、③介護休暇1日当たりの時間数、です。

— 190 —

第2部　各種の労使協定
Ⅱ　育児介護休業法関係の労使協定

　①及び②が協定事項とされることは当然ですが、③が協定事項とされた理由は判然としません。所定労働時間の2分の1以外の時間数を半日と定める場合の協定であるため、所定労働時間の2分の1の時間数ではないことを協定上明確にするためということでしょうか。

　なお、この協定について、有効期間の定めをすべきことは法令・通達上は明記されていませんが、他の育児介護休業法に関する協定にならって、有効期間の定めをすることは差し支えありません。

〈協定例〉

　＊　半日単位の介護休暇における半日の時間数を定める協定は、育児介護休業法にかかわる協定として1本にまとめるのが合理的であることから、Ⅱの末尾に掲げることとします。

7 育児のための所定外労働の免除措置の適用除外者を 定める協定

【どんなときに】
　育児のための所定外労働の免除措置の適用除外者を設定するとき
【関連条文】
　育児介護休業法第16条の 8 第 1 項本文
【届出の要否】
　届出不要
【有効期間】
　有効期間の定めをしておくべき
【効　果】
　育児のための所定外労働の免除措置の適用除外者の設定

〈解　説〉

（1）　育児のための所定外労働の免除措置の意義と適用除外者

　仕事と家庭生活の両立を図るために、 3 歳未満の子を養育する労働者から請求があった場合には、所定労働時間外の労働を免除することを義務付ける制度が設けられています（育児介護休業法第16条の 8 第 1 項本文）。

　既に小学校就学の始期に達するまでの子を養育する労働者を対象として、時間外労働の制限に関する規定は設けられていたのですが（育児介護休業法第17条参照）、これは36協定に基づき法定労働時間を超えて労働させる場合に適用される制度であったところ、平成21年改正により、所定労働時間を超える労働の制限制度が新設されました。例えば、所定の始業時刻が午前 9 時、終業時刻が午後 5 時とされている企業において、午後 5 時から午後 6 時まで業務に従事した場合は、所定外労働にはなりますが、法定外労働にはなりません。しかし、午後 6 時までに保育所へ迎えに行く必

— 192 —

第2部　各種の労使協定

Ⅱ　育児介護休業法関係の労使協定

　要がある労働者にとっては、所定外労働が免除されなければ、上記のような保育所への迎えに支障を生じる可能性があります。そこで、この措置の実施が義務付けられることとなったものです。

　もっとも、「事業の正常な運営を妨げる場合」には、使用者は、上記請求を拒むことができます（育児介護休業法第16条の8第1項ただし書）。

（２）　育児のための所定外労働の免除措置の適用除外者を定める協定作成に当たってのポイント

①　適用除外者となし得る者

　育児のための所定外労働の免除措置の適用請求を受けた使用者は、事業の正常な運営を妨げる場合でない限り、その申出を拒むことはできませんが、労使協定において以下の者を同措置の適用対象外とする旨定めたときは、これに該当する者については、同措置を適用する義務はありません（育児介護休業法第16条の8第1項）。言い換えれば、労使協定において、以下に掲げる者以外の労働者を適用除外者として定めたとしても、その効力はありません。むろん、適用除外者を定めることが義務付けられるものではありませんし、以下に掲げられる者のうち、一部の者だけを適用除外とする旨定める労使協定も可能です。

　　１）　雇入れ後1年未満の労働者

　　２）　1週間の所定労働日数が2日以下である労働者（育児介護休業則第44条）

②　その他の規定事項

　この労使協定のその他の規定事項については、前述の育児休業に関する協定の場合と同様です。

③　有効期間の定め

　この協定について、有効期間の定めをすべきことは法令・通達上は明記されていませんが、他の育児介護休業法における諸制度の適用除外者を定める協定にならって、有効期間の定めをしておくべきものと

— 193 —

考えます。

④　行政官庁への届出の要否

　　この労使協定は、行政官庁への届出が求められるものではありません。

（3）　効　果

　育児休業の箇所で述べたのと同様です（　1　（3）　178頁）。

　なお、この労使協定と前述の育児休業、介護休業あるいは子の看護休暇、介護休暇の適用除外者を定める労使協定その他の同法に基づく協定を1本で締結しても、もとより差し支えありません。

〈協定例〉

　＊　育児のための所定外労働の免除措置の適用除外者を定める協定は、育児介護休業法にかかわる労使協定として1本にまとめるのが合理的であることから、Ⅱの末尾に掲げることとします。

第2部　各種の労使協定
Ⅱ　育児介護休業法関係の労使協定

⑧ 介護のための所定外労働の免除措置の適用除外者を定める協定

【どんなときに】
　介護のための所定外労働の免除措置の適用除外者を設定するとき
【関連条文】
　育児介護休業法第16条の9第1項
【届出の要否】
　届出不要
【有効期間】
　有効期間の定めをしておくべき
【効　果】
　介護のための所定外労働の免除措置の適用除外者の設定

〈解　説〉

（1）　介護のための所定外労働の免除措置の意義と適用除外者

　働きながら家族の介護を行うための時間を確保できるようにするため、要介護状態にある対象家族を介護する一定の範囲の労働者から請求があった場合には、所定労働時間外の労働を免除することを義務付ける制度が設けられています（育児介護休業法第16条の9第1項）。

　もっとも、「事業の正常な運営を妨げる場合」には、使用者は、上記請求を拒むことができます（育児介護休業法第16条の8第1項ただし書の準用）。

— 195 —

（2） 介護のための所定外労働の免除措置の適用除外者を定める協定作成に当たってのポイント

① 適用除外者となし得る者

　　介護のための所定外労働の免除措置の適用請求を受けた使用者は、事業の正常な運営を妨げる場合でない限り、その申出を拒むことはできませんが、労使協定において以下の者を同措置の適用対象外とする旨定めたときは、これに該当する者については、同措置を適用する義務はありません（育児介護休業法第16条の９第１項）。言い換えれば、労使協定において、以下に掲げる者以外の労働者を適用除外者として定めたとしても、その効力はありません。むろん、適用除外者を定めることが義務付けられるものではありませんし、以下に掲げられる者のうち、一部の者だけを適用除外とする旨定める労使協定も可能です。

　　１） 雇入れ後１年未満の労働者

　　２） １週間の所定労働日数が２日以下である労働者（育児介護休業則第48条、第44条）

② その他の規定事項

　　この労使協定のその他の規定事項については、前述の育児休業に関する協定の場合と同様です。

③ 有効期間の定め

　　この協定について、有効期間の定めをすべきことは法令・通達上は明記されていませんが、他の育児介護休業法における諸制度の適用除外者を定める協定にならって、有効期間の定めをしておくべきものと考えます。

④ 行政官庁への届出の要否

　　この労使協定は、行政官庁への届出が求められるものではありません。

（3）　効　果

　育児休業の箇所で述べたのと同様です（①（3）　178頁）。

　なお、この労使協定と前述の育児休業、介護休業あるいは子の看護休暇、介護休暇の適用除外者を定める労使協定その他の同法に基づく協定を1本で締結しても、もとより差し支えありません。

〈協定例〉

　　＊　介護のための所定外労働の免除措置の適用除外者を定める協定は、育児介護休業法にかかわる労使協定として1本にまとめるのが合理的であることから、Ⅱの末尾に掲げることとします。

9 育児のための所定労働時間の短縮措置の適用除外者を定める協定

【どんなときに】
　育児のための所定労働時間の短縮措置の適用除外者を設定するとき
【関連条文】
　育児介護休業法第23条第１項ただし書
【届出の要否】
　届出不要
【有効期間】
　有効期間の定めをしておくべき
【効　果】
　育児のための所定労働時間の短縮措置の適用除外者の設定

〈解　説〉

（1）　育児のための所定労働時間の短縮措置の意義と適用除外者

　３歳未満の子を養育する労働者（１日の所定労働時間が６時間以下の労働者を除く。）であって、育児休業を取得していない者から申出があった場合には、育児のための所定労働時間の短縮措置を実施することを義務付けました（育児介護休業法第23条第１項本文、育児介護休業則第72条）。

　所定労働時間の短縮が１日単位である必要があるのか、週単位でもよいのかについては、条文上必ずしも明らかではありません。ただ、立法過程の議論をみると、１日単位での短縮が考えられているようです。

　所定労働時間の短縮措置の内容としては、１日の所定労働時間を原則として６時間とすることを服務ものとしなければならないとされています（育児介護休業則第74条第１項）。

— 198 —

第2部　各種の労使協定

Ⅱ　育児介護休業法関係の労使協定

（２）　育児のための所定労働時間の短縮措置の適用除外者を定める協定作成に当たってのポイント

① 　適用除外者となし得る者

　　３歳に満たない子を養育する労働者であって、育児休業を取得していない労働者から、所定労働時間の短縮措置の適用の申出を受けた使用者は、その申出を拒むことはできません。所定外労働の免除措置とは異なり、「事業の正常な運営を妨げる場合」であっても、その申出を拒むことはできません。

　　「育児休業を取得していない労働者」とは、現に育児休業中の労働者ではない者の意であり、過去に育児休業を取得したことがある労働者であっても、そのことのみをもって所定労働時間の短縮措置の適用を拒み得ることにはなりません。

　　しかし、労使協定において以下の者を同措置の適用対象外とする旨定めたときは、これに該当する者からの申出については、同措置の適用を拒否することができます（育児介護休業法第23条第１項ただし書）。言い換えれば、労使協定において、以下に掲げる者以外の労働者を適用除外者として定めたとしても、その効力はありません。むろん、適用除外者を定めることが義務付けられるものではありませんし、以下に掲げられる者のうち、一部の者だけを適用除外とする旨定める労使協定も可能です。

１）　雇入れ後１年未満の労働者

２）　１週間の所定労働日数が２日以下である労働者（育児介護休業則第73条）

３）　業務の性質または業務の実施体制に照らして、所定労働時間の短縮措置を講ずることが困難と認められる業務に従事する労働者

　　　上記のうち３）に該当する労働者の例としては、国際線の乗員や客室乗務員、流れ作業の一端を担うライン作業者などが考えられます（育児介護休業指針第２、９（３））。これに該当す

── 199 ──

る者として労使協定に掲げるときは、各企業の実情に応じ、具体的に記載することになります。

② 適用除外者に対する措置

上記の労使協定において、3）にあたるとして所定労働時間の短縮措置の対象外となった労働者に対しては、代替措置として、フレックスタイム制の適用、始業時刻の繰上げもしくは終業時刻の繰下げまたは託児施設の設置・運営の措置をとることが求められています（育児介護休業法第23条第2項、育児介護休業則第74条第2項）。

③ その他の規定事項

この労使協定のその他の規定事項については、前述の育児休業に関する協定の場合と同様です。

④ 有効期間の定め

この協定について、有効期間の定めをすべきことは法令・通達上は明記されていませんが、他の育児介護休業法に関する協定にならって、有効期間の定めをしておくべきものと考えます。

⑤ 行政官庁への届出の要否

この労使協定は、行政官庁への届出が求められるものではありません。

（3）　効　果

育児休業の箇所で述べたのと同様です（①（3）　178頁）。

なお、この労使協定と前述の育児休業、介護休業あるいは子の看護休暇、介護休暇の適用除外者を定める労使協定を1本で締結しても、もとより差し支えありません。

〈協定例〉

＊　育児のための所定労働時間の短縮措置の適用除外者を定める協定は、育児介護休業法にかかわる協定として1本の協定中に盛り込むことが合理的であることから、同法に基づくその他の協定の例と併せてここに掲げることとします。

第2部　各種の労使協定

Ⅱ　育児介護休業法関係の労使協定

10 介護のための所定労働時間の短縮等の措置の適用除外者を定める協定

【どんなときに】

　　介護のための所定労働時間の短縮等の措置の適用除外者を設定するとき

【関連条文】

　　育児介護休業法第23条第3項ただし書

【届出の要否】

　　届出不要

【有効期間】

　　有効期間の定めをしておくべき

【効　　果】

　　介護のための所定労働時間の短縮等の措置の適用除外者の設定

〈解　　説〉

（1）　介護のための所定労働時間等の短縮措置の意義と適用除外者

　　事業主に対しては、要介護状態にある対象家族を介護する労働者であって、介護休業をしていない労働者が、その申出に基づき、所定労働時間の短縮その他の就業しつつ対象家族を介護することを容易にするための措置（以下「介護のための所定労働時間の短縮等の措置」という。）を講ずることも求められています（育児介護休業法第23条第3項本文）。

　　講ずべき措置の内容としては、希望者に対し、①所定労働時間の短縮を実施する制度、②フレックスタイム制の適用、③始業時刻の繰上げもしくは終業時刻の繰下げ、④介護サービスの利用料等の助成、のいずれかの措置であり、①ないし③については、2回以上の利用もできるようにしなければなりません（育児介護休業則第74条第3項）。

— 201 —

上記①の所定労働時間の短縮措置の内容としては、1日の所定労働時間が8時間の事業場では2時間以上の、7時間の事業場では1時間以上の短縮が望ましいとされています（育児休業、介護休業等育児又は家族介護を行う労働者の福祉に関する法律の施行について　平28.8.2　職発0802第1号、雇児発0802第3号）。そして、法文上は明確ではありませんが、介護のための所定労働時間の短縮等の措置については、所定労働時間が6時間以下の労働者には、その適用は要しないものとされています（前掲通達）。

　なお、介護のための所定労働時間の短縮等の措置は、連続する3年以上の期間適用を受けられるものとしなければなりません。

（2）　介護のための所定労働時間の短縮等の措置の適用除外者を定める協定作成に当たってのポイント

① 　適用除外者となし得る者

　要介護状態にある対象家族を介護する労働者であって、介護休業をしていない労働者から、介護のための所定労働時間の短縮等の措置の適用の申出を受けた使用者は、その申出を拒むことはできません。所定外労働の免除措置とは異なり、「事業の正常な運営を妨げる場合」であっても、その申出を拒むことはできません。

　「介護休業をしていない労働者」とは、現に介護休業中の労働者ではない者の意であり、過去に介護休業を取得したことがある労働者であっても、そのことのみをもって介護のための所定労働時間の短縮等の措置の適用を拒み得ることにはなりません。

　しかし、労使協定において以下の者を同措置の適用対象外とする旨定めたときは、これに該当する者からの申出については、同措置の適用を拒否することができます（育児介護休業法第23条第3項ただし書）。言い換えれば、労使協定において、以下に掲げる者以外の労働者を適用除外者として定めたとしても、その効力はありません。むろん、適用除外者を定めることが義務付けられるものではありませんし、以下に掲げられる者のうち、一部の者だけを適用除外とする旨定

める労使協定も可能です。

　　1）　雇入れ後1年未満の労働者

　　2）　1週間の所定労働日数が2日以下である労働者（育児介護休業則第75条）

②　その他の規定事項

　　この労使協定のその他の規定事項については、前述の育児休業に関する協定の場合と同様です。

③　有効期間の定め

　　この協定について、有効期間の定めをすべきことは法令・通達上は明記されていませんが、他の育児介護休業法に関する協定にならって、有効期間の定めをしておくべきものと考えます。

④　行政官庁への届出の要否

　　この労使協定は、行政官庁への届出が求められるものではありません。

（3）　効　果

育児休業の箇所で述べたのと同様です（ ① （3）　178頁）。

なお、この労使協定と前述の育児休業、介護休業あるいは子の看護休暇、介護休暇の適用除外者を定める労使協定を1本で締結しても、もとより差し支えありません。

〈協定例〉

　＊　介護のための所定労働時間の短縮等の措置の適用除外者を定める協定は、育児介護休業法にかかわる協定として1本の協定中に盛り込むことが合理的であることから、同法に基づくその他の協定の例と併せてここに掲げることとします。

〈協定例〉

育児・介護休業等に関する労使協定

　○○株式会社と○○労働組合は、○○株式会社における育児・介護休業等に関し、次のとおり協定する。

（育児休業の申出を拒むことができる従業員）

第1条　事業所長は、次の従業員から育児休業の申出があったときは、その申出を拒むことができるものとする。

　　①　入社1年未満の従業員

　　②　申出の日から1年以内に雇用関係が終了することが明らかな従業員

　　③　1週間の所定労働日数が2日以下の従業員

（介護休業の申出を拒むことができる従業員）

第2条　事業所長は、次の従業員から介護休業の申出があったときは、その申出を拒むことができるものとする。

　　①　入社1年未満の従業員

　　②　申出の日から93日以内に雇用関係が終了することが明らかな従業員

　　③　1週間の所定労働日数が2日以下の従業員

（子の看護休暇の申出を拒むことができる従業員）

第3条　事業所長は、次の従業員から子の看護休暇の申出があったときは、その申出を拒むことができるものとする。

　　①　入社6カ月未満の従業員

　　②　1週間の所定労働日数が2日以下の従業員

（介護休暇の申出を拒むことができる従業員）

第4条　事業所長は、次の従業員から介護休暇の申出があったときは、その申出を拒むことができるものとする。

①　入社6カ月未満の従業員

②　1週間の所定労働日数が2日以下の従業員

（半日単位の看護休暇における半日の時間数）

第5条　○○事業部、○○事業部及び○○事業部の従業員は、育児
　　　　介護休業規程第○条に規定される看護休暇について、1日の
　　　　所定労働時間を8時間とするが、以下に定める単位を半日と
　　　　して同休暇を取得することができる。

・　午前半休　始業時刻から午前12時までの3時間

・　午後半休　午後1時から終業時刻までの5時間

（半日単位の介護休暇における半日の時間数

第6条　○○事業部、○○事業部及び○○事業部の従業員は、育児
　　　　介護休業規程第○条に規定される介護休暇について、1日の
　　　　所定労働時間を8時間とするが、以下に定める単位を半日と
　　　　して同休暇を取得することができる。

・　午前半休　始業時刻から午前12時までの3時間

・　午後半休　午後1時から終業時刻までの5時間

（育児のための所定労働時間外労働の免除措置の適用除外とされる従
業員）

第7条　次のいずれかに該当する従業員は、育児介護休業規程第○
　　　　条に規定する育児のための所定労働時間外労働の免除を申請
　　　　することができない。

①　入社1年未満の従業員

②　1週間の所定労働日数が2日以下の従業員

（介護のための所定労働時間外労働の免除措置の適用除外とされる従
業員）

第8条　次のいずれかに該当する従業員は、育児介護休業規程第○
　　　　条に規定する介護のための所定労働時間外労働の免除を申請
　　　　することができない。

① 入社1年未満の従業員

② 1週間の所定労働日数が2日以下の従業員

（育児のための所定労働時間の短縮措置の適用除外とされる従業員）

第9条　次のいずれかに該当する従業員は、育児介護休業規程第○条に規定する育児のための所定労働時間の短縮措置を申請することができない。

① 入社1年未満の従業員

② 1週間の所定労働日数が2日以下の従業員

③ 製造部の各ラインの各工程の業務に従事する従業員

（介護のための所定労働時間の短縮等の措置の適用除外とされる従業員）

第10条　次のいずれかに該当する従業員は、育児介護休業規程第○条に規定する介護のための所定労働時間の短縮等の措置を申請することができない。

① 入社1年未満の従業員

② 1週間の所定労働日数が2日以下の従業員

（従業員への通知）

第11条　事業所長は、第1条から第10条までのいずれかの規定により従業員の申出を拒むときは、その旨を従業員に通知するものとする。

（有効期間）

第12条　本協定の有効期間は、○年○月○日から○年○月○日までとする。ただし、有効期間満了の1カ月前までに、会社、組合いずれかからも申出がないときには、さらに1年間有効期間を延長するものとし、以降も同様とする。

年　　月　　日

第2部　各種の労使協定

Ⅱ　育児介護休業法関係の労使協定

　　　　　　○○株式会社
　　　　　　代表取締役　○○○○　印

　　　　　　○○労働組合
　　　　　　執行委員長　○○○○　印

Ⅲ 労働者派遣法における派遣労働者の待遇を決定する労使協定

＊　以下の記述は、原則として、令和２年４月１日以降妥当するものです。

【どんなときに】
　派遣労働者の待遇について、派遣先労働者との均衡・均等方式を採用しないとき

【関連条文】
　労働者派遣法第30条の４

【届出の要否】
　届出は不要（ただし、派遣元事業主の事業報告に添付する必要あり）

【有効期間】
　有効期間の定めが必要

【効　果】
　派遣労働者の待遇について、派遣先均衡・均等方式の除外

〈解　説〉

（1）　派遣労働者についての均等・均衡待遇実現の要請

　正社員と非正社員との間の不合理な待遇の相違を解消していくという法政策は、派遣労働者と派遣先の労働者との間でも適用されることとされ、平成30年に成立した働き方改革法における労働者派遣法の改正により、第30条の３以下の規定が設けられました。

すなわち、同法第30条の3第2項は、派遣元事業主に対し、派遣労働者とその派遣先の通常の労働者を比較し、派遣されている期間中、職務の内容が同一であり、職務の内容及び配置の変更の範囲も同一であるといえる場合には、正当な理由がない限り、賃金その他の待遇について、当該派遣労働者につき、その派遣先の通常の労働者の各待遇よりも不利なものとしないよう求めています。これが、派遣労働者についての「均等待遇の要請」です。

　次に、同条第1項は、派遣元事業主は、派遣労働者につき、その派遣先の通常の労働者の中に職務の内容や職務の内容及び配置の変更の範囲が、当該派遣労働者の派遣期間中同一である者がいない場合であっても、当該派遣労働者の賃金その他の待遇について、派遣先の通常の労働者の各待遇との間に、①職務の内容、②職務の内容及び配置の変更の範囲、③その他の事情を考慮して、不合理と認められる相違を設けてはならない旨定めています。これが、派遣労働者についての「均衡待遇の要請」です。

　そして、上記各対応を可能にするため、派遣先に対しては、労働者派遣契約を締結するに当って、比較対象労働者の待遇等に関する所定の情報を派遣先に提供することが義務付けられ（同法第26条第7・8項）、派遣元事業主に対しては、その情報提供がなければ労働者派遣契約を締結してはならないとの制約が課されています（同条第9項）。

　これらの規程によって、派遣労働者と派遣先の通常の労働者との間の均衡・均等待遇の実現が目指されているわけですが、特に有期の派遣労働者は、派遣先が頻繁に変わっていくことが前提とされていますから、新たな派遣先に派遣される都度その待遇が変更されることになって、むしろ適切ではないというケースも生じる可能性があります。

　そこで、一定の待遇を除き、派遣元事業主において所定の労使協定が締結されている場合には、上記の均衡・均等待遇の要請の適用除外とすることが認められています（同法第30条の4）。

（2）　派遣労働者の待遇を定める労使協定のポイント

① 締結単位

　派遣労働者の待遇を定める労使協定は、他の労使協定のように、事業場（事業所）単位で締結すべきことが明記されているものではありません。

　これは、働き方改革法によって、非正社員と通常の労働者との均衡・均等待遇の原則を定める短時間・有期労働法の適用単位が「事業所」から「事業主」とされることになったことから（第8条参照）、労働者派遣法においても、均衡・均等待遇の原則との関係では事業主単位で考えようとしているからではないかと推察されます。

　しかし、他の労使協定との整合性、ならびに、派遣労働者の就業状況や比較対象となる平均的な労働者の賃金水準は、地域によって大きく異なることなどを考慮すると、本協定も、事業所単位で締結することとしたほうが、労使当事者が実情に則した内容を定めやすいのではないかと思われ、筆者としては、事業所単位で締結することも許容されるべきであると考えています。ただ、条文の文言自体が上記のようになっていますので、企業単位で締結することも禁止されているわけではないと解されます。

② 協定事項

　この協定において定めるべき事項は、以下の(a)から(h)のとおりです（労働者派遣法第30条の4第1項、労働者派遣則第25条の10）。

(a) 当該協定で定める待遇が適用される派遣労働者（協定対象派遣労働者）の範囲

　　同一の派遣元事業主に雇用される派遣労働者の中で、派遣先均衡・均等方式が適用される派遣労働者と協定対象派遣労働者が併存することは差支えありませんが、性別や国籍などで両者を分けることは適切ではありませんし、派遣先の賃金水準が高い場合は協定対象とするというような区分けも適切ではないでしょう。

第2部　各種の労使協定

Ⅲ　労働者派遣法における派遣労働者の待遇を決定する労使協定

　　こうした不適切な区分けとなることを防ぐため、後記(g)及び(h)が協定対象事項とされています。

(b)　次のイ及びロを満たす内容の、協定対象派遣労働者の賃金決定の方法（通勤手当、家族手当、住宅手当、別居手当、子女教育手当等、職務の内容に密接に関連して支払われるものではない賃金については、ロを満たす必要はありません（労働者派遣則第25条の8）。）。

イ　派遣先の事業所その他派遣就業の場所の所在地を含む地域において派遣労働者が従事する業務と同種の業務に従事する一般の労働者であって、当該派遣労働者と同程度の能力及び経験を有する者の平均的な賃金の額と同等以上の賃金の額であること（労働者派遣則第25条の9）。

ロ　派遣労働者の職務の内容、職務の成果、意欲、能力又は経験その他の就業の実態に関する事項の向上があつた場合に賃金が改善されるものであること。

　　上記イの具体的な金額は通達により示されることになっていますが、(i) 賃金構造基本統計調査を基に、所定給与に特別給与を加算し、時給換算をした額に勤続年数指数と地域指数を掛けて、職種別に時給ベースで示されるもの、(ii) 職業安定業務統計を基に、基本給の額を時給換算し、賃金構造基本統計調査を参照して得られる賞与の指数を掛けて得た額に、勤続年数指数と地域指数を掛けて、職種別に時給ベースで示されるもの、または、(iii) 国または地方公共団体が作成する公的統計を基礎に算出される額等が示される見込みであり、それらの中から、協定当事者たる労使が選択して、それを上回っているかどうかを確認する作業が求められます。

　　退職金についても、一般の労働者と同等以上の水準で（実質的に）支給されることが必要とされ、(i) 勤続3年以上になる者を対象に、通達によって示される退職金に関する統計の中から、労

使が選択したものを基礎に、所定の調整をした退職金テーブルを上回る水準の退職金制度を設ける、(ii) 一般の労働者の時給水準に退職費用分として時給の6％を上乗せした額以上となるように、派遣労働者の時給に退職費用を時給換算した額を加えた額を時給とする、(iii) 給与の6％以上の水準で中退共等に加入する、のいずれかの中から、労使が選択すべきことが求められることになる見込みです。

(c)　派遣元事業主が、(b)により派遣労働者の賃金を決定するにあたっては、派遣労働者の職務の内容、職務の成果、意欲、能力又は経験その他の就業の実態に関する事項を公正に評価し、その賃金を決定すること。

　　具体的な評価方法としては、キャリアマップやスキルマップを整備して一定期間ごとに当てはめを行うとか、成果目標を設定して一定期間後に達成状況について面談を行って評価を決めるといった方法が考えられます。必ずしも正社員と同一の評価方法である必要はありません。

(d)　派遣元事業主に雇用されている通常の労働者との間で均衡が図られていることを条件とする、協定対象派遣労働者の賃金以外の待遇決定の方法

(e)　協定対象派遣労働者に対して、所定の教育訓練を実施すること。

(f)　協定の有効期間

　　有効期間の長さについて法令に規定はありませんが、上記職業安定局長の通達が毎年更新されることを考えると、毎年見直しをして、同通達に定められる内容を下回っていないかを確認することが安全であり、1年とすることが実務的であるように思われますが、2年程度までであれば差し支えないものと考えます。

　　また、有効期間の途中であっても、それまで協定に記載されていなかった業務について、新たに労働者派遣を行うこととなり、その業務に従事する派遣労働者を協定対象派遣労働者としようとすると

きは、新たに協定を締結するか、既存の協定当事者との間で協定内容の変更（追加）を行う必要があります。

⒢　協定対象派遣労働者を派遣労働者の一部に限定する場合は、その理由

⒣　同じ労働契約期間内に、派遣先の変更を理由に、特段の事情がない限り協定対象派遣労働者とするかしないかを変更しようとしないこと。

　　　ここにいう「特段の事情」がどのような事情を指しているのかは明らかではありませんが、例えば、派遣先均衡・均等方式の適用を受けていた無期派遣労働者の派遣先が変更されることになり、その方式を維持したのでは従前より賃金が相当程度低下し、協定対象労働者とするほうが有利になるような場合でも変更は認められないとすると、派遣先均衡・均等方式を適用する無期派遣労働者の派遣先を変更する場合には、常に同程度の賃金水準が提示される派遣先を探す必要があり、新たな派遣先の確保に支障をきたし、かえって派遣労働者の雇用の安定につながらないのではないかと危惧されるところです。

③　届出の要否

　　この協定について、直接的に行政官庁への届出を求める法文はありませんが、派遣元事業主が毎事業年度ごとに提出すべきこととされている事業報告書に添付することが求められています（労働者派遣則第17条第3項）。

（3）　留意点

①　協定で決し得ない労働条件

　　協定による派遣先均衡・均等方式の例外の設定という仕組みは、派遣先均衡・均等方式を徹底した場合に、派遣労働者の労働条件が不安定になるとの問題を意識して採用されたものですから、そうした弊害が生じる可能性の少ない場面では、この協定による労働条件設定を認

める必要はありません。

　そこで、派遣先が、派遣労働者に対してもその実施を配慮すべきことが明記されている教育訓練（労働者派遣法第40条第2項）、ならびに、給食施設、休憩室及び更衣室の利用（同条第3項、労働者派遣則第32条の3）については、協定対象派遣労働者であっても、派遣先が対応すべきものですので、この協定の対象事項ではありません。

② 労働条件決定機能

　この協定は、労働条件決定機能を持ちます。すなわち、この協定が有効に成立しているならば、派遣先との均衡・均等方式を希望している派遣労働者であっても、協定対象派遣労働者とされている限り、この協定に定められているところに従って、賃金等の待遇が決まることになります。

　問題は、個別の契約や労働協約によって、この協定より有利な内容が定められた場合、その効力は認められるのかということです。労働協約の場合には、有利原則を認めない立場が有力ですが、この協定は、労働条件決定機能を有するといっても労働協約ではありませんので、筆者としては、それより有利な労働条件が合意された場合には、その効力を認めざるを得ないのではないかと考えています。

　反対に、個別の労働契約や就業規則において、この協定よりも派遣労働者にとって不利な賃金水準が定められたとしても、それらの定めは効力を有しないものと解されます。

③ 一定の要件が具備されていない場合は、派遣先均衡・均等方式になる

　この協定は、派遣先均衡・均等方式の適用外とするための協定ですが、上記（2）②の(b)、(d)及び(e)に定めた内容が遵守されていない場合、あるいは、(c)に定めた公正な評価に取り組んでいない場合には、派遣先均衡・均等方式に戻ることになります（労働者派遣法第30条の4第1項ただし書）。例えば、公正な評価のために、毎年度期初面談において評価対象期間の目標を設定し、当該評価期間終了時に自己評価と上司の評価を互いに確認しながら、面談を通じて評価を確定させ

ていくという方式を採用しておきながら、派遣元事業主の担当者の不手際が主因となって、評価確定のための面談が実施されていないといったケースでは、この協定に定めた労働条件を適用することはできず、派遣先均衡・均等方式によって定める労働条件とされることになります。

派遣先均衡・均等方式を徹底したのでは、派遣先が変わるごとに派遣労働者の労働条件が変化して派遣労働者に不利になりかねないというところから出発して、派遣元事業主における協定方式が採用されたにもかかわらず、派遣元事業主側の不手際の場合にも、派遣先均衡・均等方式に戻るという枠組みが、はたして一貫した立法政策といえるのかという点に、筆者は疑問を感じています（特に、派遣先の通常の労働者の待遇が、協定内容よりも派遣労働者にとって不利である場合、上記枠組みを維持してよいのかという疑問も生じます。）。

また、派遣先均衡・均等方式に戻るといっても、どの時点から戻るのか（上記の事例の場合であれば、当該評価期間の最初からなのか、それとも、評価確定面談が実施されないことが確定した時点からなのか）、派遣先の中には、協定対象派遣労働者が派遣されることを前提に労働者派遣契約を締結する判断をしたという者もいると想定されるところ、協定対象派遣労働者ではないということになった場合、当該労働者派遣契約を解除し得るのか、解除し得ないのであれば、比較対象労働者の待遇に関する情報提供を行って労働者派遣契約を維持すべきこととならざるを得ないが、派遣元事業主からの情報提供の要請を受けて対応すればよいのか、派遣労働者あるいは同人が属する労働組合からの問い合わせないし団体交渉に応じて情報提供しなければならないのか等々、解釈上未解決の論点が山積しています。

④　協定の保存

この協定は、有効期間終了後3年間保存することが求められています（労働者派遣則第25条の12）。ただ、もし、民法改正に伴って賃金の消滅時効期間が、現行の2年（労基法115条）よりも伸長されるこ

とになった場合には、少なくとも当該協定に基づいて支払われた最終の賃金支払日からその消滅時効期間が経過するまでの間は、保存しておいたほうがよいでしょう。

⑤　周知方法

　　この協定は、その周知が義務付けられていますが（労働者派遣法第30条の4第2項）、その方法としては、派遣労働者は普段は派遣先で就業しており、派遣元事業主の事業所に出入りしているわけではありませんので、労基法上の労使協定におけるような、派遣元事業主の事業所に掲示する等の周知方法では不十分であることから、(i) 書面の交付又は労働者が希望した場合のファックス・電子メールの送信など、(ii) 各派遣労働者が、各人に付与されたIDやパスワードを使用してデータにアクセスして確認できる方法、(iii) 派遣元事業主の事業所に掲示するとともに、書面やファックスあるいは電子メールなどで概要を通知する方法、のいずれかの方法によらなければなりません（労働者派遣則第25条の11）。

〈協定例〉

派遣スタッフの賃金等に関する協定

　　○○株式会社（以下「甲」という。）と○○○○（以下「乙」という。）とは、甲が雇用し派遣業務に従事する派遣労働者の賃金等に関し、次のとおり協定する。

（対象となる派遣労働者）

第1条　本協定は、甲が雇用し派遣就業しているすべてのスタッフ（以下、「スタッフ」という。）に適用するものとし、スタッフは、派遣就業期間中、特段の事情がない限り、本協定の適用から除外されることはない。[注1]

（賃金の構成）

第2条　スタッフの賃金は、本給と通勤手当をもって構成する。

（本給）

第3条　本給は時給とする。

　　2　本給は、次条第1項に定める基本給額に同条第2項により定まる賞与相当額を加えた額に1.06を乗じて算出される額[注2]とし、各スタッフの派遣先での従事業務ならびにランク及び派遣就業地域ごとに、添付別表2の「時給額」欄記載の額とする。

（基本給等）

第4条　スタッフの基本給額は、「令和○年賃金構造基本統計調査」を基に関係通達において明示される同種の業務に従事する一般労働者の賃金水準のうち、派遣先で従事する業務ならびに第3項により定まるスタッフのランク及び就業地域に対応する別表1の「同種の業務に従事する一般の労働者の平均的な賃金の額」欄記載の額とする。[注3]

　　2　スタッフの賞与の額は、第6条第1項に定められる評価結果により、A評価（標準よりすぐれている）であれば基本給額の25％相当、B評価（標準）であれば基本給額の20％相当、C評価（標準より劣る）であれば基本給額の15％相当を支給する。評価未実施者については、B評価として賞与を算定する。

　　3　スタッフは、派遣先で従事する業務に関する能力またはスキルにより、上級ランク、中級ランク及び初級ランクに区分されるものとし、第1項の基本給額を算出する際には、下表に従い、それぞれのランクに対応する同項掲記の通達における能力・経験調整指数を用いるものとする。

ランク	通達における能力・経験調整指数
上級ランク	経験10年の能力・経験調整指数
中級ランク	経験3年の能力・経験調整指数
初級ランク	経験1年の能力・経験調整指数

4　会社は、本協定第6条第1項の規定によるスタッフの勤務評価の結果、派遣先で従事する職務に変更がない場合であっても、能力またはスキルの向上があると認められた場合には、当該スタッフが位置づけられるランクに変更がないとしても、基本給額の1〜3％の範囲でそれを昇給させることがある。

（通勤手当）

第5条　スタッフの通勤手当は、通勤に要する実費に相当する額を支給する。

（本給の決定に当たっての評価）

第6条　派遣就業開始から1年を経過することとなる日（以下、「1年経過日」という。）まで継続して派遣されるスタッフに対しては、1年経過日までの間の勤怠、能力またはスキル、就業に対する意欲、会社の諸規則の遵守状況、派遣先における職場規律の遵守状況及び協調性に関し、目標管理制度により評価を行う。その後も継続派遣就業期間が1年を経過することとなるごとに同様とする。

2　前項の評価を行うにあたっては、1年経過日の前後各1カ月の間に、対象スタッフとの間において、同日までの目標達成状況及び同日以降の目標設定のための面談を実施する。ただし、当該スタッフが会社の指定した期日までにこれに応じないときは、この限りではない。

3　会社は、前項の面談実施後、遅滞なく当該スタッフの評価を確定させる。

4　第1項から前項までにより確定した評価の結果は、第4条

第3項に定められるスタッフのランク区分の変更、同条第4項に定められる昇給の要否及びその額、同条第2項に基づく賞与の額の変更の判断に使用する。

（賃金以外の待遇）

第7条　スタッフに対する教育訓練（次条に定めるものを除く。）、福利厚生その他の賃金以外の待遇については正社員と同一とし、社員就業規則第〇条から第〇条までの規定を準用する。

　2　前項のほか、派遣先がスタッフに対し、労働者派遣法第40条第2項及び第3項に基づき教育訓練及び福利厚生を実施するときは、スタッフは、それらを受けることができる。

（教育訓練）

第8条　労働者派遣法第30条の2に規定する教育訓練については、労働者派遣法に基づき別途定める「〇〇社教育訓練実施計画」に従って実施する。

（有効期間）

第9条　本協定の有効期間は、〇年〇月〇日から〇年〇月〇日までの1年間とする。

　　　年　　月　　日

　　　　　　　　　　〇〇株式会社取締役人事本部長　　　印

　　　　　　　　　　過半数代表　〇〇〇〇　　　印

注1　協定の適用対象とする派遣労働者を一部の者に限定することもできますが、その場合は、限定する理由を記載すること、及び、特段の事情がない限り、同一の労働契約期間中に適用対象の有無を変更しないことを記載する必要があります。

注2　退職金相当分として6％を加算する方式を選択した場合の例です。

注3　賃金構造基本統計調査の基準値のほかに、職業安定業務統計またはその他の所定の統計資料を基に定めることもできます。

別表1 同種の業務に従事する一般の労働者の平均的な賃金の額

××県

業務の種類	同種の業務に従事する一般の労働者の平均的な賃金の額（地域指数調整後）（時給　円）						
	勤続0年	1年	2年	3年	5年	10年	20年
□□□□	●●	●●	●●	●●	●●	●●	●●
…………	……	……	……	……	……	……	……

別表2　スタッフの時給額

【××県所在の派遣先にて派遣就業するスタッフ】（注4、注5、注6、注7）

業務の種類	評価	基本給（カッコ内は賞与額）（円）			時給額（円）		
		Aランク	Bランク	Cランク	Aランク	Bランク	Cランク
□□□□	A	○○（▲▲）	○○（▲▲）	○○（▲▲）	◎◎	◎◎	◎◎
	B	○○（▲▲）	○○（▲▲）	○○（▲▲）	◎◎	◎◎	◎◎
	C	○○（▲▲）	○○（▲▲）	○○（▲▲）	◎◎	◎◎	◎◎
…………	…	……	……	……	……	……	……
	…	……	……	……	……	……	……
	…	……	……	……	……	……	……

注4　Aランク、Bランク及びCランクと別表1の勤続年数との関係については、協定第4条第3項によることを前提としています。

注5　各ランクに対応する勤続年数の●●と○○を比較し、●●≦○○となっている必要があります。

注6　A評価の「▲▲」は「○○」の25%、B評価の「▲▲」は「○○」の20%、C評価の「▲▲」は「○○」の15%（いずれも円未満切上げ）を想定しています。

注7　各ランクの各評価ごとに、（○○＋▲▲）×1.06（円未満切り上げ）＝◎◎となるような額を想定しています。

第3部 労働協約

　　労働協約の意義や締結権者、効力などについては、第1部Ⅱ
において詳述しましたので、ここでは、まず、労働協約の締結
状況を概観した上で（Ⅰ）、次いで、いわゆる包括協約につ
き、一般に見られる条項例を掲げながらその意義や効果を解説
し（Ⅱ）、最後に、いわゆる個別協約を締結する際の留意点を
考えてみることとします（Ⅲ）。

Ⅰ 労働協約の締結状況

まず、労働協約の締結状況をみていくことにします。

1 労働組合の組織状況

　労働協約は、個別の労働契約や就業規則に優先する強い効力を持つものでありながら、それがまったく存在しないという企業も多いことと思います。その要因の一つは、労働協約の一方の締結主体である労働組合が、そもそも存在しないという点にあるでしょう。

　そこで、近時の労働組合の組織の実態をみておくこととしましょう。厚生労働省が、労働組合及び労働組合員の産業、企業規模、加盟上部組合別の分布等、労働組合組織の実態を明らかにすることを目的に、我が国におけるすべての労働組合を対象として、毎年行っている「労働組合基礎調査」の平成30年の結果によれば、労働組合の推定組織率（雇用者数に占める労働組合員数の割合）は17.0％となっています。

　このうち、民営企業の労働組合員数（単位労働組合）は865万3千人ですが、企業規模別に見ると、1,000人以上規模が565万7千人（全体の65.4％）と3分の2近くを占め、次いで、300〜999人規模が115万4千人（同13.3％）、100〜299人規模が60万2千人（同7.0％）などとなっており、企業規模が小規模になるほど組織率が低くなっていることがわかります。

　こうした労働組合の組織状況の実態を見ると、中小企業などでは、企業内に労働組合が存在したこともなければ、従業員が外部の労働組合に加盟

— 222 —

第３部　労働協約

Ⅰ　労働協約の締結状況

労働組合数、労働組合員数及び推定組織率の推移（単一労働組合）（各年６月30日現在）

年	労　働　組　合　数			労　働　組　合　員　数			雇用者数※	推定組織率
		対前年差	対前年増減率		対前年差	対前年増減率		
	組合	組合	％	千人	千人	％	万人	％
平成26年	25,279	-253	-1.0	9,849	-26	-0.3	5,617	17.5
				(3,054)	(20)	(0.7)	(2,444)	(12.5)
27	24,983	-296	-1.2	9,882	33	0.3	5,665	17.4
				(3,120)	(66)	(2.2)	(2,490)	(12.5)
28	24,682	-301	-1.2	9,940	58	0.6	5,740	17.3
				(3,192)	(72)	(2.3)	(2,544)	(12.5)
29	24,465	-217	-0.9	9,981	41	0.4	5,848	17.1
				(3,268)	(76)	(2.4)	(2,609)	(12.5)
30	24,328	-137	-0.6	10,070	88	0.9	5,940	17.0
				(3,357)	(90)	(2.7)	(2,665)	(12.6)

注：（　）内は、女性についての数値である。
※　「雇用者数」は、労働力調査（総務省統計局）の各年６月分の原数値である。

企業規模別（民営企業）労働組合員数及び推定組織率（単位労働組合）

企　業　規　模	労　働　組　合　員　数				雇用者数1)	推定組織率
		対前年差	対前年増減率	構成比		
	千人	千人	％	％	万人	％
計2)	8,653	104	1.2	100.0	5,436	15.9
1,000人以上	5,657	108	1.9	65.4	1,364	41.5
300 ～ 999人	1,154	4	0.4	13.3	1,496	11.7
100 ～ 299人	602	-3	-0.6	7.0		
30 ～ 99人	188	-3	-1.4	2.2	2,495	0.9
29 人 以 下	26	-1	-3.5	0.3		
そ　の　他3)	1,026	-1	-0.1	11.9	…	…

注：1）　「雇用者数」は、労働力調査（総務省統計局）の民営企業の数値である。
　　2）　「計」は、企業規模不明を含む。
　　3）　「その他」は、複数企業の労働者で組織されている単位労働組合及び規模不明の単位労働組合の労働組合員数を含む。

したこともなく、そもそも労働協約を締結するような環境にはないという
のが大半と考えられます。

2 労働協約の締結状況

　それでは、次に、労働組合が存在する企業における労働協約の締結状況
をみてみることにしましょう。

　労働組合が結成されたからといって、使用者は労働協約を締結する義務
を負うものではありません。しかし、労働組合の存在意義は、労働協約の
締結にあると言っても過言ではないのであって、実際に労働組合の存在す
る多くの企業において労働協約が締結されているようです。

　厚生労働省が、平成29年に、民間の30人以上の組合員を有する全国の約
5,200組合を対象に行った「平成29年　労使間の交渉等に関する実態調査」
によれば、以下のとおり、何らかの労働協約を締結している組合の割合は
94.7％となっており、規模が小さい企業でも9割前後で労働協約が締結さ
れていることがわかります。

3 包括協約の締結状況

　包括協約は、労使関係についての一般的、基本的事項、具体的には、労
働組合員の範囲や労働協約の適用範囲、労働組合員の組合活動、労働組合
または労働組合員に対する便宜供与、団体交渉や労使協議会などの労使間
の交渉ルール、争議行為の予告や争議行為中の対応などの争議行為に関す
る事項、解雇や懲戒処分など労働組合員の人事に関する一般的事項などが
規定されるものです。

　したがって、規定事項が多岐に及び、また労使間の基本的関係を規律す
る規範となることから、文言や表現にも気を使うこととなります。このた
め、正常な労使交渉が重ねられる中で、ときには労使がそれぞれ代表を出
して作業部会のような場を作り、そこで議論を詰めていくという形の中

第３部　労働協約

I　労働協約の締結状況

労働協約の締結の有無別割合（単位労働組合）

（単位：％）

区　分	計[1]	労働協約を締結している			労働協約を締結していない		
		平成29年	平成27年	前回差（ポイント）	平成29年	平成27年	前回差（ポイント）
単位労働組合計	100.0	94.7	93.4	(1.3)	4.7	6.5	(−1.8)
〈企業規模〉							
5,000人以上	100.0	98.3	98.3	(0.0)	1.7	1.7	(0.0)
1,000 〜 4,999人	100.0	95.8	97.0	(−1.2)	3.9	3.0	(0.9)
500 〜 999人	100.0	97.6	91.4	(6.2)	2.4	8.6	(−6.2)
300 〜 499人	100.0	95.0	96.4	(−1.4)	5.0	3.6	(1.4)
100 〜 299人	100.0	93.9	86.8	(7.1)	5.9	12.9	(−7.0)
30 〜 99人	100.0	86.5	88.4	(−1.9)	9.7	11.6	(−1.9)
〈産業〉							
鉱業，採石業，砂利採取業	100.0	92.8	96.1	(−3.3)	3.1	3.9	(−0.8)
建設業	100.0	96.0	97.4	(−1.4)	4.0	2.6	(1.4)
製造業	100.0	93.5	93.1	(0.4)	5.0	6.9	(−1.9)
電気・ガス・熱供給・水道業	100.0	97.6	97.1	(0.5)	2.4	2.9	(−0.5)
情報通信業	100.0	98.0	96.4	(1.6)	2.0	3.6	(−1.6)
運輸業，郵便業	100.0	98.8	97.5	(1.3)	1.2	2.5	(−1.3)
卸売業，小売業	100.0	98.7	93.2	(5.5)	1.3	6.8	(−5.5)
金融業，保険業	100.0	94.9	98.7	(−3.8)	4.5	1.0	(3.5)
不動産業，物品賃貸業	100.0	89.5	89.7	(−0.2)	10.5	10.3	(0.2)
学術研究，専門・技術サービス業	100.0	93.3	96.2	(−2.9)	6.4	3.8	(2.6)
宿泊業，飲食サービス業	100.0	88.7	88.5	(0.2)	10.2	11.5	(−1.3)
生活関連サービス業，娯楽業	100.0	88.0	79.4	(8.6)	12.0	20.6	(−8.6)
教育，学習支援業	100.0	82.6	71.2	(11.4)	16.1	28.5	(-12.4)
医療，福祉	100.0	88.7	87.7	(1.0)	11.3	11.7	(−0.4)
複合サービス事業	100.0	90.9	90.0	(0.9)	8.4	10.0	(−1.6)
サービス業（他に分類されないもの）	100.0	89.2	91.7	(−2.5)	10.2	8.3	(1.9)
〈労働組合の種類〉							
支部等の単位扱組合	100.0	97.8	97.4	(0.4)	2.0	2.6	(−0.6)
単位組織組合	100.0	90.8	88.5	(2.3)	8.0	11.4	(−3.4)

注：1）　労働協約の締結の有無「不明」を含む。

— 225 —

で、ようやく出来上がるというのが一般的です。

　まれに、労働組合結成直後に、組合の側から、使用者に対し、包括協約の原案が提示され、第1回の団体交渉前に、あるいは第1回団体交渉時に、当該協約案への署名が求められるということがあるようですが、こうした形で協約が締結されたとしても、労使間の交渉を経ていないがゆえに、後日労使間に当該協約をめぐって紛争が生じることになりがちです。例えば、第1回団体交渉時に締結した労働協約中に、「組合員の労働条件の変更に関してはすべて組合の事前の同意を要する」との条項が含まれていたところ、使用者側が当該条項の意義を充分に理解しておらず、後日組合の事前同意を得ずに組合員の労働条件を変更しようとしてトラブルになるというケースを目にすることもあります。

　つまり、包括協約をいきなり締結するというやり方は、後日の紛争の元となる可能性がありますので、賢明な方法ではありません。ある程度成熟した労使交渉が重ねられる中で締結を目指せばよいことであり、場合によっては、合意した事項から協約化して行き、ある程度まとまったところで包括協約化を検討するという方法でもよいでしょう。

　そして、こうした方法をとるときは、労使間で充分な検討を経た上での包括協約となっているはずですから、協約の締結に関し問題が起きることは少ないはずです。

　包括協約の規定事項については、Ⅱにおいて条項例とともに解説しますが、ここでは実際の労働協約において、どのような事項が規定されているのかをみておくこととします。

　労働協約には、大別して、労働組合に関する事項と組合員の労働条件に関する事項が規定されます。

　平成23年労働協約等実態調査を見ると、現場では以下のような事項が協約化されているようです（なお、以下における協約は包括協約に限るものではありませんが、実際には包括協約に規定されることが多い事項ですので、ここに掲げておきます。）。

第3部 労働協約
I 労働協約の締結状況

事項別労働協約等何らかの規定がある労働組合割合（全数＝100）

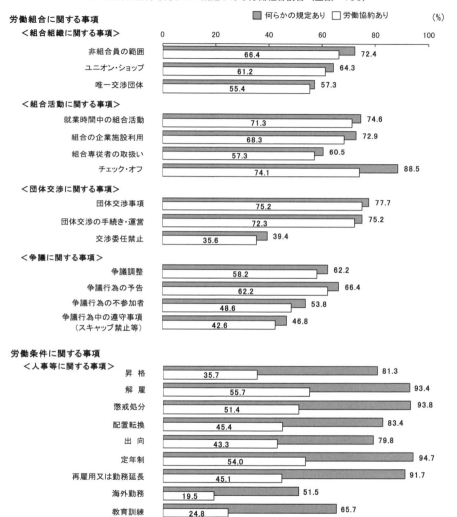

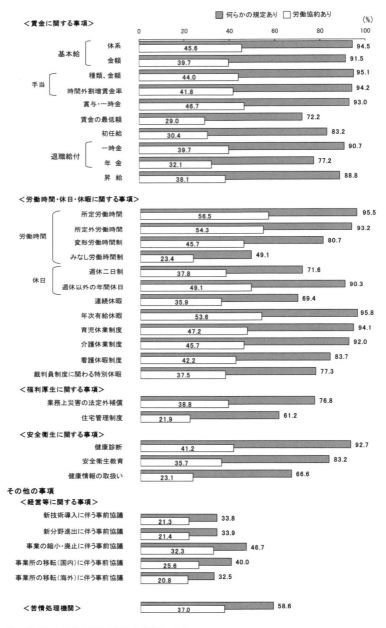

第3部　労働協約
Ⅰ　労働協約の締結状況

④ 個別協約の締結状況

　包括協約のような労使間の一般的、基本的事項に関する協約ではなく、個々の問題に関して結ばれる協約を「個別協約」と呼ぶことがあります。

　個別協約は、労使間に問題が生じた場合や新たな労働条件が設定される場合などに締結されるものであって、その対象もあらゆる事項に及び得ることになります。企業外の一般労組との間に包括協約が結ばれることは多くないようですが、個別協約は、個々の問題につき交渉し、合意が得られれば、そうした組合との間でも締結されることになります。特に、近時は、処遇に不満を持ったり労災の被害を訴える労働者が外部の一般労組に個人加盟し、当該組合と使用者との間で、当該労働者の処遇や補償をめぐって交渉が重ねられ、その結果合意が得られた事項に関し、協約が結ばれるという形をよく目にします。こうした協約の締結に当たっての注意点については、Ⅲで解説します。

— 229 —

Ⅱ 包括協約の規定事項と条項例

　ここでは、一般的な包括協約の条項を項目ごとに掲げながら、その意義や協約を定めるに当たっての注意点を指摘していくこととします。

　包括協約を策定していく際の参考に、あるいは既に存在する包括協約の解釈の一助となるよう、前文から順を追って配列しています。

1 前　文

【条項例】

　例１：　○○株式会社（以下会社という）と○○労働組合（以下組合という）とは、次のとおり労働協約を締結する。

　例２：　○○株式会社と○○労働組合とは、互いに相協力して社業の発展に寄与し、労働条件の維持、改善を図るために本協約を締結する。

　例３：　○○株式会社（以下会社という）と○○労働組合（以下組合という）とは、次のとおり労働協約を締結し、相互に信義を旨とし、双方誠意をもってこれを遵守実行する。

〈解　説〉

　労働協約に前文を置くかどうか、置くとしてどのような事項を記載するかは、当事者の自由であり、実際の労働協約をみても一様ではありません。

第3部　労働協約

Ⅱ　包括協約の規定事項と条項例

　前文がない労働協約であっても、詳細な前文が付されている労働協約であっても、労働協約自体の効力に差はありません。

2　総則的条項

（1）　目　的

【条項例】

　例1：　本協約は、会社と組合が互いに相協力して社業の発展に寄与し、労働条件の維持、改善を図ることを目的とする。

　例2：　この協約は、会社の健全なる発展、永続を図るとともに、会社と組合との間に健全な労使関係を確保し、組合員の地位の向上と労働条件の維持改善を図ることを目的とする。

〈解　説〉

　労働協約本文の冒頭に目的を掲げるかどうか、掲げるとしていかなる書き方をするかにつき、特段制限はありません。

　一般的には、包括協約の場合には、上記のような条項が本文の冒頭に置かれることが多いようですが、個別事項に関する協約の場合には、こういった条項が置かれないか、または前文の中に盛り込まれることが多いようです。

（2）　適用範囲

【条項例】

　例1：　この協約は、会社の従業員である組合員に適用する。

　例2：　この協約は、次の一に該当する者を除き、組合員である従業員に適用する。

　　　　（1）　嘱託

— 231 —

（2）　試用期間中の者

例3：　この協約の適用関係は、以下のとおりとする。

（1）　正社員たる組合員：　本協約の全条項

（2）　パート、嘱託、契約社員たる組合員：　本協約のうち、第○条、第○条、第○条及び第○条から第○条を除く全条項

（3）　試用期間中の者：　本協約のうち第○条及び第○条

〈解　説〉

　労働協約は、組合員の労働条件について定めるものですから、もともと組合員にのみ適用されることを前提としているのであって、労働協約の適用範囲として、「組合員に適用する」と定めることは、当然のことを規定しているにすぎないと言えます。

　しかし、例2や3のように、一部の者について適用を除外する場合には、その旨を明らかにしておく必要がありますし、定昇や賞与に関する協定（協約）などの場合には、適用範囲が限定されることもありますから、協約の適用範囲に関する定めが重要な意味を持つこともあります。

　なお、協約の適用範囲に関する条項は、以下に述べる組合員の範囲に関する条項やショップ制に関する条項と合わせて規定されることもあります。

（3）　組合員の範囲

【条項例】

例1：　○○労働組合の組合員は、次の者を除く会社の従業員とする。

（1）　課長以上の職にある者

（2）　人事ならびに労働条件の決定に関して直接の権限をもつ者

（3）　契約社員、嘱託社員、パートタイマー

例２： 会社の従業員は、すべて組合の組合員でなければならない。ただし、次に掲げる者は、組合員から除外する。

（１） 課長以上の管理職者

（２） 人事、経理を担当する管理職を補佐する者

（３） 試用期間中の者

（４） 嘱託及び臨時従業員

（５） その他、会社、組合双方において承認した者

例３： 会社に勤務する従業員は、すべて組合員とする。ただし、次の各号に該当する者を除く。

（１） 直接使用者の利益を代表すると認められる者（部・室・支店または所の課長または室長以上の者）

（２） 試用期間中の者及び55歳以上の専任職者

（３） 会社と直接雇用関係のない者で、会社・組合合意の上定めた者

（４） その他会社・組合合意の上定めた者

〈解　説〉

　誰を組合員とするかは、本来労働組合自身が自主的に組合規約において決定できる事柄です。出向者であっても、場合によっては転籍者についても、労働組合員とすることはもとより可能です。労組法第２条ただし書では、組合員となり得ない者を定めていますが、これはかかる者の参加を許す組合は、労組法の保護を受けることができないという意味を有するにすぎず、そうした者を参加させているからという理由だけで、労働組合としての性格が否定されるわけではありません。

　このため、組合員の範囲について労働協約に定めたとしても、それは紳士的効力しか有し得ないと言われています。

　したがって、組合員の範囲を制限する労働協約が存在するのに、それに反する者を労働組合に加入させたからといって、使用者がそのことを理由

に団体交渉を拒否することは許されないでしょう。

しかし、当該条項は、労働協約の適用範囲を定めたものとしての意味を有すると解することは可能であり、例えば、契約社員については労働組合員とはしない旨の協約が存する場合に、労働組合が契約社員を組合員とした場合であっても、それ以前に使用者と労働組合との間で締結されていた労働協約が契約社員にも及ぶとは解されません。

なお、使用者側が、労働組合に対して、「非正規社員は労働組合員としないように」とか、「転籍者は労働組合員資格を喪失させるように」といったことを要請し続ければ、支配介入の不当労働行為（労組法第7条第3号）と評価される可能性があります。

（4） ユニオン・ショップ条項

【条項例】

（完全なユニオン・ショップ条項）

例1：　会社の従業員は、すべて組合員でなければならない。会社は、組合より除名された者、組合に加入しない者、組合を脱退した者を解雇する。

（いわゆる尻抜けユニオン・ショップ条項）

例2：　会社の従業員は、すべて組合員でなければならない。会社は、組合より除名された者、組合に加入しない者、組合を脱退した者を原則として解雇する。

例3：　会社の従業員は、すべて組合員でなければならない。ただし、会社は、組合より除名された者、組合に加入しない者、組合を脱退した者であっても、業務上の必要性があるときは、その解雇について組合と協議する。

（クローズド・ショップ条項）

例4：　会社は○○組合の組合員でなければ採用せず、組合員の資格を失った者は解雇する。

第3部　労働協約
Ⅱ　包括協約の規定事項と条項例

〈解　説〉

　ショップ制には、オープン・ショップ（労働組合への加入、脱退が自由なショップ制）、クローズド・ショップ（組合員の中から従業員を採用する）、パーセンテイジ・ショップ（一定比率の組合員を雇用する）等種々ありますが、わが国で通常締結されるのは「ユニオン・ショップ」（従業員は組合員でなければならない。脱退、除名の場合は解雇する）というものです。もっとも、わが国の多くのユニオン・ショップ条項には、「ただし、会社が必要と認めたときは、解雇しないことができる」というただし書が付されており、「尻抜けユニオン」などと呼ばれています。

　有効なユニオン・ショップ協定を締結するためには、労働組合が当該事業場の同種の労働者の過半数を組織していなければなりません（労組法7条1号ただし書）。逆に、ユニオン・ショップ協定を結んだ労働組合の組合員が一つの工場事業場における労働者の過半数を割った場合は、一般にその効力が失われるとされています。

　ユニオン・ショップ協定をめぐっては、組合を除名された者や脱退した者に対する解雇の効力が問題となります。

　まず、組合を除名された者についても、後日その者の除名が無効とされた場合には、「訴外化学産業労働組合同盟日本食塩支部は、被上告会社との間に「会社は組合を脱退し、又は除名された者を解雇する。」とのユニオン・ショップ条項を含む包括的労働協約を締結していたところ、……離籍（除名）の効力いかんによつては、本件解雇を無効と判断すべき場合があるものといわなければならない。」と判示されているとおり（日本食塩製造事件・最2小判昭50.4.25）、解雇も無効となります。

　また、労組を脱退したり除名された者が直ちに別の労働組合に加入したときも、元の労組との間のユニオン・ショップ協定に基づいて解雇することは許されません。最高裁は、「ユニオン・ショップ協定は、労働者が労働組合の組合員たる資格を取得せず又はこれを失った場合に、使用者をして当該労働者との雇用関係を終了させることにより間接的に労働組合の組織の拡大強化を図ろうとするものであるが、他方、労働者には、自らの団

— 235 —

結権を行使するため労働組合を選択する自由があり、また、ユニオン・ショップ協定を締結している労働組合（以下「締結組合」という。）の団結権と同様、同協定を締結していない他の労働組合の団結権も等しく尊重されるべきであるから、ユニオン・ショップ協定によって、労働者に対し、解雇の威嚇の下に特定の労働組合への加入を強制することは、それが労働者の組合選択の自由及び他の労働組合の団結権を侵害する場合には許されないものというべきである。したがって、ユニオン・ショップ協定のうち、締結組合以外の他の労働組合に加入している者及び締結組合から脱退し又は除名されたが、他の労働組合に加入し又は新たな労働組合を結成した者について使用者の解雇義務を定める部分は、右の観点からして、民法90条の規定により、これを無効と解すべきである（憲法28条参照）。そうすると、使用者が、ユニオン・ショップ協定に基づき、このような労働者に対してした解雇は、同協定に基づく解雇義務が生じていないのにされたものであるから、客観的に合理的な理由を欠き、社会通念上相当なものとして是認することはできず、他に解雇の合理性を裏付ける特段の事由がない限り、解雇権の濫用として無効であるといわざるを得ない」と判示し（三井倉庫港運事件・最判平1.12.14等）、このことを明らかにしています。

（5） 唯一交渉団体条項

【条項例】

例1： 会社は、組合が従業員を代表する唯一の団体であることを認め、組合以外のものとは交渉を行わない。

例2： 会社は、組合を従業員唯一の団体交渉体として認める。一切の交渉は、組合とのみ行う。

例3： 会社は、組合が労働組合法に基づく労働組合であり、かつ会社に勤務する従業員を代表する唯一の労働組合であることを認める。

第3部　労働協約
Ⅱ　包括協約の規定事項と条項例

〈解　説〉

　当事者間で、ある特定の労働組合を従業員を代表する唯一の交渉相手として認め、他の団体を交渉相手としない旨を合意した協約条項を、唯一交渉団体条項と言います。

　しかし、こうした条項を結んでいたとしても、別組合から団体交渉を申し入れられた場合には、これに応じなければなりません。この意味で、この条項は、実質的意義は少ないものと言えます。

③ 組合活動に関する条項

（1）　就業時間中の組合活動

【条項例】

例1：

（就業時間中の組合活動）

第○条　組合員の組合活動は、原則として就業時間中は行わない。ただし、次の各号の一に該当する場合はこの限りではない。

　　　1　団体交渉及び労使協議会に交渉員が出席するとき

　　　2　苦情処理に必要な調査その他の活動を行うとき

　　　3　組合の加盟団体に組合員を派遣しまたはその諸会議に構成員が出席するとき

　　　4　……

（離席のための届出）

第△条　組合員が前条の組合活動のため職務を離れるとき、組合は事前に会社へ届け出ることとする。

（組合活動時間中の賃金）

第×条　組合員が組合活動をなした時間に対しては、賃金は支給しない。ただし、第○条に定める団体交渉及び労使協議会出席時間については、通常の労働をした場合に支払われる賃金を支給する。

— 237 —

例2:

　　組合員が組合活動を行う場合は、原則として、所定労働時間外に行う。ただし、次に掲げる組合活動については、これを所定労働時間内に行うことができるものとし、会社は、その時間に対する賃金を差し引かない。

（1）　団体交渉
（2）　経営協議会
（3）　苦情処理委員会
（4）　懲戒委員会
（5）　その他特に会社が認めた活動

〈解　説〉

　わが国の労働組合法上、労働組合は、「労働者が主体となって自主的に労働条件の維持改善その他経済的地位の向上を図ることを主たる目的として組織する団体又はその連合団体」とされているところから（2条）、組合運営のための経費についても、使用者の経理上の援助を受けるものは原則として同法上の労働組合ではなく（同条2号本文）、また経費援助をなすことは原則として不当労働行為として禁止されています（同法7条3号）。

　したがって、使用者としては、労働組合ができたからといって就業時間中にその活動を保障する義務を負うものではありません。確かに、労組法第7条第3号は、労働組合の運営を支配し、介入することを不当労働行為として禁止しつつ、「但し、労働者が労働時間中に時間又は賃金を失うことなく使用者と協議し、又は交渉することを使用者が許すことを妨げるものではなく……」と定め、就業時間中に賃金を減額することなく団体交渉をすることを不当労働行為から除外していますが、これは使用者に対し、かかる対応を義務付けているものではなく、そうした措置をとったとしても不当労働行為とはみなさないということを明らかにしているにすぎません。それゆえ、団体交渉以外の組合活動はもちろん、団体交渉について

— 238 —

第3部　労働協約

Ⅱ　包括協約の規定事項と条項例

も、就業時間外で行うこととし、就業時間中は一切これを認めないという態度をとったとしても、特段不当労働行為とみられるものではありません。

　しかし、わが国においては、多くの企業がユニオン・ショップ制の下、企業内組合だけが存在するという状況であり、労使間で争議行為に発展するような対立を抱えているケースは少なく、使用者側も、就業時間中の労働組合活動を一定の範囲で容認しているというのが実態です。そこで、就業時間中の組合活動に関し、例えば、許可制とするのか、届出制とするのか、あるいは、認める活動をどの範囲とするのか、時間はどの程度まで認めるのか、といった基本的ルールを労働協約として定めておく必要が生じてきます。

　上記のように、もともと使用者は就業時間中の組合活動を容認すべき義務を負うものではないのですから、これに関していかなる協約を結ぶかは、労使間の交渉によって決まる事柄であって、内容につき特段制限はありません。もちろん、有給とするか無給とするか、あるいは、一部の活動についてのみ有給とするかといったことも、労使間で取り決めればよいことになります。

　ただし、企業内に複数の労働組合が存在する場合に、一方の組合にだけ就業時間中の組合活動を保障し、他方の組合についてはそれを拒否するといった態度をとる場合には、組合間差別として、問題とされる可能性がありますので、留意する必要があります。

（2）　チェック・オフ条項

【条項例】

（チェック・オフ条項）

　第○条　会社は、組合員の毎月の賃金から組合費を控除し、当月末日までに組合に引き渡す。

　　2　組合は、組合費を徴収すべき組合員に変更があったときは、毎月○日までに会社へ通知する。

— 239 —

＊　賃金控除協定の例については、66ページを参照してください。

〈解　説〉

　チェック・オフとは、使用者が組合費を組合員の賃金から天引きし、一括して当該労働組合に渡す制度のことです。

　本来、労働組合は、自らの力で組合員からの組合費を徴収しなければならず、使用者が組合のこのような作業に協力する義務を負うものではありません。社員が企業外の組合に加入し、第1回の団体交渉申入書とともに交付される要求書の中に、「組合員の組合費につきチェック・オフをすること」という項目が入れられていることがありますが、かかる要求を受けた使用者としても、これに応ずるか否かは自由です。しかし、実際には、わが国の組合の多くが企業内組合であり、しかも唯一の組合であることなどから、チェック・オフ協定が結ばれているケースが多いようです。平成18年労働協約等実態調査によれば、組合費のチェック・オフが「行われている」組合は93.5％、「まったく行われていない」組合は4.6％となっており、このような状況は、企業規模によってもあまり差はないようです。ただ、組合の組織率が10％未満の場合は他に比較してチェック・オフが行われている割合は低くなっています。

　ところで、賃金については、全額払いの原則が定められているのですから（労基法第24条第1項本文）、組合員であるといっても労働者の賃金から控除を行う場合には、同項ただし書にある労使協定が存在することが前提となります。すなわち、有効にチェック・オフをするためには、賃金控除協定中に、組合費が控除対象として明記されており、かつ、使用者と労働組合の間でチェック・オフ協定が結ばれていることが前提となります（済生会中央病院事件・最2小判平1.12.11）。もし、当該組合が、事業場の過半数労組であり、労使協定の締結当事者としての要件をも具備している場合には、賃金控除協定とチェック・オフ協定とを1本の労働協約の形で結ぶことも可能です。

　ただし、最高裁は、賃金控除協定及びチェック・オフ協定が有効に結ばれている場合であっても、「使用者と労働組合との間に右協定（労働協約）

が締結されている場合であっても、使用者が有効なチェック・オフを行うためには、右協定の外に、使用者が個々の組合員から、賃金から控除した組合費相当分を労働組合に支払うことにつき委任を受けることが必要であって、右委任が存しないときには、使用者は当該組合員の賃金からチェック・オフをすることはできないものと解するのが相当である」と判示していますから（エッソ石油事件・最1小判平5.3.25)、組合員たる労働者からの委任も取得しておく必要があり、また、労働者が途中でチェック・オフの中止を申し出たときは、使用者はこれに従わなければなりません。

（3）　施設・設備の貸与

【条項例】

例1：

（組合事務所の貸与）

　会社は、組合に対し、別途定める条件にて、以下の場所を組合事務所として貸与する。

　　　　場所　事務所棟1階南側○○号室

　　　　広さ　○○平方メートル

（掲示板の貸与）

　会社は、組合に対し、食堂前の掲示板につき、南側の端から縦○センチメートル、横○センチメートルの範囲を貸与する。

例2：

　会社は、あらかじめ組合から申出があった場合、特に支障がない限り組合活動に必要な施設及び什器等を組合に貸与する。この場合の貸与条件については、別途覚書を締結する。

例3：

　会社は、組合が各事業所ごとに報道告知に必要な掲示板を設置することを認め、組合は組合活動に必要な事項を掲示する。

2　掲示板には、私行につき個人を誹謗する事項、または事実を歪曲し

た事項を掲示することはできない。

例4：

　会社は、組合から次に掲げる事項について申出があった場合は、業務上または保安上重大な支障がない限りこれを認める。ただし、貸与条件等については、その都度協議、決定する。

（1）　組合事務所として会社建物の一部を使用すること

（2）　組合の集会その他に会社の諸施設備品等を使用すること

〈解　説〉

　労働組合は、自らの財源によって組合活動をすべきであり、組合事務所や掲示板なども、自ら確保すべきものです。したがって、チェック・オフ協定の場合と同様、組合結成時などに、組合事務所の貸与や会社掲示板の利用などについて要求がなされた場合であっても、使用者がこれに応ずるかどうかは、その後の交渉の中で決めていけばよいことです。最小限の広さの組合事務所の供与については、支配介入に当たらないとの条文がありますが（労組法第7条第3号ただし書）、これはむろん使用者に組合事務所の無償貸与を義務付けるものではありませんし、その他の施設や設備の利用を認めるべき義務を課す規定でもありません。近時は、社内のネットワークシステムの利用などが要求されることもあるようですが、これについても同様に考えることができます。

　もっとも、複数組合が並存する状況の場合には、一方の組合には事務所や掲示板を貸与し、他方の組合に対しては何ら貸与しないという態度をとるときは、支配介入の不当労働行為と評価される可能性がありますので、注意を要します。

　もし、組合に対し、事務所を貸与するのであれば、賃貸借契約あるいは使用貸借契約を取り交わしておいたほうがよいでしょうし、そこで使用される電気代や電話代の負担などについても、取決めをしておいたほうがよいでしょう。

第3部　労働協約
Ⅱ　包括協約の規定事項と条項例

（4）　専　従

【条項例】

例1：

（組合専従者）

第○条　会社は、組合が組合員より○名当たり1名の割合で組合専従者を置くことを認める。この場合において、組合は、会社に対し、専従開始日の1カ月前までに、専従者となる者の氏名、所属及び専従期間を通知する。

（専従者の取扱い）

第△条　専従期間中及び専従期間終了後の専従者の取扱いについては、以下のとおりとする。

1　専従期間は休職扱いとする。

2　退職金、年次有給休暇日数及び休職期間算定にあたって基礎となる勤続年数については、専従期間を勤続年数に通算する。

3　専従期間中、賃金その他の給与は支払わない。

4　専従期間中昇給及び昇格は行わない。

5　福利厚生施設の利用については、一般組合員と同様とする。

6　就業規則その他会社諸規程の適用については、専従者であることにより適用できない部分を除き一般組合員と同様とする。

7　専従期間終了後は、原則として元職に復帰するものとするが、業務の都合上やむを得ない場合は、異なる部署に異動させる。

（不利益取扱いの禁止）

第×条　会社は、組合員が専従者であること、または専従者であったことを理由として、不利益な取扱いをすることはしない。

例2：

　会社は、組合が組合業務専従者を置くことを承認する。この取扱いは次の各号による。

（1）　専従期間にかかる賃金、賞与、退職金は、一切組合において負

— 243 —

担する。

（2）　会社の厚生制度・施設等については、他の組合員と同様とする。

（3）　雇用保険料、健康保険料、厚生年金保険料、持株会奨励金及び社宅賃借料は、組合において負担する。

（4）　会社は、専従者が専従をとかれた場合は、元の職場に復帰させる。ただし、支障ある場合は、別の職務ないし職場に配属させる。

（5）　その他組合専従者の取扱いについて疑義が生じた場合は、双方協議する。

〈解　説〉

　労働組合員たる従業員が専ら労働組合の業務に従事することを「専従」といい、その従業員としての地位を保ったままその地位に就くことを「在籍専従」、一旦退職してその地位に就くことを「離籍専従」などと呼んでいます。

　離籍専従は、一旦使用者との関係が切断されるわけですから、その期間中の処遇につき特に問題となることは生じません。

　他方、在籍専従の場合には、使用者との雇用関係自体は継続していますので、その間の処遇や専従期間終了後の取扱いにつき、問題を生じます。

　ところで、通説・判例では、労働組合の側に専従制度を設けるよう要求する権利があるわけではなく、使用者が承認した場合に限って認められるとされています（和歌山市教祖事件・最大判昭40.7.14、三菱重工業長崎造船所事件・最判昭48.11.8）。

　したがって、在籍専従を実施する場合は、労使間の合意の存在が前提となっているのであって、通常はその者の専従期間中の処遇や専従期間終了後の取扱いについても、協定（労働協約）により定められているはずです。多くは、期間中は休職扱いとされ、労働義務が免除される一方賃金は

第3部　労働協約
Ⅱ　包括協約の規定事項と条項例

支払われず、専従期間終了後は元職に復帰することとされているようです。

4　労使交渉に関する条項

（1）　団体交渉に関する条項

【条項例】
例1：
（団体交渉の申入れ）
第○条　会社または組合が団体交渉の開催を申し入れる場合には、開催希望日の1週間前までに以下の事項を記載した書面を相手方に交付して行わなければならない。
　　①　交渉希望日時
　　②　議題
　　③　交渉委員の氏名
（団体交渉の開催）
第△条　前条の申入れを受けた当事者は、申入れを受けた日の翌日から3営業日以内に、当該団体交渉応諾意思の有無ならびに応諾する場合はその開催日時及び交渉委員の氏名を相手方に通知する。
　　2　前項の団体交渉の開催日時決定に当たっては、原則として、第○条の交渉の申入れを受けた日から2週間以内の日となるように努めるものとする。
　　3　前二項に定めるほか、団体交渉の開催に関して疑義を生じた場合には、会社及び組合は、事務折衝を行い、協議する。
（団体交渉の方式）
第×条　団体交渉は、1回につき、概ね2時間を限度とする。
　　2　団体交渉の議事録は、会社及び組合が交互に作成し、作成後相手方の確認を経た上で、双方当事者が署名または記名・押印す

— 245 —

る。

例2：

（団体交渉の対象）

第〇条　団体交渉の対象は、次の事項とする。

　　　　①　労働協約の改定に関する事項

　　　　②　賃金・賞与の基準に関する事項

　　　　③　その他会社または組合が必要と認めた事項

（団体交渉の手続き）

第△条　団体交渉を行う場合は、次の手続きによる。

　　　　①　交渉事項は、交渉日の1週間前までに書面をもって相手方に通知する。

　　　　②　交渉の日時、場所、議事進行の手続き、交渉委員名については、事務折衝により決定する。

　　　　③　団体交渉1回の交渉時間は、2時間をもって限度とする。

（交渉妥結事項の効力）

第×条　団体交渉において妥結した事項について、書面を作成し双方署名し押印したものは、この協約と同一の効力をもつものとする。

例3：

第〇条　次の事項については、団体交渉手続きによって協議する。

　　　　①　労働協約の締結及び改正

　　　　②　組合員の労働条件、身分及び待遇に関する一般的事項

　　　　③　その他前各号に準ずる事項

第△条　団体交渉の出席者は、会社、組合とも原則として各10名以内とする。

第×条　団体交渉は原則として非公開とする。ただし、あらかじめ相手方の同意を得たときは、前条に定める者以外の者を列席させることができる。

第◇条　会社または組合が団体交渉を要求する場合は、5日前までに文書をもって相手方に通知しなければならない。ただし、この期間

は相手方の同意を得て短縮することができる。

 2 前項の文書には、次の事項を記載しなければならない。

 ① 交渉の議題

 ② 団体交渉の開催を希望する日時

 ③ 団体交渉の場として希望する場所

第□条 会社及び組合は、団体交渉により協議の調った事項をその都度文書により相互に確認する。

 2 前項の文書のうち会社・組合各々署名捺印したものは、労働協約と同一の効力を有する。

〈解　説〉

 労組法第6条は、「労働組合の代表者又は労働組合の委任を受けた者は、労働組合又は組合員のために使用者又はその団体と労働協約の締結その他の事項に関して交渉する権限を有する。」と定め、同法第7条第2号は、「使用者が雇用する労働者の代表者と団体交渉をすることを正当な理由がなくて拒むこと。」を不当労働行為としています。

 労働組合の存在意義は、組合員たる労働者の労働条件の維持改善にあり、そのために使用者と交渉する権限が保証され、それを忌避するような使用者の態度が規制されることは当然の事理と言えます。

 しかし、具体的に、団体交渉の申入れはどのようにしてなされるべきであるのか、交渉にはどういった立場の者が何人程度出席するのか、交渉の場所はどちらが用意するのか、議事録を作成するのか、等々の諸点について、法律は何ら規定していません。

 組合結成直後の最初の団体交渉に関しては、組合から申入れを受けた使用者が、交渉に応ずることが可能な日時を組合に連絡し、交渉を行う場所や参加人数などを打ち合わせて決定するのが通常でしょうし、第2回目以降の交渉についても、その前の団交の終了時に次回の日程や場所、交渉の仕方や議題などを決めるという形で進んでいくこともあり、団体交渉に関

するルールが特段書面化されないケースもあります。

　しかし、いわゆる企業内組合の場合には、労使間の交渉が整然と円滑に行われるよう、交渉に関するルールを包括協約中に規定したり、個別協約を結ぶなどして、あらかじめ定めておく場合が多いようです。

　逆に、労使間の交渉体制が成熟しておらず、組合側が予告なしに会社を訪れてその場での団交を申し込んだり、使用者側が適切な交渉担当者を配置せず、組合が不満を持っているような場合などには、団体交渉自体が混乱なく開催できるように、交渉に関するルールを先に協約化することが試みられることもあります。

　こうした事情から団体交渉に関する事項を定めた労働協約が作成されることになります。

　この種の労働協約に定められることが多い事項としては、上記の各例にあるように、団体交渉の議題とする事項、交渉委員の立場や人数に関する事項、団交の開催を申し入れる際のルールに関する事項、議事録の作成に関する事項などがあります。前述したように、これらの事項に関して法令は何ら定めを置いていないのですから、協約におけるその定めの内容については、労使間で自由に取り決めればよいことです。組合側は、社長が必ず出席することや団交場所を社内の会議室とすること、交渉を就業時間中に行うことなどを要求し、これに固執することがありますが、使用者がかかる要求に応じるべき法的根拠はありません。

（2）　労使協議会に関する事項

【条項例】

　例1：

（労使協議会の目的）

　第○条　会社と組合とは、企業の円滑な発展と相互の意思疎通を図るため、次条以下の規定に従い労使協議会を設ける。

（構　成）

　第△条　労使協議会は、会社側10名、組合側10名の委員をもって構成す

— 248 —

る。ただし、議事の必要に応じ説明または意見を求めるため上記
　　以外の者が出席し、または出席を求めることができる。

（付議事項）

第×条　労使協議会に付議する事項は、次のとおりとする。

　　（1）　報告、説明事項

　　　1）　経営方針及び経理内容に関する事項

　　　2）　生産方針に関する事項

　　　3）　その他会社または組合が必要と認めた事項

　　（2）　協議事項

　　　1）　事業の拡張、縮小、休止、閉鎖及び会社機構の変更に関す
　　　　　る基本的事項

　　　2）　長期の生産計画に関する事項

　　　3）　職制機構の改廃に関する事項

　　　4）　安全衛生に関する事項

　　　5）　福利厚生に関する事項

　　　6）　労働協約及び諸規定の改廃に関する事項

　　　7）　業務年次計画に関する重要事項

　　（3）　協議決定事項

　　　1）　この協約において会社と組合が協議決定すると規定した事
　　　　　項

　　　2）　その他会社、組合双方が協議決定することを必要と認めた
　　　　　事項

（労使協議会の効力）

第◇条　労使協議会において協議決定した事項について、書面を作成
　　し、双方署名または記名・押印したものは、この協約と同一の効
　　力をもつものとする。

（運　営）

第□条　労使協議会は、必要に応じ随時開催する。

　　2　労使協議会の議長は、会社及び組合が交互に当たる。

3　会社及び組合は、各1名書記を任命し、議事録を作成する。
例2：
（経営協議会の付議事項）
第○条　経営協議会においては、次の事項を協議する。
　　（1）　組合員の労働条件、身分及び待遇に関する一般的事項
　　（2）　労働協約の解釈、運用に関する事項
　　（3）　苦情処理手続において、経営協議会において協議するのが相
　　　　　当とされた事項
　　（4）　会社の経営計画、生産方針及び組織変更に関する事項
（経営協議会の開催）
第△条　経営協議会は、原則として、毎月1回、本社にて開催する。
（経営協議会の参加者）
第×条　経営協議会の出席者は、会社側は、課長以上の職制にある者と
　　　　し、組合側は、組合役員とする。
（経営協議会における合意事項の効力）
第◇条　経営協議会において合意が調った事項については、書面を作成
　　　　し、会社及び組合が署名または記名・押印する。
　　2　前項の書面のうち、会社及び組合双方が署名または記名・押印
　　　　したものは、本協約と同一の効力を有する。
（経営協議会において合意に至らない場合の措置）
第□条　経営協議会において協議の調わない事項については、会社また
　　　　は組合はいつでも団体交渉手続に付議することができる。

〈解　説〉
　わが国の多くの企業においては、企業内に労働組合が一つしか存在せ
ず、会社と組合が、情報を共有する中で、会社の発展と組合員の労働条件
の維持改善を図ることが企図されることが多く、経営計画に関する事項や
生産計画に関する事項など、見方によっては、いわゆる義務的団交事項と

は言えない事項についても協議する場が持たれることがあります。

こうした協議の場として利用されるのが、「労使協議会」とか「経営協議会」などと呼ばれるものです。

労使協議会については、労組法の感知するところではなく、それを置くか否か、置くとしていかなる事項を協議対象事項とするか、参加者をどの範囲まで広げるか、協議が調わない場合にどのような手続きにより解決を図るのかといった事柄については、労使間で取り決めることができます。前掲の条項例は、広くみられる基本的な事項を定めたものです。

このような取決めがなされた場合には、書面化し労働協約化しておくことが望ましいことは言うまでもありません。

なお、労使協議会や経営協議会に関する条項中に、「協議、決定すべき事項」として、組合員の労働条件の変更や身分に影響を与える事項などを掲げている例をみることがありますが、このような定めをした場合には、使用者が労働者に対してなすほとんどの処遇や取扱いの変更につき、組合の「同意」が必要とされることになり、使用者の人事管理に関する裁量が大幅に制約されることに注意を要します。

（3）　苦情処理に関する条項

【条項例】

例１：

（苦情処理委員会）

第○条　この協約、就業規則及びその他諸規程の解釈、適用及び違反に関する事項、その他日々の作業上から起こる苦情の処理を行うため、苦情処理委員会を設ける。

（苦情処理の原則）

第△条　苦情処理委員会は、申し立てられた苦情に関し、速やかに解決を図るよう努めるものとする。

　　2　苦情処理委員会は、必要と認めるときは、裁定を発し、申立人その他の関係者に対し、苦情の解決に必要な対応を求めることが

できる。

（苦情処理委員会の構成）

第×条　苦情処理委員会は、会社、組合双方同数の委員をもって構成する。

（苦情申立の手続き）

第◇条　組合員は、苦情処理委員会に対し、書面または電子メールにより、苦情を申し立てることができる。ただし、苦情の原因となった事由が発生した日の翌日から起算して3カ月を経過した苦情については、この限りでない。

　　2　会社及び組合は、組合員が前項本文の申立てをなしたことを理由として、不利益な取扱いをしてはならない。

（団体交渉への移管）

第□条　苦情処理委員会において意見の一致をみないときは、団体交渉に移管する。

例2：

第○条　組合員の個別的不平不満（以下「苦情」という。）は、組合の支部と職制が協議をして解決を図るものとする。

第△条　前条により解決されないときは、職場苦情処理委員会に付議する。

　　2　職場苦情処理委員会においても、解決が図られない場合には、中央苦情処理委員会において解決を図るものとする。

第×条　職場苦情処理委員会は、その都度、当該職場から会社・組合各3名の委員をもって構成する。

　　2　中央苦情処理委員会は、会社及び組合各3名をもって構成する。

第◇条　中央苦情処理委員会において解決が図られない事項に関しては、団体交渉に付議することができる。

第3部　労働協約
Ⅱ　包括協約の規定事項と条項例

〈解　説〉

　組合員が日常抱く不平や不満がすべて団体交渉の場に持ち込まれたので
は、労使双方とも煩瑣に絶えませんし、団体交渉が本来の機能を発揮する
こともできません。

　そこで、かかる不平や不満をまず苦情処理機関で処理することとするの
が合理的であり、そのための協約を締結することには、重要な意義があり
ます。

　苦情処理機関を置く場合は、対応する苦情の範囲及び処理方法を明確に
規定することが肝要です。また、苦情を申し立てたことによる不利益を与
えないこと、秘密を厳守すること、迅速かつ公正に処理することを定める
ことも必要でしょう。

　苦情処理機関の構成や同機関に裁定を発する権限を与えるかどうか、そ
こで結論が出ない場合の処理をどのようにするかといったことも、労使で
決することができます。多くの例では、苦情処理機関で処理できなかった
案件については、団体交渉において協議することができるとしているよう
ですが、前掲例2のように、団体交渉に持ち込む道を置くのみとし、それ
を必須の手続きとまではしないというやり方もみられます。

⑤　争議行為に関する条項

（1）　平和条項

【条項例】

例1：　会社及び組合は、この協定に定められた交渉において誠意を
　　　　もって協議してもまとまらない場合は、労働委員会にあっせんを
　　　　申し立てることとし、その手続きの中で、問題の平和的解決に努
　　　　めなければならない。

例2：　会社及び組合は、団体交渉において問題の解決が図られない場
　　　　合は、労働委員会のあっせんに付して、さらに平和的解決に向け

て努めるものとする。

例3：　会社及び組合は、労働委員会のあっせんまたは調停が終了しな
いうちに争議行為を行ってはならない。

〈解　説〉

　団体交渉が決裂した場合であっても、争議行為に突入する前に、第三者
の調整手続に服するなど、一定の段階を踏むことを義務付ける労働協約条
項を「平和条項」と呼んでいます。

　平和条項には、①調整期間中だけ争議行為を行わないというもの、②争
議を行うにはあらかじめ調整を申請し、それが不調に終わった場合でなけ
ればならないとするもの、③争議を行うには調整を申請し、それが不調に
終わった場合でも再交渉を今一度行った後でなければ入ることができない
とするものなどがあります。

　一般的な第三者機関による争議調整としては、労働委員会によるあっ
せん、調停及び仲裁があります。

　あっせんは、通常は、当事者の一方の申立てによって開始され、あっ
せん委員が両当事者の意見を聞き、場合によってはあっせん案を提示して
紛争の解決を図る制度です。ただ、あっせん案に拘束力はなく、当事者に
はそれを受諾しない自由もあります。前掲の条項例のように、争議行為開
始前にあっせん手続に服することが定められているとしても、当事者は
あっせん案を受け入れなければならない法的義務を負うものではありま
せん。

　調停は、当事者双方の申立てまたは当事者の一方のみの申立てで開始さ
れる旨の労働協約の規定に基づいて開始される手続きであり、調停委員会
が調停期日を定めて関係当事者の出頭を求め、その意見を聴取した上で、
調停案を作成してその受諾を勧告するものですが、当事者はその調停案を
受諾する義務を負うものではなく、実務において利用されるケースはさほ
ど多くはありません。

第3部　労働協約
Ⅱ　包括協約の規定事項と条項例

　仲裁は、仲裁委員会が両当事者に拘束力のある仲裁決定を出す制度です
が、双方当事者の申立て、または労働協約に仲裁の申請をなさなければな
らない旨の定めがある場合において、関係当事者の双方または一方から申
請がなされたときに開始するものであって、これも実務上利用されること
は少ないようです。

（2）　争議行為の予告

【条項例】

例1：　紛争が平和的解決の努力にもかかわらず解決しない場合におい
　　　　て、やむを得ず争議行為に入るときは、組合は少なくとも48時間
　　　　前（休日をはさむ場合は、その日数を加算する）までに、次の事
　　　　項を具体的に記載した書面をもって、会社に通告しなければなら
　　　　ない。
　　　① 　争議行為を行う日時
　　　② 　争議行為を行う場所
　　　③ 　参加する組合員の範囲
　　　④ 　争議行為の内容
　　　⑤ 　争議行為期間中の代表者の連絡先

例2：　争議行為を行おうとするときは、争議行為の日時、期間、場所
　　　　及び具体的内容について、72時間前までに相手方に到達するよう
　　　　文書をもって通告しなければならない。

〈解　説〉

　一般の会社については、争議行為を行うに当たって予告をなすべきこと
を義務付ける法令はありません（ただし、労調法第8条、第37条参照）。
しかし、通常は、混乱を避けるために、争議行為の予告に関する条項が協
約中に織り込まれています。

　協約に規定される事項としては、予告期間、予告をなすべき事項、予告

— 255 —

の手段などです。

どのぐらいの期間を置いて予告をなすべきかという点については、特段法令上の制限はありませんが、前掲の規定例のように、48時間ないし72時間前というのが多いようです。

（3） 争議行為不参加者の範囲

【条項例】

組合は、争議行為中、次の人員を平常どおり業務に従事させる。
① 保全及び保全の業務に従事する者
② 庶務係、経理係、電気係、動力係、消防団員の各一部
③ 守衛、電話交換手
④ 厚生施設の運営維持に要する最少人員
⑤ その他組合が特に必要と認めた者

〈解　説〉

争議行為中であっても、工場または事業場における安全保持施設の正常な運行が必要であることは言うまでもなく（労調法第36条参照）、それらの運転のために、最小限の労働力が確保されていなければなりません。

そのために、争議行為中であっても、施設の保全あるいは安全保持のための要員は確保されていなければならず、その具体的範囲を協約中に明記することが望まれます。

具体的には、どの職場の、どういった人員がその対象となるのかなどを規定することになります。

（4） スキャップ禁止条項

【条項例】

例1：　会社は、争議中いかなる者とも新たに雇用契約を締結することはない。

例2： 会社は、組合の正当な争議行為を妨げる目的をもって、組合員以外のいかなる名目の労働者も雇い入れない。

例3： 会社は争議状態発生後、新たに雇い入れた者を争議行為者が担当していた業務に従事させない。

例4： 会社は争議状態発生後、新たに雇い入れた者を争議行為者が担当していた業務に従事させず、従業員以外の者により、その業務を行わせることもしない。

〈解　説〉

　労働組合がストライキ中であっても、会社は操業の自由を失うものではありません。

　しかし、組合の立場に立ってみれば、会社が代替労働力を補填して操業を継続すれば、ストライキの効果はまったく無くなってしまいかねません。

　そこで、争議行為期間中は、代替要員を雇用しない旨の条項が結ばれることがあり、かかる条項を「スキャップ禁止条項」と呼んでいます。

　こうした協約条項も有効ですが、策定に当たっては、その条項の解釈をめぐって争いが生じないようにしておかなければなりません。例えば、前掲例1は、ストライキが行われていない事業所においても新たな採用ができないかのように読めますが、そうした事業所における採用を認めたとしても、いわゆるスト破りの危険があるとは考え難いとの使用者の言い分を生じる可能性を含んでおり、解釈に疑義を残す条項です。また、例2についても、「正当な争議行為を妨げる目的」の解釈をめぐって争いが生じる可能性を含んでいます。例3のような記載が望ましいでしょう。

　なお、ハローワークは、争議行為中の事業所に職業紹介をすることはできませんし（職安法第20条）、労働者派遣事業主も、争議行為中の事業所に労働者派遣をすることはできませんが（労働者派遣法第24条）、請負事業者を入れて業務を処理させることやいわゆる一人親方と業務委託契約を締結して作業を委託することを禁ずる法令はありませんので、そういった

行為についてまで禁止するのであれば、例4のような条項とする必要があります。

（5） 争議中の団体交渉

【条項例】

例1： 争議行為が予告された場合、及び、争議行為が開始され解決に至るまでの期間であっても、労使の一方当事者が団体交渉を申し入れたときは、他方当事者は、これを拒否する正当な理由がある場合を除き、これに応じなければならない。

例2： 争議行為中であっても、会社、組合いずれか一方から交渉の申入れがあった場合は、相手方は誠意をもってこれに応じなければならない。

〈解　説〉

争議行為が予告され、あるいは、争議行為に突入した場合であっても、問題を平和裏に解決できるのであれば、それが望ましいことは言うまでもないところであり、その余地を残すためにこうした条項を設けておくことがあります。

なお、当該争議行為に突入した問題を議題とする団体交渉の場合には、争議行為に入る前と同様の話をしたのでは問題が解決できない可能性が高いわけですから、何らかの新たな提案を持って交渉に臨むことが求められ、団体交渉の提案をする際にも、そうした新たな提案を示す用意があることを伝えるようにすべきです。

（6） 争議中の組合員の会社施設の利用

【条項例】

例1： 会社は、争議行為期間中であっても、福利厚生の施設につき、組合及び組合員が利用することを認める。

第3部　労働協約
Ⅱ　包括協約の規定事項と条項例

例2：　会社は、罷業中であっても、組合員が会社内の以下の施設及び
　　　　これらに至る通路を利用することを認める。
　　　　1）　組合事務所
　　　　2）　トイレ・洗面所
　　　　3）　健康管理室
　　　　4）　食堂ならびにそれに附帯する休憩室及び喫煙室
　　　　5）　掲示板及びメールボックス設置場所

〈解　説〉

　組合員の立場から言えば、争議行為期間中であっても、会社の従業員と
しての身分が失われるわけではないのであり、食堂や休憩室その他の福利
厚生施設については、当然利用することができるということになります
が、会社の側から言えば、労働者は会社が命じた業務を遂行するために会
社施設に立ち入ることができるのであって、労務提供を行わない争議行為
期間中に会社施設を利用させるわけにはいかないということになり、実際
の争議行為発生時に両者間でトラブルが生じる危険があります。

　そこで、争議行為期間中の会社施設の利用につき協約化しておくことに
は意義があります。

　どういった施設の利用を認めるかは、労使の交渉に委ねられることとな
りますが、一般的には、前掲例2にあるような施設が考えられます。この
ほか、利用手続や利用時間帯などについて定めることも可能です。

（7）　争議行為期間中の賃金

【条項例】

例1：　会社は、争議行為中争議に参加した組合員には、その業務を遂
　　　　行しなかった時間に対し賃金を支払わない。
例2：　争議行為中の賃金はカットする。
　　2　賃金カットの細目は会社と組合において別途協議する。

〈解　説〉

　使用者は、争議行為期間中の組合員の賃金支払義務を負うものではありません。この意味で、上記のような条項は、確認的な意義を有するものと言えます。

　もっとも、例えば、家族手当や住宅手当のように、労務提供の直接的対価とは言い難い賃金については、あえてカットしないというやり方をするところもあるようです。こうした対応が、支配介入の不当労働行為（労組法第7条第3号）とならないのかという点については、問題なしとしないところですが、労使間で合意がされているのであれば、問題が顕在化することはないでしょう。前掲例2の第2項は、こうした賃金カットの除外を設ける余地を残すための規定です。

⓺ 人事に関する条項

（1）　総則的条項

【条項例】

例1：　組合は、従業員の採用、解雇、異動及び賞罰ならびに能力の判定その他一切の人事に関する権限が会社に属するものであることを確認する。

例2：　会社が、組合員に対し、異動、出向、解雇及び懲戒処分を行う場合には、組合と協議をする。

例3：　組合は、従業員の採用、解雇、異動及び賞罰ならびに能力の判定その他一切の人事に関する権限が会社に属するものであることを確認する。ただし、組合員を解雇し、または減給以上の懲戒処分を科す場合には、組合と事前に協議しなければならない。

例4：　会社が、組合員の異動、出向、解雇、懲戒処分その他の重要な

— 260 —

第3部　労働協約

Ⅱ　包括協約の規定事項と条項例

　　　　人事処分を行う場合には、事前に、組合と協議する。

　例5：　　会社が、組合員に対し、配置転換、出向、解雇または懲戒処分
　　　　を行う場合には、事前に組合と協議するものとする。

　　　2　　前項の場合において、その対象が組合3役（委員長、副委員長
　　　　または書記長）であるときには、組合の同意を得て行うものとす
　　　　る。

　例6：　　会社が、組合員に対し、配置転換、出向、解雇または懲戒処分
　　　　を行う場合には、事前に組合と協議し、その同意を得て行う。

〈解　説〉

　労働協約における人事条項としては、人事原則、採用、人事異動（配
転、出向）、賞罰（懲戒）、休職（復帰）、解雇、退職（定年）等に関する
ものがあり、一般にその基準や手続き、実施方法などを定めます。これら
のすべての詳細を労働協約に定めることまでは必要ありませんが、組合側
が強く要求することもあり、使用者としても、合意できる部分があるので
あれば、協約化していくことになります。

　その内容については、労使が自由に定めることができ、労働組合の関与
の程度も、交渉結果次第ということになります。したがって、人事に関し
て組合をまったく関与させないやり方も、協議の機会を設けるという限度
で関与させるやり方も、組合の同意を得て行うというやり方も、いずれも
可能です。端的に言えば、労使間の力関係によって決まる事柄であると
いってもよいでしょう。前掲の条項例では、例1から順次組合の関与の程
度が強くなっています。

　ちなみに、厚生労働省が平成23年に行った「平成23年労働協約等実態調
査」によれば、一般組合員（組合役員を除く）の人事に関する事項につい
て、労働組合の関与状況をみると、何らかの方法（「同意」、「協議」、「意
見聴取」、「事前通知」、「事後通知」、「その他の関与」を合わせたものをい
う。）で「関与している」労働組合の割合は、「解雇」73.0％、「懲戒処分」

── 261 ──

71.0％、「配置転換」65.1％の順で高くなっており、労働組合の関与の程度が大きいもの（「同意」、「協議」、「意見聴取」の計）の割合をみると、「解雇」45.7％、「懲戒処分」43.4％の順で高くなっています。

こうした人事に関する労働協約を締結する場合には、その文言には注意を要します。例えば、前掲の例2〜例5においては、「協議」という文言が用いられ、例5及び例6においては、「同意」という文言が用いられています。「協議」という文言が使用された場合には、労使が話し合うということだけが当該協約における義務となっているのに対し、「同意」という文言が用いられますと、原則的には労働組合の同意がない限りそこに記載された処分はできないこととなります。また、「協議」という文言が用いられる場合であっても、例2のように単に「協議」する旨だけが記載されているときと、例3〜例5のように、「事前に」という文言が付されているときとでは大きな相違があるのです。

人事に関する労働協約を締結する際には、こうした細かい文言にもとりわけ注意を払う必要があります。

（2）　試用期間

【条項例】

　　会社は、新たに採用した者に6カ月の試用期間を設け、本採用の適否を判定する。

2　前項に従い、試用期間を経過し、本採用された者については、試用期間は、本人の勤続年数に通算する。

3　試用期間中の者については、就業規則第○章第○節の休職に関する規定は適用しない。

〈解　説〉

試用期間中の者をそもそも組合員の範囲から除いている労働協約もみられますが、これを組合員としている場合には、その期間や本採用の可否を

第3部　労働協約

Ⅱ　包括協約の規定事項と条項例

判断する期間であること（したがって、本採用後の組合員の解雇事由とは異なる解雇事由が付加されることになります。）、本採用された場合の勤続期間の通算の可否などを労働協約中に定めておく必要があります。前掲の条項例の第1項及び第2項は、これらの事項を定めたものです。

　なお、特段の定めをしていなければ、試用期間中の者についても、休職（特に私傷病休職）に関する就業規則（ないし労働協約）の規定が適用されることになりますが、入社後間もなく長期の休職期間に入ることに関しては社内から疑問の声が上がることもあり、その手当ても考えておく必要があるでしょう。前掲の条項例の第3項は、この点を意識したものです。

（3）　人事異動に関する条項

【条項例】

　例1：　会社は、業務上必要ある場合には、組合員に対し、職務もしくは勤務地の変更または関係会社への出向を命ずることができる。ただし、組合3役及び執行委員を対象とするときは、事前に組合と協議をし、その同意を得なければならない。

　　　2　組合員を出向させる場合における出向者の労働条件については、別に定める出向覚書によるものとする。

　例2：　会社が組合員を配置転換、転勤、出向させようとするときは、事前にその条件について組合と協議する。

〈解　説〉

　周知のとおり、最高裁は、①労働協約及び就業規則に会社は業務上の都合により配転を命ずることができる旨の規定があること、②実際にもそれらの規定に従い配転が頻繁に行われ、③採用時に勤務場所・職種等を限定する合意がなされなかったこと、の要件が満たされるならば、労働者の個別の同意なしに配転（転居を伴う転勤も含め）を命じ得るとの考え方を明らかにしています（東亜ペイント事件・最判昭61.7.14）。また、出向につ

―― 263 ――

いても、最高裁は、①業務の一部を外注するに際し、その業務に従事していた労働者を当該業務の受託会社に出向させるものであって、②当該出向対象者の入社時及び出向命令発令時における就業規則中に、「会社は従業員に対し業務上の必要によって社外勤務をさせることがある。」という規定が存し、③同人らに適用される労働協約中にも同旨の規定があるほか、労働協約である社外勤務協定において、社外勤務の定義、出向期間、出向中の社員の地位、賃金、退職金、各種の出向手当、昇格・昇給等の査定その他処遇等に関して出向労働者の利益に配慮した詳細な規定が設けられているという事実認定を前提として、「以上のような事情の下においては、被上告人は、上告人らに対し、その個別的同意なしに、被上告人の従業員としての地位を維持しながら出向先である日鐵運輸においてその指揮監督の下に労務を提供することを命ずる本件各出向命令を発令することができるというべきである。」と判示しており（新日本製鐵（日鐵運輸第2）事件・最判平15.4.18）、実務においては、就業規則や労働協約等において、出向を命ずることがある旨の条項があるならば、労働者の個別の同意なしに出向を命ずることができると解されています。

　したがって、使用者の側から見るときは、このように広い権限が承認されている配転や出向命令に対する制限となり得る労働組合との協議や同意条項を協約に盛り込むことには抵抗があるでしょうが、組合の側から見るときは、かかる使用者の権限を制限し、人事異動に関与する権利を確保することは、組合の大きな存在意義を示す一つの場面であり、こだわりを持って要求されることになるでしょう。

　人事異動に関する協約の条項は、こうした攻防の末に条文化されるものであり、いろいろなパターンがあり得ます。前掲の条項例1及び2のほか、**6**（1）（260頁）の条項例もこの問題に関係します。

　むろん、労使の合意が得られず、人事異動に関する労働協約が締結できないとしても、それだけで不当労働行為となるものではありませんし、就業規則あるいは労働契約中に適切な根拠条項が存するならば、使用者は、配転ないし出向命令権を有していることに変わりはありません。

第3部　労働協約
Ⅱ　包括協約の規定事項と条項例

（4）　懲戒に関する条項

【条項例】

（懲戒の種類）

第○条　懲戒は、けん責、減給、出勤停止、降格、諭旨解雇、懲戒解雇
とし、次の各号によって行う。

（1）　けん責　始末書をとり、将来を戒める。

（2）　減給　平均賃金の1日分の半額（処分対象行為が複数存す
るときであっても、一賃金支払期における賃金総額の10分の
1を限度とする。）を給料中より減じ、将来を戒める。

（3）　出勤停止　○日を限度としその期間の出勤を停止し、将来
を戒める。なお、この間の給料は支給しない。

（4）　降格　職位を下げ、将来を戒める。

（5）　諭旨解雇　退職を勧告し、退職願が提出されたときは退職
させる。ただし、通告を受けた日を含め○日以内に退職願を
提出しないときは、懲戒解雇する。

（6）　懲戒解雇　労働基準監督署長の認定を受けて即時解雇する
か、労働基準監督署長の認定を受けずに予告手当を支払い即
時解雇する。

（けん責、減給、出勤停止、降格、諭旨解雇に処する場合）

第△条　組合員が次の各号の一に該当するときは、けん責、減給、出勤
停止、降格に処する。ただし、情状により懲戒を免じ訓戒にとど
めることがある。

（1）　本規則その他の会社の諸規則に違反したとき。

（2）　正当な理由なく、しばしば無断欠勤したとき。

（3）　正当な理由なく遅刻、早退、勤務離脱、欠勤が重なるとき。

（4）　勤務怠慢で業務に関する誠意が認められないとき。

（5）　素行不良で会社内の風紀または秩序を乱し、もしくは乱そ
うとしたとき。

— 265 —

（6）　会社の業務命令に正当な理由なく従わないとき。

（7）　その他前各号に準ずる行為をしたとき。

（8　……）

（懲戒解雇に処する場合）

第□条　組合員が次の各号の一に該当するときは、諭旨解雇または懲戒
　　　　解雇する。ただし、情状により出勤停止または降格にとどめるこ
　　　　とがある。

（1）　本規則または前条の定めに違反しその情状が著しく重いと
　　　　き。

（2）　不正に会社の金品を持出しまたは持ち出そうとしたとき。

（3）　正当な理由なく引き続き無断欠勤14日以上に及んだとき。

（4）　故意または重大な過失により災害事故を引き起しもしくは
　　　　会社の信用を傷つけ会社に損害を与えたとき。

（5）　故意または重大な過失により業務を阻害しまたは業務の遂
　　　　行を妨げたとき。

（6）　業務上の指示命令に不当に反抗し業務の遂行を妨げたと
　　　　き。

（7）　重大な経歴を偽りその他不正手段によって入社したことが
　　　　発見されたとき。

（8）　会社の秘密もしくは不利益となるような事項を漏らし、ま
　　　　たは漏らそうとしたとき。

（9）　社命もしくは承認を受けないで他に就職または自己の営
　　　　業を営むに至ったとき。

（10）　刑罰法令に該当する行為を行ったとき。

（11）　その他前各号に準ずる行為をしたとき。

（賞罰委員会）

第◇条　会社が組合員の賞罰を行う場合は、賞罰委員会の議を経なけれ
　　　　ばならない。

　　　　賞罰委員会は、会社、組合同数の委員をもって構成する。

賞罰委員会の運営については、労使協議会の議を経て定める。

〈解　説〉

　懲戒処分は、企業秩序の違反に対し、使用者によって課せられる一種の制裁罰です。

　どのような懲戒処分を設けるかについては、法令上特に規制があるわけではなく、公序良俗に反するようなものでなければ、使用者の選択により定めることが可能です。一般にみられる懲戒処分としては、戒告、訓戒、けん責、減給、出勤停止（休職ないし自宅待機）、降格ないし降職、諭旨解雇、懲戒解雇などの処分の全部または一部を組み合わせて定められています。

　懲戒処分を課すためには、対象となる行為とそれに対する懲戒の種類及び程度が就業規則、労働協約または労働契約に明定されていなければなりません。これを刑罰法規に関して説かれる原則に準じて「罪刑法定主義」と呼ぶことがあります。最高裁も、「使用者が労働者を懲戒するには、あらかじめ就業規則において懲戒の種別及び事由を定めておくことを要する」と判示し、この理を明言しています（フジ興産事件・最二小判平15.10.10）。

　したがって、懲戒の種類や対象行為については、就業規則において定めておけば足りるわけですが（労基法第89条第9号参照）、使用者からみれば、同内容を労働協約に定めることについても、特に問題はないはずであり、労働協約中に就業規則と同内容の定めが置かれているケースもみられます。

　ただ、注意を要するのは、就業規則が改正され、懲戒の種類や懲戒対象行為が追加された場合には、それに合わせて労働協約の改定もしておく必要があるということです。この作業が遅れると、就業規則と労働協約との間に齟齬があり、当該条項を用いて組合員の懲戒処分をすることができるのかという点につき疑義を生ずる可能性があるからです。この意味では、

労働協約の改定がスムーズにいかない可能性のある企業においては、懲戒に関する条項を労働協約化するかどうかについては、慎重に判断する必要があるでしょう。

また、前掲の条項例では、組合員を懲戒するには賞罰委員会に付議する旨を定めていますが、懲戒処分に関連して賞罰委員会を設けるかどうか、懲戒処分をするに際して必ず賞罰委員会に付議することとするかどうか（一定の重い処分をする場合にのみ付議するという方法もあります。）、付議の対象となるのは組合員が処分対象となっている場合のみとするか非組合員の処分についても対象とするかといったことについては、労使で自由に決定できることであり、法令による要請はありません。したがって、賞罰委員会を設けていない企業も多く存するところであり、上記の条項例にとらわれる必要はまったくありません。

なお、懲戒処分を実施するに際し、労働組合との事前協議や同意あるいは意見聴取などの手続きを踏むかどうかは、人事異動の場合と同様、労使の交渉の結果決まることであって、特に制限があるわけではありません。

（5） 休職に関する条項

【条項例】

（休職基準）

第○条　会社は、組合員が次の事項に該当するときは、休職を命ずる。

（1）　負傷または疾病のため次項に定める欠勤期間を経過して、なお休務療養を必要とするとき

（2）　傷病以外の私事欠勤が1カ月（暦日）を超えたとき

（3）　刑事事件に関して起訴されたとき

（4）　出向を命ぜられ、出向先において業務に従事するとき

（5）　組合業務に専従するとき

（6）　公職に就任して常時会社の職務を離れるとき

2　前項第1号に定める欠勤期間は、次のとおりとする。

第3部　労働協約

Ⅱ　包括協約の規定事項と条項例

勤続年数	休職発令までの欠勤期間
5年未満	3カ月
5年以上	6カ月

（休職期間）

第△条　前条第1項各号の一に該当する場合の休職期間は、次のとおり
とする。

（1）　同項第1号の場合

欠勤開始日における勤続期間	休職期間
5年未満	6カ月
5年以上	12カ月

（2）　同項第2号の場合

2カ月

（3）　同項第3号〜第6号の場合

休職事由消滅まで

2　前項第1号による休職者が復職後3カ月以内に同一または類似
の疾病により欠勤するときは、復職を取り消し、休職期間を通算
するものとし、この場合の休職期間は、同号に定める休職期間か
ら前回までの休職期間を差し引いた残期間とする。ただし、その
残期間が30日に満たないときは、30日とする。

（休職期間の取扱い）

第□条　休職期間は、勤続年数に通算しない。

2　休職期間中の賃金は、支給しない。ただし、第○条第1項第4
号による休職の場合は、その取扱いを個別に決定する。

（復　　職）

第◇条　休職期間中に休職事由が消滅し、会社が認めたときは、復職さ
せる。この場合において、会社が必要と認めたときは、対象者に
対し、会社の指定する医師の診断を受診するよう命じることがあ
る。

2　復職に当たっては所定の手続きを経て適正な職務に復職させ

— 269 —

る。ただし、特別の事情がある場合においては、復職後の職務について、会社と組合間で協議する。

3　復職後の賃金は、会社に勤務する従業員の基準に基づいて決定する。

〈解　説〉

そもそも休職制度を設けるか否かは自由ですが、わが国の多くの企業においては、この制度を設けています。その大半は、就業規則により導入しているでしょうが、もちろん労働協約により規定することも可能です。

就業規則と労働協約の双方に定める場合には、その内容の統一を図るようにしておくべきです。

上記の条項例は、一般的なものを掲げたものであり、これにとらわれる必要はありませんが、復職して短期間で同一または類似の疾病により休職する者についての休職期間の通算規定や復職の判定に際しての会社の指定医の受診義務に関する条項は、今日、重要な意義を持っていると思われます。

（6）　退職に関する条項

【条項例】

（退　職）

　　組合員が次の各号の一に該当するときは、退職とする。

　　　1）　自己都合により退職を願い出たとき

　　　2）　第○条に定める休職期間を満了して復職できないとき

　　　3）　定年に達したとき

　　　4）　死亡したとき

2　定年は満60歳とし、満60歳の誕生日の属する月の末日をもって退職とする。

第3部　労働協約

Ⅱ　包括協約の規定事項と条項例

〈解　説〉

　退職に関する条項も、労働協約に必須の条項というわけではありませんが、就業規則と同内容であれば、労働協約に定めておくこともよいでしょう。

　上記の条項例に加えて、定年後再雇用の条項を設けることもできますし（後記（9）参照）、退職時の引継ぎや退職後の義務に関する条項を定めることも可能です。

（7）　解雇に関する条項

【条項例】

例1：

（解　雇）

第〇条　会社は、組合員が次の各号の一に該当するときは解雇する。

　　（1）　精神もしくは身体上の故障、または虚弱疾病のために勤務に堪えられないと認めたとき。

　　（2）　作業能率劣悪と認められるとき。

　　（3）　天災地変その他やむを得ない事由もしくは事業の縮小等により剰員を生じたとき。

　　（4）　懲戒解雇に相当する事由があるとき。

　　（5）　その他前各号に準ずるやむを得ない事由があるとき。（解雇の制限）

第△条　組合員は、業務上の傷病により療養のために休業する期間、及びその後30日間、ならびに、女性従業員が第×条の規定により出産のため休業する期間、及びその後30日間は解雇されない。

（解雇の予告）

第□条　解雇については、天災地変その他やむを得ない事由のために事業の維持が不可能となった場合、及び組合員の責に帰すべき事由による場合において、それぞれ行政官庁の認定を受けた場合、ならびに労働基準法第21条各号の一に該当する場合を除き、少なく

— 271 —

とも30日前に予告するか、または30日分以上の平均賃金を支払っ
て行うものとする。ただし、予告の日数は平均賃金を支払った日
数だけ短縮することができる。

例2：

（解　雇）

第○条　組合員が次の各号の一に該当するときは、解雇とする。
　　　　（1）　ユニオン・ショップ協定に定める組合員が組合から除名
　　　　　　　されたとき。
　　　　（2）　精神または身体の障害により業務に耐えないとき。
　　　　（3）　休職期間満了時に復職できないとき。
　　　　（4）　業務上やむを得ない理由があるとき。
　　2　会社が前項の解雇を行おうとする場合には、組合に対し、事前
　　　に通知をし、組合から求めがある場合には、それに応じて協議を
　　　しなければならない。

例3：

　　　　会社が組合員を解雇しようとする場合には、賞罰委員会の議を
　　　経なければならない。
　　2　前項の賞罰委員会の半数は、労働組合の推薦した者で構成され
　　　なければならない。

例4：

（解　雇）

第○条　会社が組合員を解雇しようとする場合には、事前に組合と協議
　　　　をし、その同意を得なければならない。

〈解　説〉

　労基法20条は、使用者が労働者を解雇するに際しては、30日以上前に予
告をするか、平均賃金の30日分以上の解雇予告手当を支払うことを求めて
いますが、解雇基準については、特に定めるところはありません。した

— 272 —

がって、使用者には解雇の権限が認められていると解されています。

　しかし、使用者がなした解雇が、客観的に合理的理由を欠き、社会通念上相当として是認できないようなものである場合には、解雇権を濫用したものとして無効となります（労働契約法第16条）。

　これは、労働協約に解雇事由を明記した場合も、明記しなかった場合も同様であり、労働協約に解雇事由について規定しているから使用者の解雇権が制限されるとか、逆に解雇の効力が容易に認められるようになるというものではありません。言い換えれば、労働協約に解雇事由を記載するかどうかによって、解雇の効力が大きく左右されることはありません。

　しかし、解雇の手続きについて労働協約に規定が置かれた場合は、話がまったく変わってきます。本来、使用者が労働者を解雇するに際しては、たとえ対象者が労働組合員であるとしても、当該労働組合と協議をするとか、その同意を得るといった手続きは、法令上は求められているものではありません。しかし、労働協約中に、その趣旨の条項が置かれた場合は、その手続きを経ないでなされた解雇は、その効力を否定される可能性が高くなります。

　理論的には、a）解雇協議約款は、労組法第16条の「労働条件その他の労働者の待遇に関する基準」に当たり、いわゆる規範的効力を有するから、これに違反する解雇は無効であるとするものと、b）解雇協議約款は、労組法第16条に規定する「労働条件その他の労働者の待遇に関する基準」ではなく、解雇の手続きを定めたものに過ぎないから、これに違反した場合、債務不履行の問題は生じても解雇の効力には直接影響がないとするもの、とに大別できます。しかし、b）説の立場においても、協議ないし同意条項が定められている場合にこれを遵守しないことは、重要な手続違反として解雇権濫用と判断される可能性が高くなるとの見方をしており、結局いずれの説をとったとしても、それらの手続きを踏むことなくなされた（懲戒）解雇は無効とされることが多いようです。

　例えば、大阪フィルハーモニー交響楽団（本訴）事件　大阪地判平1.6.29では、「組合員の解雇について本人及び組合に異議のあるときは労使協議

し、協議が調わない場合は解雇しない。」との労働協約条項が存する事案において、「ところで、協定第5項にいう「協議」とは、前記同条項の目的に照らし、特段の事情がない限り解雇の意思表示の事前になされることが必要であり、しかも、単に労使が当該解雇につき話合いの場を持っただけでは足りず、解雇の是非当否について双方がそれぞれの立場から、議論を尽くすことをいうものと解され、同条項にいう「協議が調った」とは、労使が右議論を尽くした上で双方が解雇相当との結論に到達した場合をいうと解するのが相当である。……これを本件についてみるに、前記認定事実を総合すれば、被告と組合の本件解雇についての協議は、第一解雇後初めてなされ、しかも右協議は6回を数えたものの、被告は終始一貫して原告の解雇に固執し、組合の行う原告の復職要求に対し一顧だに与えなかったため、組合は右要求の実現が不可能であることを知り、ついに被告との交渉を断念し、これを終息したのであるから、右協議が同条項にいう協議に該当すると認めることは困難であり、また、組合が右経緯で被告との交渉を終息したことをもって、組合が本件解雇に同意したものと解する余地があるとしても、右同意が同条項の「協議が調った」場合に該当しないこともいうまでもない。したがって、本件解雇手続は同条項に違背するものといわねばならない。……右認定説示によれば、本件解雇は、その手続きにおいて協定第5項に違背してなされた違法なものであり、しかも、前記特段の事情も認められないから、無効であるといわねばならない。」とされています。

　したがって、労働協約を策定するに当たって、組合の側は、組合員の解雇に関しては組合の同意を要するとか、少なくとも事前協議を要するといった条項を盛り込むよう求めるでしょうが、使用者としてこれに応ずるかどうかについては、慎重に判断する必要があります。

　上記の条項例は、例1から例4にかけて組合の関与の程度が高くなっています。

第3部 労働協約

Ⅱ 包括協約の規定事項と条項例

（8） 一時帰休

【条項例】

例１： 会社は、天災事変または会社の都合により必要である場合は、組合員を帰休させることがある。この場合、予め組合に連絡しその意見を聴く。

例２： 会社は、やむを得ない事業の都合により事業場を閉鎖しまたは休業しようとする場合においては、予め組合と協議する。

例３： 会社が、やむを得ない事業の都合により事業場を閉鎖しまたは休業しようとする場合においては、予め組合との間で、その対象事業場、対象者、休業期間中の条件等について協議をし、その同意を得て行う。

〈解　説〉

業務の縮小や予期しない経済情勢の変化によって、一時事業を縮小し、あるいは事業場を閉鎖しなければならない事態に直面することもあり得ます。そうした事態に円滑に対応するには、組合の協力を得ることが必要となってくる場合もあるでしょう。そこで、そのような事態に備えた条項を設けておく例もみられます。

上記の例１から例３は、順次、組合の関与の程度が強くなっていますが、条項の内容をどのようなものとするかは、労使が自由に決定できる事柄です。

このほか、労基法第26条を受けて、一時帰休の場合には、対象労働者（組合員）に対し、平均賃金の60％を支給する旨明記している条項例もみられます。

— 275 —

（9）　定年後再雇用に関する条項

【条項例】

例1：　組合員の定年は、満60歳とし、定年に達した日の翌日をもって退職とする。ただし、本人が希望するときは、期間を1年として、嘱託契約にて再雇用するものとし、その後満65歳に達する日まで同様とする。

2　前項但書の場合の職務、役職、労働条件については、別に定めるものとする。

例2：　組合員の定年は、満60歳とし、定年に達した日の翌日をもって退職とする。

2　定年に達した組合員が希望するときは、原則として、期間を1年として、嘱託契約にて再雇用するものとし、その後満65歳に達する日まで同様とする。ただし、本協約第○条（普通解雇）、第○条（懲戒解雇）及び第○条（退職事由（第○号〔定年退職〕を除く））に該当する者は除く。

3　定年退職する組合員が定年退職後の再雇用を希望する場合には、定年退職日の6カ月前までに、人事部長に対し、再雇用申出書を提出しなければならない。

4　会社は、再雇用申出をした組合員に対し、その可否を定年退職日の3カ月前までに書面をもって行う。

5　第2項本文の場合の職務、役職、労働条件については、別に定めるものとする。

例3：　組合員の定年は、満60歳とし、定年に達した日の翌日をもって退職とする。

2　定年に達した組合員が希望するときは、退職事由（定年退職を除く。）または解雇事由（懲戒解雇事由を含む。）に該当する場合を除き、原則として、期間を1年として、嘱託契約にて再雇用するものとし、その後満65歳に達する日まで同様とする。

第3部　労働協約
Ⅱ　包括協約の規定事項と条項例

　　3　前項にかかわらず、下記（1）に定める期間は、当該期間に対
　　　応する各年齢以上の者については、下記（2）に定める要件のい
　　　ずれも満たす場合にのみ再雇用契約を継続する。
　　　（1）　期間及び年齢
　　　　　　平成25年4月1日から平成28年3月31日まで　　　61歳
　　　　　　平成28年4月1日から平成31年3月31日まで　　　62歳
　　　　　　平成31年4月1日から令和4年3月31日まで　　　63歳
　　　　　　令和4年4月1日から令和7年3月31日まで　　　64歳
　　　（2）　要　件
　　　　　1）過去に減給以上の懲戒処分を受けた者でないこと
　　　　　2）定年に達する直前の3年間の人事考課にてC評価を受
　　　　　　けたことがないこと
　　　　　3）会社が別に指定する資格のうち2つ以上を取得している
　　　　　　こと
　　　　　4）会社の産業医が就業を不適当とする旨の意見を出してい
　　　　　　ないこと
　　4　再雇用する場合の職務、役職、労働条件については、別に定め
　　　るものとする。
例4：　組合員の定年は、満60歳とし、定年に達した日の翌日をもって
　　　退職とする。ただし、本人が希望するときは、退職事由（年齢に
　　　係るものを除く。）及び解雇事由に該当する事由がある場合を除
　　　き、期間を1年として、別表に定めるグループ会社において再雇
　　　用するものとし、その後満65歳に達する日まで同様とする。
　　2　前項但書の場合の再雇用先、職務、役職、労働条件について
　　　は、別に定めるものとする。

〈解　説〉
高年法は、定年制を採用する場合における60歳を下回る定年年齢の設定

— 277 —

を禁止した上で、①65歳までの定年の引き上げ、②継続雇用制度の導入もしくは③定年の廃止のうち、いずれかの措置を導入しなければならないことを定め（8条、9条1項）、②を採用する場合であっても、心身の故障のため業務に堪えられないと認められる、あるいは、勤務状況が著しく不良で引き続き従業員としての職責を果たし得ないなど、就業規則に定める解雇事由又は退職事由（年齢に係るものを除く。）に該当する場合を除き、希望者全員を継続雇用（再雇用または勤務延長）の対象としなければなならないとされています（高年齢者雇用確保措置の実施及び運用に関する指針　平24.11.9　厚生労働省告示第560号）。

　もっとも、平成25年3月31日時点で、労使協定により、継続雇用の対象者の選別基準を定めていた企業については、老齢厚生年金（報酬比例部分）の支給開始年齢が段階的に引き上げられることに鑑み、年金支給開始年齢に到達した者については労使協定で定める選別基準を適用することが認められることとなっています（平成25年4月1日施行の改正高年法（平成24年9月5日法律第78号）附則3条）。

　また、継続雇用制度における継続雇用先としては、自社のみならず特殊関係事業主（親会社、子会社その他グループ会社等）も含まれます（高年法9条2項、高年則4条の3）。

　こうした高年法の要請に従った定年後再雇用制度に関する条項を包括協約中に設けることもできます。

　上に掲げた例は、いずれも定年後の継続雇用で再雇用制度を採用する場合のものであり、例2は、法の要請通りの内容を協定化したもの、例3は上記の経過措置を利用するもの、例4は特殊関係事業主での再雇用を図るものです。なお、例3のような制度とする場合には、平成25年3月31日時点で、上記趣旨の労使協定が存在していたことが必須となることは、改めて言うまでもありません。

　むろん、法の要請を上回る事項を労働協約で定めることは労使の自治に委ねられていますから、例1のように、何ら限定を付することなく、希望者全員を再雇用する制度も考えられます。

第3部　労働協約
Ⅱ　包括協約の規定事項と条項例

　定年後の再雇用に関する協約の条項には、再雇用後に関わる手続きや再雇用後の労働条件に関する条項も、併せて定めることもできます。例2では、再雇用に関する手続きの定めの一部を紹介しています。

7　労働条件に関する条項

（1）　賃金に関する条項

【条項例】

（賃金の原則）

第○条　組合員の賃金は、組合員に割り当てられる職務の質と責任ならびに年齢、経験、勤務成績及び勤務条件等を考慮して決定する。

（賃金の種類）

第△条　賃金は、基準内賃金と基準外賃金に大別する。

　2　基準内賃金は、基本給と諸手当から構成される。

　3　基準外賃金には、家族手当、通勤手当その他臨時に支払われる賃金が含まれる。

（基本給）

第□条　基本給は月額によって定めるが、欠勤・遅刻・早退等不就労があったときは、その日、時間相当額を支給しない。

　2　賃金計算期間の中途において入社、退職または休職、復職したときの賃金計算は日割り計算とする。

　3　日割り計算とは賃金計算期間の労働日数を21日とした日割り計算をいう。

　4　時間計算とは賃金計算期間の労働時間数を168時間とした時間割による計算をいう。

（諸手当）

第◇条　基準内賃金に含まれる諸手当は、以下のものとする。

　　　……

— 279 —

……

（賃金計算期間及び支払日ならびに支払方法）

第×条　賃金は、前月16日より当月15日までを1カ月として締切り計算し毎月25日に支払う。ただし25日が会社の休日または金融機関の休日に当たるときは24日に、また24日・25日が連続して休日に当たるときは23日に支払う。

　2　賃金は通貨を持って直接組合員本人にその全額を支払うが、組合員の申出に基づき、組合員本人が指定する本人の預金口座に振込みすることができる。

（賃金からの控除）

第※条　会社は、賃金支払日に組合員に支払うべき賃金から次に定める金額を控除する。

（1）　社内預金

（2）　社宅・寮費

（3）　会社貸与金返済金及び立替金返済金

（4）　その他法令で別段の定めあるもの

（5）　組合規約に定める組合費

（役職手当）

　　　……

（家族手当）

　　　……

（通勤手当）

　　　……

（住宅手当）

　　　……

（時間外、休日及び深夜勤務手当）

　　　……

（有給休暇手当）

　　　……

第3部 労働協約
Ⅱ 包括協約の規定事項と条項例

（賞　与）
第＊条　賞与は、会社の営業成績に応じ組合員の勤務成績を考慮して、原則として毎年6月及び12月に支給する。
　2　賞与の各人別配分額は次の算式による。
　賞与額×出勤係数
　3　賞与支給に当たって組合員の勤務成績を算定する期間は次のとおりとする。
　6月支給分　10月1日〜3月31日
　12月支給分　4月1日〜9月30日
　4　賞与は、賞与算定期末日現在において勤続6カ月以上で、支給日現在に在籍する者に支給する。

〈解　説〉

　労働条件に関する条項の中でも、重要な意義を有するのは賃金に関する条項です。ただし、包括労働協約中には、これに関する条項を設けることなく、別協約とする例も多くみられます。むろん、包括協約中に条項を設けた場合と別協約化した場合とで、その効力に差異があるわけではありません。

　賃金に関する条項として明らかにしておく必要のあるものは、賃金の種類、締切日及び支払日、支払方法、賃金を控除する場合はそれらに関する事項、途中入・退社者の賃金の計算、諸手当の支払基準・支払額、割増賃金、休日勤務・深夜勤務手当の計算方法、賞与の支払基準などです。

　上記の条項例は、典型的な事項につき掲げたものですが、このほかに、平均賃金の計算方法、非常時払、休業手当などについて定める例もあります。

　注意を要するのは、就業規則（給与規程）における内容と労働協約における内容との間に離齬がある場合は、組合員（及び拡張適用の対象となる従業員）との関係では、労働協約の定めが優先することになりますので、

できる限り両者の内容を一致させることを意識する必要があるということです。会社の財政状態の悪化から、やむを得ず給与規程を従業員に不利益に変更しなければならないという事態に直面したとき、労働協約中にも賃金に関する定めがあるのであれば、労働協約の改訂ないし破棄を行わなければならないことがあるということです。

（2）　退職金

【条項例】

（退職金）

第○条　満1年以上勤務した組合員が退職するときは、別に定める退職金規程により退職金を支給する。ただし、懲戒解雇された組合員に対しては退職金を支給せず、諭旨解雇された組合員に対しては、減額して支給するものとする。

〈解　説〉

　賃金と並んで組合員の関心が高いのが退職金でしょう。

　退職金についても、包括協約中に条項を設けることもできますし、上記の条項例のように別規定化することも可能です。

　また、賃金の場合と同様に、就業規則（退職金規程）との整合性についても意を用いておく必要があります。特に、退職後の競業避止義務や秘密保持義務違反の発覚などの場合に、退職金規程上は、退職金の一部または全部の不支給条項が置かれているのに、労働協約中にはかかる条項が存しないということになれば、結局組合員についてはそれを理由とした不支給はできないのではないかとの疑念を生ずることにもなりかねません。

　上記の条項例では、懲戒解雇された組合員に対する退職金を不支給とし、諭旨解雇された組合員に対する退職金を減額支給する旨定めていますが、むろん、いずれについても不支給とすることもできますし、一部または全部支給とすることもできます。

―― 282 ――

第3部　労働協約
Ⅱ　包括協約の規定事項と条項例

　なお、「懲戒解雇された場合」を不支給とするに留まらず、「懲戒解雇に相当する事由がある者」に対する退職金を不支給とする定めも可能です。このような定めを置くときは、懲戒解雇事由は存するものの何らかの事情で普通解雇にしたようなケースについても、退職金については不支給とすることが可能になるというメリットがあります。

（3）　労働時間に関する条項

【条項例】

（労働時間ならびに始終業時刻及び休憩時間）

第〇条　組合員の所定労働時間は、1日8時間、1週40時間とし、始業及び終業時刻ならびに休憩時間は、以下のとおりとする。

　　　　　始業時刻：　　8時30分

　　　　　終業時刻：　17時30分

　　　　　休憩時間：　12時から13時

　2　業務の都合によっては、組合員の全部または一部について始業終業時刻を変更することができる。

（時間外及び休日勤務）

第△条　会社は、組合員に対し、会社と組合の間で締結した時間外及び休日労働に関する協定に規定された範囲内において、業務上やむを得ないときは、所定就業時間外及び休日に勤務を命ずることがある。

（非常災害時等による時間外及び休日勤務）

第□条　災害その他避けることができない理由によって臨時に必要のあるときは、本章の規定にかかわらず、その必要の限度において勤務時間を延長し、所定就業時間外に勤務させ、または休日に勤務させることがある。

　2　前項の場合、会社はその事由について後日組合に通告する。

（育児時間）

第◇条　会社は、生後満1カ年に達しない生児を育てる女性組合員があ

らかじめ申し出たときは、所定休憩時間の他に1日2回各々30
　　分以上の育児時間を与える。

　2　前項の育児時間は、無給とする。

（公民権の行使）

第※条　会社は、組合員が就業時間中に選挙権、その他公民として権利
　　を行使するために必要な時間を与える。ただし、権利の行使に支
　　障がない限り、その時刻を変更することがある。

　2　前項の時間は無給とする。

〈解　説〉

　労働時間に関する条項としては、上記の条項例に掲げたもののほか、変
形労働時間制、フレックスタイム制、事業場外のみなし労働時間制、裁量
労働時間制などを適用する場合には、それらに関する条項、育児または介
護を行う者の深夜勤務の免除や時間外勤務の制限、母性健康管理の措置、
遅刻・早退などをする場合の手続きなどを定める例もあります。

　また、上記の条項例では、組合の関与が最も少ない例を掲げています
が、労使間の交渉結果を反映して、一定の時間や日数を超えて時間外労働
や休日労働をさせる場合には組合に事前に通知するとか、組合3役に時間
外労働をさせる場合には組合と協議するといった内容が盛り込まれること
もあります。

　さらに、上記の条項例では、育児時間や公民権行使の時間について、法
律が有給とすることを義務付けていないところから、「無給」と規定して
いますが、労使間の交渉によって、これらの時間が「有給」とされること
もあります。

（4）　休日に関する条項

【条項例】

（所定休日）

第3部　労働協約
Ⅱ　包括協約の規定事項と条項例

第○条　会社の所定休日は、日曜日、土曜日、国民の祝日、会社の創立
　　　記念日、12月30日から１月３日までとする。
　　２　前項の休日は、業務上の必要がある場合は、これを他の日に変
　　　更することがある。

〈解　説〉
　休日に関する条項としては、所定休日及び休日振替の根拠となる条項が
あります。
　上記の条項例は、最もシンプルな例ですが、休日の振替えを行う場合に
は組合との協議を義務付けるなど、組合の関与を認める例もあります。

（5）　休暇に関する条項

【条項例】

（年次有給休暇）
第○条　会社は、新規採用日から６カ月間継続勤務し、全労働日の８割
　　　以上出勤した組合員に対し、当該６カ月経過後の１年間につき10
　　　日の年次有給休暇を与える。
　　２　組合員が１年６カ月以上継続して勤務し、過去１年間全労働日
　　　の８割以上出勤した場合には、６カ月を超えて継続勤務する日か
　　　ら起算した継続勤務年数１年ごとに、前項の休暇に２日を付加し
　　　た年次有給休暇を付与する。ただし、１年間の年次有給休暇の付
　　　与日数は20日を限度とする。
　　３　当該年度の有給休暇の残存日数は、翌年度に限りこれを繰り越
　　　すことができる。
　　４　組合員が年次有給休暇を取得しようとするときは、前日の所定
　　　終業時刻（前日が所定休日である場合は直近の所定休日以外の日
　　　の終業時刻）までに、所定の用紙により、その時季を特定して申
　　　し出なければならない。

— 285 —

5　会社は、前項の申出がなされた場合には、当該組合員に対し、その指定された時季に年次有給休暇を与える。ただし、事業の正常な運営を妨げる場合には、その時季を他の時季に変更することがある。

6　組合員が欠勤した場合であって、本人が出勤後3日以内に申し出たときは、その欠勤を年次有給休暇に振り替えることができる。

（半日年休）

第△条　従業員は、年間6回に限り、半日年休を取得することができる。

2　半日年休は、0時から12時までの午前年休と、12時から24時までの午後年休とする。

3　半日年休を取得した場合においては、1回につき0.5日の年休を消化したものとして取り扱う。

（特別有給休暇）

第□条　次の各号の一に該当する場合は、それぞれ該当する日数の特別有給休暇を与える。

（1）結婚休暇

1）　本人挙式のとき　　7日

2）　子の挙式のとき　　2日

（2）忌引休暇

1）　本人の実父母、養父母、配偶者、子の喪に服するとき

7日

2）　本人の祖父母、兄弟姉妹、または配偶者の父母の喪に服するとき　　　　　　　　　　　　　　　　　3日

3）　本人と扶養関係にある者または同一世帯にある者の喪に服するときで会社が認めたとき　　　　　　　3日

4）　その他3親等以内の血族または2親等以内の姻族の喪に服するとき　　　　　　　　　　　　　　　　1日

— 286 —

（3） 妻の出産休暇　　　　2日

（4） 転勤休暇　　　　　　2日

（5） 永年勤続休暇

　　1） 勤続満10年に達したとき　　　　　　連続2日

　　2） 勤続満20年に達したとき　　　　　　連続5日

　　3） 勤続満30年に達したとき　　　　　　連続7日

（産前産後休暇）

第◇条　会社は、6週間（多胎妊娠の場合は14週間）以内に出産予定の女性組合員が休暇を申し出たとき及び産後8週間は、就業させない。ただし、産後6週間を経過して、女性組合員が就業を申し出て医師が支障ないと認めたときは、就業させることがある。

　　2　前項の休暇のうち、産前及び産後6週間については、基本給の60％を支給するものとし、その余の期間については無給とする。

〈解　説〉

　年次有給休暇については労基法に定めがあり、労働協約によっても、それを下回る定めをすることはできませんが、同法の基準を上回る内容であれば、労使の交渉の結果を反映して、労働協約に自由に定めることができます。年次有給休暇などの法定の休暇以外の休暇として、どのような休暇を認めるか、またそれらの休暇について、どのような手続きを定めるか、どのような条件とするかなども、労使間で合意ができた事項を協約化すればよいことです。

　上記の条項例では、半日年休を定め、年次有給休暇以外にも数種の有給休暇を定めるとともに、本来労基法上は全面的に無給でも差し支えない産前産後休暇につき、一定の範囲で給与を支給する旨定めていますが、これらの内容にとらわれる必要はありません。

　また、生理日の就業が困難な女性に対する措置や育児休業及び介護休業などについても、労働協約において定めることもできます。さらに、法の

要請するところではありませんが、労使交渉の結果を反映して、組合活動のための休暇を一定限度で認める労働協約を見ることもあります。

　なお、休暇に関する条項についても就業規則の規定内容との整合性に注意する必要があることは、賃金の場合と同様です。

8　その他

（1）　福利厚生に関する条項

【条項例】────────────────────────────

例１：

（福利厚生）

第○条　会社は、組合員の福利厚生を図るため、社宅、食堂、休憩室及び体育施設を管理する。

　　2　組合は、前項の施設の運営または管理に関し、必要があるときは、会社に協議を求めることができる。

例２：

（福利厚生事業）

第○条　会社は、組合員の福利厚生のため各種の事業を行う。（厚生委員会）

第△条　前条に関し協議するため、会社及び組合双方から各３名ずつ選出された者をもって構成する厚生委員会を設置する。

　　2　厚生委員会の構成及び運営については、会社、組合双方協議して定める。

例３：

（福利厚生）

第○条　組合員の福利厚生に関しては、会社と組合が協議の上決定する別に定める福利厚生規定による。

〈解　説〉

　社宅、寄宿舎、食堂、休憩室、娯楽室、体育館、グランド、スポーツ施設、レクリエイション施設、各種行事の実施、保養所、各種の貸付制度や補助制度など、各種の福利厚生に関しても、労働協約中に盛り込まれることがあります。

　むろん、その定め方は労使が自由に決定し得るところであり、またその内容の決定に関して労働組合がどの程度関与するかといったことも、各企業においてさまざまです。

　上記の条項例の例2では、労使双方が代表を出す委員会において決定する旨定めていますが、このような委員会を設けるかどうか、設けるとしても、その構成員をどのようにするかは、労使が交渉によって決すればよいことです。

（2）　安全衛生に関する条項

【条項例】

（安全衛生）

第○条　会社は、労働安全衛生法その他関係法令の定めに基づき、組合員の健康障害を防止し、健康の保持、増進のため、職場の安全衛生に関する必要な措置を講ずる。

　　2　組合員は、安全衛生に関し、労働安全衛生法その他の関係法規及び会社の関係諸規則を遵守し、自らの健康保持・増進に努めなければならない。

（健康診断）

第△条　会社は、労働安全衛生法その他の関係法令に基づき、毎年1回以上健康診断を実施する。

　　2　組合員は、前項の健康診断を積極的に受けなければならない。

　　3　第1項の健康診断に要する費用は、会社がこれを負担する。

　　4　会社は、第1項の健康診断の結果、必要があると認めるときは、当該組合員に対し、更なる健康診断の受診、治療の開始ない

し継続、休職、配置転換、就労制限等、健康の保持に必要な措置を命ずることがある。この場合において、当該措置を命じられた組合員は、正当な理由がない限り、これに従わなければならない。

5　会社が前項前段の措置のうち、配置転換及び就労制限を命ずるときは、産業医の意見を聴くものとする。

（指定医を受診する義務及び産業医との面接）

第□条　会社は、組合員の健康保持または職場秩序維持のために必要があると認めるときは、組合員に対し、会社の指定する医師の診察を受診するよう命ずることがある。この場合、これを命ぜられた組合員は、正当な理由がない限り、これを拒んではならない。

2　休日労働の時間数を含めて月間80時間以上の時間外労働を行った組合員は、会社に対し、1時間を限度として、所定労働時間内において、産業医との面接のほか、会社の指定するカウンセラーとの面接の機会を付与するよう請求することができる。会社がこの請求を受けたときは、速やかに、その機会を与えるものとする。

3　前二項に要する費用は、会社が負担する。

（就業禁止）

第◇条　会社は、組合員が労働安全衛生規則第61条に掲げる疾病にかかっているときは就業させない。

〈解　説〉

　安全衛生に関する条項としては、上記のような健康保持に関する条項が中心となるものと考えられますが、その他に安全衛生委員会に関する条項や安全衛生に関する規定の制定・変更についての組合の関与を定める条項なども考えられます。

　上記の条項例のうち、指定医の受診義務に関する条項は、組合員個人の

医師選択の自由と衝突するのではないかとの疑問を生ずる余地もありますが、これは組合員が自ら選択した医師の診察・治療を受けることを封ずるものではありませんから、一応それとは衝突しないものと解されています。

ところで、上記の条項例のうち、長時間労働者の産業医ないしカウンセラーとの面接の機会の付与に関する条項は、安衛法の要請を全て満たしているものではありません。すなわち、安衛法では、①休日労働時間も含め、週40時間を超える労働が1月当たりで80時間を超え、かつ、疲労の蓄積が認められるときに、労働者からの申出があった場合（同法66条の8第1項、安衛則第52条の2第1項）、②新技術・新商品等の研究開発の業務従事者であって、休日労働時間も含め、週40時間を超える労働が1月当たりで100時間を超えた場合（対象労働者からの申出は要件ではない。労基法第36条第11項、安衛法66条の8の2第1項、安衛則第52条の7の2第1項）、③高度プロフェッショナル制度の対象者であって、その健康管理時間（対象労働者が事業場内にいた時間と事業場外において労働した時間との合計時間）について、週40時間を超える時間が1月当たりで100時間を超えた場合（対象労働者からの申出は要件ではない。労基法第41条の2、安衛法第66条の8の4第1項、安衛則第52条の7の4第1項）です。したがって、安衛法が面接担当者を医師に限定しているところをカウンセラーまで広げている点は、同法の要請外の事項ですが（現実には、長時間労働者は、医師との面接の機会ばかりでなく、カウンセラーによるカウンセリングの機会を望んでいることも多く、こうした条項を労働協約として設けることには意味があるでしょう。）、労働者からの申出がなくとも面接指導を実施しなければならない場面はカバーできていません。この点については、関係法令に基づいて使用者が実施することを前提としています。

なお、上記の条項例のうち、第△条第2項の組合員の健康診断受診義務については、周知のとおり、必要な診断項目が網羅されているのであれば、安衛法上は、労働者は、会社が実施する健康診断を受診しなくとも自らが選定した機関において受診し、その結果を提出することも認められて

いるのですから、当該条項は、訓示的な意味を有するのみということになります。

（3） 災害補償に関する条項

【条項例】

例1：

（災害補償）

第○条　会社は、組合員が業務災害もしくは通勤途上災害を受けたときは、労働者災害補償保険法の定める給付のほか、別に定める慶弔見舞金規程により付加給付を行う。

例2：

（上積補償）

第○条　会社は、組合員が業務災害を受けたときは、労働者災害補償保険法の定める給付のほか、別に定める労災上積み補償規程により付加給付を行う。

　　2　前項の業務災害該当性の判断は、労働基準監督署長の認定による。

例3：

（特別補償）

第○条　会社は、組合員が業務災害もしくは業務災害に準ずる災害または通勤途上災害を受けたときは、労働者災害補償保険法の定める給付のほか、別に定める慶弔見舞金規程により付加給付を行う。

〈解　説〉

　業務災害及び通勤災害に関しては、労災保険法により補償ないし給付がなされるので、労働協約における災害補償に関する条項としては、いわゆる上積補償に関する条項が中心となるものと考えられます。

　もちろん、企業として上積補償をするかどうか、またするとしても、ど

第3部　労働協約
Ⅱ　包括協約の規定事項と条項例

のような内容とするかは、各企業において自由に決定し得る事柄ですから、労使交渉の中で自由に決めていくことができます。

上記の条項例は、表現の違いこそ僅かですが、その意味する内容には大きな違いがあります。

例1は、業務災害とともに通勤災害の場合も上積補償の対象とする趣旨ですが、例2は、通勤災害の場合を対象とはしていません。

他方、例3は、業務災害の場合のみならず、業務災害に「準ずる場合」も上積補償の対象としています。業務災害となるかどうかにつき、労使間に争いがあり、労基署長の判断も遅れているというような場合に、会社としては簡単に業務災害であることを認めるわけにはいかないが、刑事手続における送検を避ける等何らかの理由により、早期に示談を成立させるために会社から一定の支出をする必要に迫られることもありますが、そのようなケースにおいて、支出の根拠条項とするために、「業務災害に準ずる」場合であっても、上積み補償規定に基づく支払いを可能にしているのです。

⑨ 有効期間

【条項例】

例1：　本協約の有効期間は1年とする。

例2：　本協約の有効期間は、締結の日から1カ年とする。ただし、この協約の有効期間満了の30日前までに会社及び組合のいずれからも改定の申入れがないときは、この協約はさらに1カ年延長され、以降も同様とする。

例3：

第○条　この協約の有効期間は○年4月1日から○年3月31日までの2年間とする。ただし、期間満了前でも会社、組合双方の同意があったときは改廃することができる。

2　期間満了の1カ月前までに双方とも文書による改訂または解約

— 293 —

の意思表示をしないときは、期間満了後1カ年に限りこの協約を
　引き続き適用する。
　3　期間満了の1カ月前までに会社または組合から改訂または解約
　の意思表示があり、かつ新協約の締結に至らないまま期間が満了
　したときは、その後6カ月に限りこの協約を引き続き適用する。
例4：　この協約は、両当事者の署名または記名押印が完了した日から
　効力を有する。

〈解　説〉

　労働協約に有効期間の定めを設けるか否かは、労使が自由に決めること
ができますが、期間の定めを置いていない労働協約については、90日以上
前の書面による予告をもって破棄することができるとされていますから
（労組法第15条第3・4項）、その意味では期間の定めのある協約のほうが
安定性を有するとも言えます。

　ところで、同条第1・2項により、労働協約に有効期間の定めをする場
合は、3年以内としなければならず、3年を超える有効期間の定めをした
労働協約は、3年の期間を定めたものとみなされることとなっています。

　したがって、包括協約中に有効期間の定めを設ける場合にもこの制限を
意識した条項とならざるを得ません。現に、平成23年労働協約実態調査に
よれば、包括協約に有効期間の定めを置いている場合におけるその有効期
間をみると、「1年以下」65.1％、「1年を超え3年未満」27.8％、「3年」
7.1％となっています。

　上記の条項例の例2は、いわゆる自動更新条項と呼ばれるもので、更新
時に新たな労働協約が締結されたものと考えられ、したがって、更新後も
1年の期間制限を持った労働協約であると解されています。

　これに対し、例3は、第1項及び第2項だけであれば、自動更新条項付
きの労働協約であり、例2と同様です。しかし、第3項において、当事者
の一方から改訂の申出があり、新協約が締結に至らない場合であっても、

第3部　労働協約

Ⅱ　包括協約の規定事項と条項例

６カ月間という限定はあるものの、従前の労働協約が効力を有し続けると
されているところから、いわゆる自動延長条項付き労働協約とみられ、延
長後の期間と合わせて３年の期間を超えることはできないことになりま
す。同例では、延長後の期間は６カ月とされており、延長前の２年の期間
と合わせても２年６カ月に留まりますから、この制限は超えていないこと
になります。

　協約中に有効期間の定めを置いていない労働協約については、期間の定
めのない協約であると解されますが、例４のような条項を置いている場合
は、この趣旨が明確になります。

Ⅲ 個別協約締結に当たっての留意点

　前述したように、個別協約は、労使間に問題が生じた場合や新たな労働条件が設定される場合などに締結されるものであって、その対象もあらゆる事項に及び得ることになります。従業員が企業外のいわゆる一般組合に個人加盟したようなケースでは、当該組合との間で包括協約を結ぶことはさほど多くないでしょうが、個々の問題ごとに団体交渉を重ね、合意ができた事項につき協約化されることはよくみられます（その題名が、「確認書」とか「覚書」あるいは「合意書」などとなっている場合であっても、労働組合員の労働条件に関する事項が記載され、労使の両当事者が署名または記名押印したものであれば、労組法上の「労働協約」と扱われることについては、第１部で説明したとおりです。）。

　したがって、締結される協約も、さまざまなテーマにつき、さまざまな形があり得るわけであり、本節では、個々の問題ごとに結ばれる協約に関し、その締結に当たっての留意点を解説することとします。

1 個別協約を作成する前の留意点

（1） 当事者の確定

　包括協約については、その労働者側締結主体の多くは企業内組合であり、それを締結するという段階に至っているということは、相当程度交渉が重ねられ、労使間にある程度信頼関係が形成されていることが通常で

― 296 ―

第3部　労働協約
Ⅲ　個別協約締結に当たっての留意点

す。このため、包括協約の締結に際しては、当事者の確定ということが問題となることは少ないでしょう。

しかし、個別協約の場合には、労働者側の交渉主体が企業外のいわゆる一般組合であって、会社の従業員が個人加盟したというようなケースでは、はたして、当該組合が交渉適格を有するのか、労働協約締結権限を有するのかといったことを確認する必要性を感ずることがあります。例えば、企業内における処遇に不満を持った従業員が企業外の一般組合に加入したとして、その問題につき団体交渉の申入れがなされてきたが、途中から当該従業員と組合の主張の間に足並みの乱れがみられるようになり、ついには別の労働組合から、同一人が加入したとして、同一テーマにつき、団体交渉の申入れがなされるといったことを経験することがあります。

むろん、労働組合加入通知がされ、団体交渉の申入れがなされてくるという場合は、当該労働組合に団体交渉権限があるのが通常ですから、そうした場合に、ことさら組合の交渉権限を疑問視して、団体交渉に応ずることを拒否したり、労働協約を締結することを拒否したりすれば、団体交渉拒否ないし支配介入の不当労働行為と評価されることになるでしょうが（労組法第7条第2・3号）、上記の例のように、当該組合への加入あるいはその継続の有無に疑問を抱かせる事情がある場合や二重交渉となるおそれがあるといった場合には、使用者側から組合に対し、交渉権限を証する書面の提出や交渉主体の一本化を求めることは許されます。

団体交渉の開始、継続、労働協約の締結の各段階において、当該組合の交渉権限については、注意をしておく必要があります。

（2）　労働協約化の判断

使用者と労働組合との間で交渉が重ねられ、一定の合意が成立するに至っているのに、使用者側が合理的理由もないのに書面化するのを拒否し続けるならば、その行為自体が不当労働行為と評価されることになることは、繰り返し述べてきたとおりです。したがって、通常であれば、団体交渉において合意した事項については、労働協約化されることになるでしょ

— 297 —

う。

　しかし、近時、労働者性や使用者性の問題、さらには団体交渉の当事者性とも絡んで、重ねられた交渉において成立した合意事項が書面化された場合であっても、その書面を「労働協約」と評価することができるのかどうかが問題となる場面があります。

　例えば、使用者としては、業務受託者（いわゆる一人親方）あるいは業務受託会社の従業員と位置付けている作業者が労働組合に加入したとして、団体交渉の申入れがなされたようなケースでは、申入れを受けた使用者としては、当該作業者との関係では、自らは労組法上の「使用者」ではないから、団体交渉に応ずる義務はないと考えるものの、団体交渉という位置付けでないのであれば、当該労働組合の交渉委員を当該作業者の代理人と見て、懸案につき協議をし、一定の合意が成立するのであれば、それを書面化することもやぶさかではないと考えることもあります。つまり、労組法上団体交渉応諾義務を負うとは考えていないが、問題の早期解決のために、労働組合からの交渉申入を交渉の機会の端緒とし、懸案の解決を図ろうとすることがあるのです。

　しかし、このような場合であっても、使用者側から特段留保をつけなければ、当該組合との交渉は労組法上の団体交渉と位置付けられることになりますし、作成された書面が所定の要件を充足するものであるならば、労組法上の労働協約と位置付けられることになります。そうすると、使用者側の意図としては、その交渉は団体交渉ではないし、その合意書面は労働協約ではないのに、法的には正反対の評価を受けることになるわけです。

　こうしたケースでは、まず、交渉の開始時点において、「労組法上の『使用者』に当たるかどうかについては会社としての考えがあるが、問題の解決に向けた話し合いをするということであれば、テーブルには着いてもよい」、「あくまで貴組合が団体交渉と位置付けて交渉を申し入れるというのであれば、それは拒否するが、当該本人とともに団体交渉ではない話し合いに参加するというのであれば、その話し合いに応ずる余地はある」といったことを宣言し、その点につき、組合側にも異議がないことを確認

した上で、交渉を開始すべきです。このような経緯で話し合いが進められ、結果的に合意が成立したのであれば、それが書面化されたとしても、労組法上の「労働協約」とは評価し得ないでしょう。ただ、その場合、当該合意書面は労働協約ではありませんので、労働協約の効力によって当該個人（労働組合の主張では組合員）を拘束することはできませんから、当該個人を当事者として表記しておくか、当該組合を当該個人の代理人として表記するなどしておかなければ、その書面で定めた事項の効果が当該個人に及ぶのかどうかにつき疑義を残しかねません。

　もし、逆に、かかる宣言をしたことに対し、組合の側が、あくまで団体交渉の開催を求めるというのであれば、使用者としては、それは一旦拒否をし、最終的には、労働委員会の判断（あっせんないし組合が団交拒否を理由に申し立てる不当労働行為救済命令申立事件）を待つことになります。

（3）　交渉過程と労働協約の成否

　通常、労働協約は、団体交渉が重ねられ、その過程で成立した合意事項を書面化するものですが、必ずしも団体交渉の結果だけが反映されるとは限りません。団体交渉と平行して、団体交渉の交渉委員の一部の者、あるいはまったく団体交渉には参加していなかった者が、「事務折衝」などと称して話合いの機会を持つことがあり、そのような場で合意が成立することもしばしばみられます。こうした過程で成立した合意であっても、それが書面化され、労使双方が署名または記名押印をすれば、労働協約としての効力を認められることになります。

　他方、労働組合との団体交渉を継続している中で、何らかの理由により、当該組合員個人との間で交渉の場が持たれ、そこで合意が成立するということもあります。このような形であっても、問題が解決するのであれば、そのこと自体は評価しなければならないのでしょうが、従前交渉当事者であった労働組合との関係や成立した合意を労働協約化するかどうかという点について、慎重な配慮を要します。というのは、通常は、労働組合

が団体交渉を申し入れているにもかかわらず、使用者が当該組合員個人と交渉をすることは、支配介入の不当労働行為と評価される可能性が高い対応であるし、そこで成立した合意を当該組合員個人との合意として取り交わすことは、同様に不当労働行為と評価される可能性があることのほかに、労働組合との紛争はいまだ未解決ではないのかとの疑義を残すことにもなるからです。このようなケースでは、まず、当該組合員に対し、労働組合との関係を整理するよう伝え（労働組合から脱退するのか、労働組合が組合を通さない交渉を容認しているのかどうかを整理させます。）、その上で、合意が成立し書面を取り交わす段階に至ったときは、労働組合を関与させない形で解決してもよいのかどうか（すなわち労働協約を締結しなくてもよいのかどうか）を、当該組合員を通じて確認しておく必要があります。

（4）　合意内容のみを労働協約化する

　労働協約に限らず、契約書は、合意した事項を書面化するものですから、合意していない事項については、当該書面には盛り込まないというのは当然のことです。

　しかし、労働協約に関しては、知識や経験の不足から、このような当たり前の事柄をめぐって紛争となることがあります。

　実務上目にすることが多いのは、それまで企業内に労働組合が存在せず、労働組合に対応した経験がまったくないという企業において、何らかの問題が発生したことを契機に従業員が個人で外部の労働組合に加入し、その組合から団体交渉の申入れがなされ、最初の団体交渉の場において、種々の事項が含まれた労働協約の締結を迫られ、文章の意味や法的効果を十分検討することなく、署名または記名押印して労働協約として成立させてしまうケースです。

　むろん、このような形で成立した労働協約であっても、その内容につき使用者として異議がないのであれば問題ないのですが、例えば、「組合員の労働条件については、すべて組合と協議、決定する」といった文言が含

まれていることに気付かず、またはその文言の正確な意味を理解できない中で署名してしまったというケースでは、後日その協約の効力をめぐって新たな紛争が生起されることとなるのです。

こうした行き違いを防ぐためには、書面化する段階で、合意内容が過不足なく正確に反映されているか、また誤解を生じないような表現となっているかを、慎重に判断した上で署名するという態度が肝要です。ある程度の知識と経験が備わるまでは、労使双方とも、書面化する段階で、専門家の確認を得るべきです。

（5）　署名者の確定

労働協約は、使用者と労働組合の双方が署名または記名押印したものですが、実務においては、それ以外の者の署名または記名押印がみられる文書もしばしば目にします。

労働者側の欄に、労働組合の執行委員長（ないし現実に交渉を担当した執行委員）の署名のほかに当該組合員の署名が存する場合は、一応労働協約とみてよいでしょう。これに対し、労働者側の欄には、当該組合員個人の署名のみが存し、「立会人」などと表現される欄に、実際に交渉を担当した組合の執行委員の署名があるといった場合は、使用者と当該組合員個人の間の合意文書と解されるのが通常であり、労働協約とはみなし得ないケースが多いと思われます。

他方、実際に署名または記名押印した労使の当事者に、協約締結権限がなかったような場合は、労働協約としての効力は生じないものと解されます（民法の表見代理の規定は適用されないと解されています。）。

（6）　有効期間の確認

労働協約には、有効期間の定めのあるものとないものとが存すること、有効期間の定めを設ける場合は、3年を超えることができないこと、3年を超える有効期間を定めた労働協約は3年の期間を定めたものとみなされること、有効期間の定めのない労働協約は、90日以上前の書面による予告

をもって当事者の一方から破棄し得ることについては、第1部及び第3部Ⅱで述べたとおりです。

したがって、労働協約の有効期間の有無は、法的に大きな効果の差異をもたらしますので、個別協約においても、後日この点に関するトラブルが生じないように明確にしておくことが必要です。

個別協約としては、例えば、解雇を撤回して合意解約とした上で解決金を支払うとか、セクハラ行為があったことを認めて慰謝料を支払うというように、特定の1回的な問題解決のために結ばれるものも多いのですが、出向に関する基本的ルールを定める協約などのように、継続的な労使関係を規律するために結ばれるものもあります。前者であれば、有効期間の定めはさほど意味を持たないかもしれませんが、後者については、それが重要な意味を持つこともあります。春闘などにおける昇給やベア要求をめぐって交渉を重ね、その中で妥結した事項を協約化した場合に、それがその年限りの協約なのか、翌年も拘束力を有するものなのかが、文面上明らかではない場合もありますが、こうした不明確な点はできるだけ排除しておく必要があります。

② 個別協約作成時の留意点

（1） 表　題

個別協約の表題については、特に制限はありません。繰り返し述べているように、その表題のいかんにかかわらず、組合員の労働条件に関し記述され、労使双方が署名または記名押印したものが「労働協約」となり、その表題の別によって効力に差異を生ずることはないのですから、表題にかかる意味はさほどないでしょう。

実務においては、「合意書」、「確認書」、「覚書」、「協定書」などの表題が使用されるケースが多いようです。

むろん、それらの表題に、「○○の解雇に関する」とか、「○○年の春闘

— 302 —

要求に関する」といった修飾語句を付すことも可能です。

（2） 名義人

　前述のように、労働協約である以上は、使用者と労働組合のそれぞれが署名または記名押印する必要があります。

　最もわかりやすいのは、使用者側は代表取締役名、組合側が執行委員長名で、それぞれ署名または記名押印される場合でしょうが、現実に交渉に参加していた平取締役名、執行委員名でも、特段の事情がない限り、労働協約としての効力は否定されないと考えられますので、あくまで代表取締役あるいは執行委員長の署名または記名押印に固執する必要はあまりないでしょう。

（3） 日付の記載

　労組法は、労働協約の成立要件として日付の記載を求めているわけではありませんが、個別協約についても、日付を記載するのが通常ですし、実際上も日付は記載しておくべきです。

　「解雇を撤回する」とか、「金○○円を○年○月○日限り支払う」というように、１回的行為を内容とする協約の場合には、その協約の有効期間についてはあまり意識されることはないでしょうが、組合員が出向する場合の待遇などを定める協約のように、そこに記載された内容が一定期間あるいは反復して適用される場面があり得るという協約については、有効期間が問題となります。その協約自身に有効期間の定めがあれば疑義を生ずることはありませんが、そうした定めを持たない協約については、有効期間を定めない協約と扱われる可能性が高くなります。時折、後刻埋めることを前提として、日付の欄に「令和　年　月　日」とのみ記されながら、実際の年月日が埋められていないものをみることがありますが、こうした細かい点にも気を配る必要があります。

　協約に記載する日付としては、両当事者の署名または記名押印が揃う日とするのが多いようですが、両当事者の合意により、団交で当該協約の内

容につき合意が成立した日など、現実の署名または記名押印の日とは異なる日が記載されることもあるようです。

日付の記載に関連して、その協約の前文などに、「○○の件につき協議を重ね、令和○年○月○日の団体交渉において以下のとおり合意をみたので、本協定を取り交わす」などと記載され、その他に日付の記載がないといった協約について、当該前文中にある日付がその協約自体の作成日なのか、それとも、単に団交日を指しているのかがはっきりしない場合がありますので、前文などにこのような表現を入れるときには、特に意を用いる必要があるでしょう。

（4）　前　文

個別協約についても、前文を置くかどうか、置くとしてどのような事項を記載するかは、当事者の自由であり、実際の協約をみても一様ではありません。むろん、前文の有無によって協約の効力に差異が生ずるわけではありません。

ただ、記載するのであれば、本文内容に抵触する解釈を許す余地がないようにしておかなければならないことは当然のことです。

（5）　本文作成上の留意点

①　序　説

訴訟上の和解の場合には、裁判所書記官が「和解調書」という形で正式な文書としてまとめるものであり、裁判期日に両当事者が出頭し、または一方の当事者が出頭して他方の当事者が受諾書面を提出する形で、裁判官を交えて当事者が合意した内容が確認された上で、裁判所書記官が調書化することになります。したがって、裁判所の責任で作成されるものであり、当事者が最終的な文章を作成するということはありません。

しかし、個別協約は、労使の当事者が作成するものであり、裁判所その他の機関が作成するわけでもなければ、チェックするわけでもあ

第3部　労働協約
Ⅲ　個別協約締結に当たっての留意点

りません。

　このため、表現にあいまいさを残し、整合性のない複数の解釈を許す文面となっていたり、当事者の義務内容につき不明確さを残しているという例もみかけることがあります。

　このような問題を残すことのないよう、本文の表現には十分注意をしなければなりません。

　そこで、ここでは、個別協約を作成する際に、本文の書き方や表現に関連して留意すべき点を整理してみます。

② 法律効果を明確にした簡潔な文章とする

　上述のように、和解条項は、裁判所の責任でまとめられるものであり、明確かつ簡潔に記載されます。

　したがって、曖昧な部分は残さないし、和解が成立するまでの過程はほとんど条項化されません。

　当事者の義務内容を明確にするためには、誰が、誰に対して、どのような義務を負っているのか、ということが一目瞭然である必要があり、余計な修飾語句はむしろ排除したほうがわかりやすいのです。また、和解が成立するまでの過程や和解するに至った動機をあまりにも詳細に記載するならば、当事者の一方または双方の意に添わない部分が生ずる可能性を増大させるのであり、かえって和解の成立を難しくすることから、結論のみ記載するという道が選ばれることになるのです。

　これらの点が影響して、現実の訴訟に携わることの少ない人からみれば、裁判において作成される和解条項は違和感を禁じ得ないものかもしれませんが、必要最低限のことは記載されているわけです。

　例えば、使用者Ｙが労働者Ｘを、○年○月○日に、勤務態度不良を理由に解雇したところ、Ｘが当該解雇が無効であることを理由として、雇用契約上の地位の確認と未払賃金等の支払いを求めて訴訟を提起し、その訴訟の中で、裁判所からの、「たしかにＸの勤務態度には問題視される点があることは否定できないが、業務上の注意や軽い懲

— 305 —

戒処分をするのであればともかく、解雇処分とすることは重きに過ぎるのではないか」との示唆を受け、Yにおいても譲歩をし、当該解雇を撤回し、Xの職場復帰を認めるという和解が成立した場合、解雇の撤回に関する和解条項の文面としては、「Yは、Xに対して○年○月○日になした解雇の意思表示を撤回する」といった文章となります。「本件解雇は重きに過ぎるとの裁判所の判断を受け、解雇を撤回する」とか、「就業規則上の軽い懲戒処分をなすことは格別、解雇は撤回する」というような、和解の成立過程を書くことはしませんし、あいまいな表現は排除します（懲戒処分をするのかしないのか、するとすれば、就業規則上のどの処分を選択するのか、懲戒処分をすることが解雇撤回の条件となっているのかなどが不明確では、後日の新たな紛争の火種となってしまいます。）。

　この点は、基本的には、個別協約作成の際にも妥当します。たしかに、個別協約は、裁判所が作成する和解条項ではないのですから、当事者間に合意が成立した過程を付記することも可能ですし、現にかかる文言が織り込まれた条項をみることもあります。しかし、修飾語句が増えれば増えるほど解釈に疑義を生ずる余地が生まれてくるのであり、修飾語句は必要最小限にとどめ、一つ一つの条項は簡潔な短文にするよう心がけるのがよいでしょう。上記の例で言えば、団交の結果、解雇を撤回するという結論で合意が成立したときは、上記の裁判上の和解の条項と同様の文面にすればよいのです。

　当該解雇が無効であることを主張し、団交においてもそれを強調してきた組合の側としては、「本件解雇は無効であるから撤回する」などという表現を記載したいと考えるかもしれませんが、使用者側としては、当該解雇が無効であるとは考えていないが、目前の紛争を解決するために解雇の意思表示は撤回してもよいと判断している場合もあるのであって、かかる場合であるならば、上記の表現では合意しないでしょうし、「本件解雇は無効であるから」という修飾語句が付記されていなくとも、解雇の意思表示が撤回されるということだけが明確

になっているならば、Ｘ・Ｙ間の雇用関係は復活（厳密には継続していた）ことになるのであって、それで十分なのです。

③　当事者の権利義務関係が明確になるように記載する

　例えば、女性従業員Ｘに対し、その上司であるＡがいわゆるセクハラ行為を行ったとして、Ｘが加盟した労働組合と使用者であるＹとの間で団体交渉が持たれ、両者間に、「Ｙ及びＡは、組合員Ｘに対し、慰謝料として金100万円を支払う」という条項を含む協定（労働協約）が成立したとしましょう。

　これは、ＹとＡがそれぞれ100万円支払うという意味でしょうか、それとも、ＹとＡの両名がその分担割合はともかく総額100万円支払うという意味でしょうか、あるいはそれら以外の内容を指しているのでしょうか。

　ＹとＡが両名で総額100万円を支払うという場合は、法律家は、「Ｙ及びＡは、組合員Ｘに対し、連帯して100万円を支払う」というように記載します（「連帯して」という意味は、両名のどちらか一方が一人で100万円支払ってもよいし、両名で50万円ずつ支払ってもよいし、Ｙが90万円、Ａが10万円支払ってもよいという意味です。）。したがって、法律家の間では、単に「Ｙ及びＡは…100万円支払う」と記載された場合は、両名が50万円ずつ折半して支払うという意味に解釈されます。

　同様に、「会社は、Ｕ組合及び組合員Ａに対し、解決金として100万円を支払う」という条項の場合は、Ｕ組合とＡに対してそれぞれ100万円支払うという意味なのか、両名に対して総額100万円支払うという意味なのかが、当該条項だけからは判然としない可能性があります。こうしたケースにおいても、疑義を生じないような文言にする必要があります。

　また、使用者Ｙが従業員Ｘに対し退職勧奨を行ったところ、Ｘが労働組合に加入し、退職勧奨の撤回を求めて団体交渉が持たれ、結果的に、ＹがＸの再就職に協力することでＸがＹを退職するという内容で

合意が成立したといったケースにおいて、「Yは、その子会社その他の関連会社にXが再就職できるよう協力する」という条項で協定（労働協約）を結んだとします。

　しかし、これではYが負っている義務内容が判然としません。Yは、子会社その他の関連会社に、Xを紹介する義務を負うのでしょうか、それとも、さらに進んで子会社その他の関連会社で採用されるように具体的な働きかけをする必要があるのでしょうか、あるいは単に再就職の妨害をしないというだけでよいのでしょうか。

　もし、紹介するという内容だけであるなら、「…紹介する」と書くべきですし、努力義務にとどまるという趣旨であるならば、「…努める」と記載すべきです。

　このように、僅かな言葉遣いの差異によって、その意味する内容が不明確になったり、意図しない意味となったりすることがありますので、些細な表現についても注意する必要があります。

④　言葉の選択により行き詰まりを打開する

　例えば、従業員Xに対して上司Aがいわゆるパワハラを行ったとして、Xが加入したU労働組合と使用者Yとの間で団体交渉が持たれ、YとしてはUに対して一定の金額を支払ってもよいが、YあるいはAに責任があることを認めるような表現を残したくないという場合に、「Yは、AがXに対していわゆるパワーハラスメント行為を行ったことを認め、Uに対し、金100万円を支払う」とか、「Yは、Xに対し、慰謝料として金100万円支払う」といった表現を用いるならば、Yは到底合意しないでしょう。もし、XやUが、Yから支払われる金銭の名目にこだわらないというのであれば、「Yは、Uに対し、本件の解決金として100万円を支払う」とか、「Yは、Xに対し、和解金として100万円を支払う」などと記載すれば、早期に協約を取り交わすことができるかもしれません。

　同様のことは、労働組合の側が、使用者に対し、謝罪を要求するといった場合にも妥当します。「Yは、U労働組合及び組合員Xに対

し、誠心誠意謝罪する」などという表現としていたのでは、使用者Ｙが当該協定（労働協約）に合意する可能性は低いでしょうが、「Ｙは、Ｕ労働組合及び組合員Ｘに対し、遺憾の意を表する」といった文言にするならば、使用者Ｙとしても合意することが可能になるという場合もあるのです。

　あるケースでは、組合員たる労働者Ｘが、団体交渉の中で、一定の金銭の支払いを受けて退職することに合意しているが、Ｘは、使用者Ｙのこれまでの言動に照らしＹから再就職の妨害があるのではないかと危惧し、そのような妨害行為は行わない旨合意書（労働協約）に盛り込むよう主張しているのに対し、Ｙはこれまで退職者の再就職の妨害行為を行ったことはないし、今後もそのようなことをする意図は全くないが、あえてその点に関わる文言を盛り込むことは、これまでなにか疑義を持たれる行為をしてきたかのように受け取られかねないとして難色を示していました。この事案で、組合の側は、当初、「会社は、今後組合員Ｘの再就職活動を妨害しない」という条項を提案しており、使用者側はこれに抵抗して交渉が暗礁に乗り上げかけたのですが、使用者側から、「会社は、今後とも組合員Ｘの再就職活動を妨害しない」という条項が提案され、一気に解決したということもありました。要するに、「今後」を「今後とも」という文言に変えただけなのですが、そのことによって、組合としては、使用者において今後再就職の妨害をしないという宣言を獲得することができますし、使用者としては、これまでも再就職の妨害行為などはしてこなかったということを読み取ることができる表現となっており、両当事者の妥協点を見出すことが可能となったわけです。

　このように、一見交渉が行き詰まっているような場合であっても、非難や帰責性の強い表現を無色透明の表現に置き換えたり、より柔軟な解釈を許す表現に置き換えることによって、事態の打開を図ることができることもありますので、大筋で合意ができているような場合は、粘り強く両当事者が合意し得る条項の作成に努力することも重要

です。

⑤　他の手続きとの関係を明確にする

　　労働組合の側が、使用者の交渉態度を不満として、団交促進を求めて労働委員会にあっせん申請をしたり、不誠実団交であるとして不当労働行為救済命令の申立てを行い、それらの手続きは進行しているが、労働委員会側からの勧めに基づいて労使間で団体交渉が持たれ、その中で懸案が解決するというケースもよくみられます。

　　こうした場合には、通常は上記あっせん手続きや不当労働行為救済命令申立事件の手続きは無用のものとなりますから、個別協約の中で、それらの申立ては取り下げる旨が記載されることが多いようです。

　　このようなケースでは、当該協約の中で、使用者が一定の金銭の支払義務を負った場合などに、その義務の履行と上記申立ての取下げの関係がどのようになるのか、具体的には、使用者が義務を先に履行するのか、それともその反対なのか、あるいは使用者が義務履行をするのと同時に取下手続きがとられるのかといったことも、当該協約中に明記しておく必要があります。

　　また、組合の側が業務に起因する災害であると主張して、使用者との間で、安全配慮義務違反ないし不法行為に基づく損害賠償を請求して団体交渉が持たれ、使用者側としても、一定の金銭の支払いには応じてもよいという判断に至ったようなケースでは、労災保険から支給される金員との関係についても、明確にしておく必要があるでしょう。

　　すなわち、労災の決定内容が、当該協約の効力や和解金額を左右するのか、また再交渉の余地を残すのかどうかといった点を、その協約上明確にしておく必要があるのです。具体的にいえば、「労災保険から給付される金員の外に○○万円を支払う」とするのか、「労災保険から給付される傷害補償一時金を含めて金○○万円を支払う」とするのか、「所轄労働基準監督署長において業務上の災害と認定された場

― 310 ―

合には、労災保険から給付される金員とは別に金〇〇万円を支払う」とするのか、ということです。

⑥　清算条項の記載方法に注意する

　団体交渉を重ねて両当事者間に合意が成立したという場合は、少なくともその件に関する紛争は終了させなければ意味がありません。このため、協定書（労働協約）には、「会社及び組合は、本協定の締結をもって、組合の〇年〇月〇日付要求書記載の一切の事項が解決したことを確認し、今後、本件に関し、互いに相手方に対し何らの請求もしない」とか、「会社ならびに組合及び組合員Aは、本覚書に定めるほか、本件に関し、会社と組合及びAとの間には何らの債権債務のないことを相互に確認する」といった条項が置かれることが通常です。

　こうした条項を「清算条項」と呼んでいますが、この種の条項を盛り込む場合、誰と誰との間で確認するのか（会社と組合の間なのか、会社と組合及び特定の組合員との間なのか等）、清算の対象は、当該団体交渉で議論されてきた問題に関連する事項に限られるのか、それとも、当事者間のすべての事項を対象とするのか（「本件に関し債権債務のないことを確認する」というパターンか、「当事者間に一切の債権債務がないことを確認する」というパターンなのか）が明確になるように記載する必要があります。

著者略歴

渡邊　岳（わたなべがく）

平成２年３月　　明治大学法学部法律学科　卒業
平成３年10月　　司法試験　合格。平成６年４月　弁護士登録（第一東京弁護士会）、安西法律事務所入所
平成29年４月　　渡邊岳法律事務所開設（所長）。現在に至る
平成19年度～平成28年度（平成24年度以降は隔年）　一橋大学大学院国際企業戦略研究科経営法務専攻課程非常勤講師（労働紛争処理法担当）。平成26年度　明治学院大学法科大学院非常勤講師（労働法）
平成30年度　　一橋大学大学院法学研究科非常勤講師（ビジネスロー専攻担当）
日本労働法学会会員

〈主な著書〉『最新の法令・判例に基づく「解雇ルール」のすべて』、『雇止めルールのすべて』、『法令・裁判例に基づく懲戒権行使の完全実務』（共著）（以上、日本法令）。『募集・採用・退職・再雇用Ｑ＆Ａ　第２版』、『休職・復職　適正な対応と実務』、『社員の不祥事・トラブル対応マニュアル』（共著）（以上、労務行政）。『労働者派遣をめぐる裁判例50』（労働調査会）、『労務インデックス』（税務研究会）ほか多数

| 改訂版 | 労使協定・労働協約　完全実務ハンドブック | 平成22年３月５日　初版発行 |
| | | 令和元年６月20日　改訂初刷 |

検印省略

〒101-0032
東京都千代田区岩本町１丁目２番19号
http://www.horei.co.jp/

（営　業）	TEL　03-6858-6967	Ｅメール　syuppan@horei.co.jp
（通　販）	TEL　03-6858-6966	Ｅメール　book.order@horei.co.jp
（編　集）	FAX　03-6858-6957	Ｅメール　tankoubon@horei.co.jp

（バーチャルショップ）　　http://www.horei.co.jp/shop
（お詫びと訂正）　　http://www.horei.co.jp/book/owabi.shtml

※万一、本書の内容に誤記等が判明した場合には、上記「お詫びと訂正」に最新情報を掲載しております。ホームページに掲載されていない内容につきましては、FAXまたはEメールで編集までお問合せください。

・乱丁、落丁本は直接弊社出版部へお送りくださればお取替えいたします。
・ JCOPY 〈出版者著作権管理機構　委託出版物〉本書の無断複製は著作権法上での例外を除き禁じられています。複製される場合は、そのつど事前に、出版者著作権管理機構（電話03-5244-5088、FAX 03-5244-5089、e-mail: info@jcopy.or.jp）の許諾を得てください。また、本書を代行業者等の第三者に依頼してスキャンやデジタル化することは、たとえ個人や家庭内での利用であっても一切認められておりません。

© G. Watanabe 2019. Printed in JAPAN
ISBN 978-4-539-72677-8

著　者　渡　邊　　　岳
発行者　青　木　健　次
編集者　岩　倉　春　光
印刷所　日本ハイコム
製本所　国　宝　社